甲骨文

发现研究新论

任光宇 编著

《铁》151-1

 鐵雲藏
刊行120周年
纪念版

中山大学出版社

SUN YAT-SEN UNIVERSITY PRESS

·广州·

图书在版编目（CIP）数据

甲骨文发现研究新论·《铁云藏龟》刊行 120 周年纪念版/任光宇编著 . —广州：中山大学出版社，2023.12

ISBN 978 – 7 – 306 – 07987 – 9

Ⅰ . ①甲⋯　Ⅱ . ①任⋯　Ⅲ . ①甲骨文—研究　Ⅳ . ①K877.14

中国国家版本馆 CIP 数据核字（2023）第 254968 号

JIAGUWEN FAXIAN YANJIU XINLUN · 《TIEYUNCANGGUI》KANXING 120 ZHOUNIAN JINIAN BAN

出 版 人：**王天琪**

策划编辑：**王延红**

责任编辑：**王延红**

封面设计：**周美玲**

责任校对：**徐　晨**

责任技编：**靳晓虹**

出版发行：中山大学出版社

电　　话：编辑部 020 – 84111901，84113349，84111997，84110779，84110776

　　　　　发行部 020 – 84111998，84111981，84111160

地　　址：广州市新港西路 135 号

邮　　编：510275　　传　　真：020 – 84036565

网　　址：http；//www. zsup. com. cn　E-mail：zdcbs@ mail. sysu. edu. cn

印 刷 者：广州市友盛彩印有限公司

规　　格：787mm×1092mm　1/16　18 印张　304 千字

版次印次：2023 年 12 月第 1 版　2023 年 12 月第 1 次印刷

定　　价：78.00 元

谨　以

论证"王刘联合发现说"等学术新说
并探讨"刘鹗发现说"的

此　书

向

120 年前刊行《铁云藏龟》
为中华文明继绝学作出关键历史性贡献的

刘鹗（铁云）先生

致　敬

刘鹗《铁云藏龟·自序》和《三代文字》告白及王献唐《五灯精舍日记》语摘

【盖汉人犹得见古漆书，若刀笔无有见者矣。

是以许叔重于古籀文必资山川所出之彝鼎，不意二千余年后转得目睹殷人刀笔文字，非大幸欤?】

【象形之字既多，可知其为史籀以前文字。何以别其非周初?

观其曰'问之于祖乙'（三·三）、'问之于祖辛'（五四·一）、'乙亥卜祖丁十五牢'（三三·一）、'辛丑卜厌问兄于母庚'（一二七·一）：

——祖乙、祖辛、母庚以天干为名，实为殷人之确据也。

……"虎父"当是掌卜者之名，故称"虎父"卜者甚多，其卜占二字往往加巨以为识别，未详其谊。】

【龟板文字极浅细，又脆薄易碎，拓墨极难。友人闻予获此异品，多向索拓本，苦无以应。然斯实三代真古文，亟当广谋其传。】

——刘鹗1903年《铁云藏龟·自序》

【士生三千年后，而欲上窥三代文字难矣! ……近来新学日明，旧学将坠，愿与二三同志抱残守缺，以待将来。

故出散藏古文，拓付石印。兹先成二种：一曰《藏龟》，乃己亥年河南汤阴县出土，皆殷商纪卜之文，以刀笔劈于龟骨，即殷人亲笔书也。……】

【四方君子，或有秘藏古器以拓本寄示，或有心得释文以说稿惠教，皆祷祀以求，不胜感激者也!】

——刘鹗1904年《时报》刊《三代文字》告白

【安阳殷墟之甲骨，……发现之人皆知为王廉生。日昨，周汉光来访，谈及此事，彼时适在王氏寓中居住，廉生其外祖也。廉生染病卧床，刘铁云深知医药，延之诊视，从鹤年堂药店购归药后，铁云正在王氏室中坐谈，见即取而检视，内有龙骨一味，纸启翻检，忽见残片上刻有文字，历视数片皆然，惊告廉生。廉生从病床扶起，相对研求，以为古文字，灯下执玩，不知病尚在身也。时知为鹤年堂物，即夜派人往问，数千年湮没之殷墟文字从而发现矣。】

——王献唐1935年12月28日《五灯精舍日记》

1909　像遺生先雲鐵劉　1857

铁公遗像 （宣统元年弟罗振玉讳题）

刘鹗（1857—1909），清末著名小说家、金石文字学家、洋务活动家，是集实业开创者、改良思想家、治河家、医学家、鉴藏家、文学家、哲学家、慈善家、民族音乐家等身份于一身的传奇性通才人物。刘鹗也是中国甲骨文发现人和最早的鉴定、考释、出版、公告人。相关多方论证请见本书第一编四篇论文。

谱名震远，原名梦鹏、孟鹏，字云抟；后更名鹗，字铁云，号老残；斋名抱残守缺斋。原籍江苏丹徒，随父迁居淮安。早年拜从太谷学派二代传人李光炘（字晴峰、龙川），后参与河南及山东黄河治理测绘，功绩卓著。长年致力于开发路矿等多种"养民"实业，屡败屡战、坚韧不拔，是中国近代率先从理论和实践两方面探索借外资发展经济的先驱之一。1908年夏，被清廷定为要犯，进行密捕，流放新疆。次年秋，因中风，病死于乌鲁木齐。

刘鹗的传世名作《铁云藏龟》《老残游记》皆在1903年问世。前者是甲骨文鉴定研究及著录的开山著作，在甲骨文发现、甲骨学开创和中国传统学术向现代学术转型过程中都具有代表性价值、里程碑意义；后者为中文版本、译本最多的清末经典名著之一，百年来常被海内外列为中小学图文参考书。刘鹗的其他遗著尚有《铁云藏陶（附泥封）》《铁云藏货》《铁云藏印》《抱残守缺斋藏器目（附瓦当目）》《历代黄河变迁图考》《治河五说》《温病条辨歌括》《要药分剂补正》《弧角三术》《天元勾股考》和多种政论禀稿等。

目　录

第三编　《铁云藏龟》刊行 120 周年纪念版

序

刘德隆^①

先曾祖铁云公讳鹗（1857—1909），书室名"百瓦镫斋""抱残守缺斋"。公少年时，负奇气，性豪放，聪颖过人，邻里相赞。及长受业龙川，归宗太谷，悲天悯人，业绩辉煌。曾治鲁豫黄患，赈京津兵灾，网碑帖甲骨，开晋豫路矿，不一而足。然天道不公，蒙冤流放，病殁于迪化戍所。后旅衬间关万里，终得魂回淮安故里，归葬于兹。

铁云公安身立命所习为太谷之学，于六爻天根、雨粟契刻、运针尝草、河工水利、勾股弧矢、坤舆春秋无所不通，然以《老残游记》名世，后人以"通才""畸人"语之。就古文字研究而言，铁云公拓印、石印有《铁云藏龟》《铁云藏陶》《铁云藏印》《铁云藏货》

① 刘德隆（1942—　　），江苏镇江人。刘鹗曾孙，罗振玉曾外孙，刘大绅孙，刘厚泽三子。早年求学于新疆建设兵团师范专修班，后任职于新疆兵团农场学校。1980 年返沪。1986 年任职于上海杨浦教育学院教师，职称副教授。曾任学院学术委员会主任。长年从事语文教师培训工作，侧重于诗词楹联、诗文吟诵等教学。近代文学研究专家，中国近代文学学会理事，于刘鹗及其《老残游记》、太谷学派颇多关注。1993 年获"国务院政府特殊津贴"，1996 年获"曾宪梓教育教学二等奖"。2005 年退休。出版编辑专著《刘鹗及〈老残游记〉资料》《刘鹗散论》《刘鹗集》《刘鹗年谱长编》等，及散文集《梦追准噶尔》、联语集《凡人嵌名联语集》、诗词集《新中国的先声——无产阶级革命家诗存》等。在国内外发表学术性文章《晚清小说过眼录》《换个角度读书》《张积中年谱序》等约 200 篇。编辑印行家族史料《也无风雨也无晴——沪榕书札》《世代书香 一介布衣——我的父亲》《余沤外编》等。

四种流行于世。又有后人编辑之《抱残守缺斋藏器目》面世，知之、见之者寥寥。又有《金石考录》存于天壤间，见之者唯收藏人与笔者，惜至今尚未付梓，憾甚。

龟版兽骨之收藏起自福山王懿荣，考释、传播首见于铁云公《抱残守缺斋日记·壬寅年》《铁云藏龟》①。《铁云藏龟》为"抱残守缺斋所藏三代文字第一"，为我国甲骨学之滥觞。其后，孙诒让作《契文举例》，而后有"甲骨四堂"，甲骨研究渐成显学，此不赘。

铁云公，于物收藏甚丰，于学无所不窥，辄有所得，则分享于人，不以为私。光绪癸卯九月，铁云公撰《铁云藏龟·序》云："友人闻予获此异品，多向索拓本，苦无以应，然斯实三代真古文，亟当广谋其传。故竭半载之力，精拓千片，付诸石印，以公同好。"实为其心声也。

《铁云藏龟》初见于光绪癸卯，于今珍藏于各大博物馆、图书馆，研究者亦罕有所见，何况常人乎？今适逢梓行双甲子之年，后辈辑《甲骨文发现研究新论·〈铁云藏龟〉刊行120周年纪念版》以传公"广谋其传""以公同好"之初心，其心可感，其行可贺，是为序。

岁次癸卯清明　丹徒刘德隆于沪渎浣纱六村时八十又二

---

① 详见刘德隆《试论刘鹗对甲骨学的贡献》一文，原载《天津师范大学学报》1989年第3期。后收录于刘德隆著《刘鹗散论》，云南人民出版社1998年版。

导论：《铁云藏龟》版本及内容述考

任光宇

引　言

　　2023 年是《铁云藏龟》刊行双甲子暨 120 周年。编辑出版本书的目的，首先在于为相关学者、研究者和历史文化爱好者集中提供一组原始、可靠和新发现的甲骨学史重要资料（诸如《铁云藏龟》原貌和序文全文，至今只能被极少数学者看到；1904 年《时报》"三代文字"告白、1935 年"王献唐日记"的重要相关记载等文献，在专家中也还鲜为人知）。其次，呈献笔者在此领域的一系列最新学术研究结果就教于学者方家，以期有助于修正完善中国甲骨文发现和早期研究学术史，也有助于实质性推进"建设中国特色中国风格中国气派的考古学"（习近平语）。

　　甲骨文的学术发现已被公认为中国 20 世纪重大考古发现。但在 120 年后的今天，关于其发现人及鉴定、研究的早期学术史，仍然留有重要悬案（首要者如王懿荣"甲骨文之父"地位的确立仅凭推断，迄今尚无其本人一字的原始确凿证据）。面对快速发展进步中的中国和世界考古学和史学，这些悬案亟待解决。

　　弘扬中华文明文化，须以汉字为根基，而涉及中国古文字的历史渊源则绕不开甲骨学先驱王懿荣、刘鹗、孙诒让、罗振玉和王国维。但由于种种历史和现实原因，实为主要发现、研究人之一的刘鹗，长久以来被学界所遗忘，甲骨文第一部鉴定考释研究著作《铁云藏龟》至今仅被定义为"著录"。一向很少流通的有序版《铁云藏龟》全书，一百余年来几近绝版状态①，故一向只

---

① 《铁云藏龟》仅曾在 1931 年由上海蟫隐庐再版（缺罗振玉序）。2002 年上海古籍出版社《续修四库全书》（第 906 册）收入了《铁云藏龟》无序本。另由台湾严一萍编辑，分别在 1959 年和 1975 年由台湾艺文出版社出版过重印本《铁云藏龟》（序文情况不详）和《铁云藏龟新编》（含刘鹗、罗振玉、吴昌绶所撰三篇序文），仅在台湾发行。另有《刘鹗集》收有刘、罗、吴三序手迹（未显示原页边框信息），但无释文；《刘鹗年谱长编》有此三序释文，但无手迹。

能被极少数专家看到。

本书选编学术期刊已发表的系列研究和相关文献资料，包括对"王刘联合发现说"等新说和近年发现的"王献唐重要记载"等文献的多方面论证，应有助于彻底解决百年争论中的"甲骨文发现人及发现过程"等重要悬案。

一、90年来重要的《铁云藏龟》介评（1930—2019）

自《铁云藏龟》（下简称《铁》书）在 120 年前的 1903 年刊行问世以来，虽然先后被学界公认为"谈龟甲"和甲骨学的开山著作，但关于此书的出版情况、不同版本次序，以及关键的序言取舍和序文内涵，时至今日竟搜查不到任何较为深入完整的学术研究。因《铁》书的早期版本早已被各图书馆列为珍稀古籍，不能公开查阅，故在这篇导论中，笔者也只能参考涉及《铁》书的已出版书籍及《铁》书的照片书影，先就个人所见，选择几种比较重要的《铁》书记载介绍，按其书的出版时间为序，摘引相关文字，然后再作相应的分析、论述和考证。

（1）董作宾①的《甲骨年表》② 1903—1904 一栏中对"铁云藏龟"的相关介绍

> 本年（1903），刘鹗以所得甲骨文字选拓一千零五十八片，付诸石印，为《铁云藏龟》六册，是为甲骨文字著录行世之第一部。八月，罗振玉为《铁云藏龟》作序文，以其有所是正于经史者四事：一曰灼龟与钻龟，二曰钻灼之处，三曰卜之日，四曰骨卜之原始（见原序）。九月刘鹗自序《铁云藏龟》，述龟板出土始末，购求原委，又

---

① 董作宾（1895—1963），原名作仁，字彦堂，号平庐，著名甲骨学家、"甲骨四堂"之一。出生于河南南阳，少时开始自学篆刻。后得同乡张嘉谋、徐旭生的指导帮助，1922 年进入北京大学旁听文字课，次年进入北大研究所国学门读研究生，1925 年硕士毕业。1925—1927 年在福建协和大学、河南中州大学和广州中山大学任讲师、副教授和教授，1928 年入中央研究院历史语言研究所工作。1948 年被选为中央研究院院士，1949 年以后兼任台湾大学教授，1950 年 12 月接替傅斯年任"中央"研究院历史语言研究所所长。1956—1958 年任香港大学、崇基学院、新亚书院和珠海书院研究员或教授。主要著作有《甲骨文断代研究例》《殷历谱》《殷商史研究》等。

② 初版于 1930 年 7 月。商务印书馆 1936 年增订重编再版，署名为董作宾、胡厚宣。

考证其繇辞体例,定为殷人刀笔文
字(见原序)。十月,丹徒刘鹗铁
云所编印之《铁云藏龟》出版,抱
残守缺贵石印本六册,凡著录甲骨
文字一〇五八片,前附罗振玉序吴
昌绶序及自序。又民国二十年五月
蟫隐庐石印本,附鲍鼎释文。(引自
增订版第5-6页)

《甲骨年表》书影

本表关于甲骨文的发现记载有:

是年(1899)丹徒刘鹗铁云客
游京师,寓福山王懿荣正儒私第。
正儒病疟,服药用龟板,购自菜市
口达仁堂。铁云见龟板有契刻篆文,
以示正儒,相与惊讶。正儒故治金文,知为古物,至药肆询其来历,
言河南汤阴安阳,居民掘地得之,辇载街粥,取价至廉,以其无用,
鲜过问者,惟药肆买之云云。铁云遍历诸肆,择其文字较明者购以
归。(据汐翁《龟甲文》。惟原文误以为光绪戊戌年事,特更正之。)

(2) 邵子风①的《甲骨书录解题》② 卷一"著录第一",第一条"铁
云藏龟"

铁云藏龟 丹徒刘鹗撰,不分卷。自题"抱残守缺斋所藏三代文
字",计叶二百七十有二,光绪二十九年癸卯,"抱残守缺斋"墨拓

———————————

① 邵子风(1903—1971),湖南常德人,别号武陵。毕业于湖南长沙雅礼大学文学专业,
北京燕京大学文学专业硕士。曾担任湖南《湘潭民报》主笔,上海商务印书馆编辑,长沙雅礼大
学国文系主任、教授。20世纪30年代前期曾招集同道容庚、徐忠书、董作宾、顾廷龙、商承祚
等人筹划创立考古学社,在相关领域颇有成就。著有《甲骨书题解》《甲骨论文解类》《四部
源流》《先秦人名考》等书。据陈玉堂《中国近代人物名号大辞典》(浙江古籍出版社1993年
版,第540页);高增德《中国现代社会科学家大辞典》(书海出版社1994年版,第302页)。

② 商务印书馆1935年初版,西泠印社出版社2017年影印新版。

石印本。一本有上虞罗振玉序，癸卯仁和吴昌绶序，兼载刘氏序说十二条；一本但载吴序刘序。各本版式内容均同。民二十辛未，蝉隐庐翻二序本，附鲍鼎释文。自光绪二十五年，龟甲文字出自洹曲，毡拓著录，当以此书为嚆矢。全书拓墨上石，始于光绪二十八年壬寅，越岁，书成行世，甲骨文字因以流布人间。瑞安孙氏获见是编，惊为瑰宝，据以成《契文举例》，殷契之学于以萌芽。然则是书创始之功，亦殊伟矣。刘氏藏龟逾五千片；其千有余片，购自王氏懿荣之子翰甫，三百余片得自定海方氏药雨，方物则出范姓所藏。此外三千余片，骨本赵执斋搜采所获。而刘氏拓印者，

《甲骨书录解题》书影

则仅千六十有一片。通编但录文字，略无释文。原有自序一篇，因误信估人之言，以龟甲出自汤阴之古羑里城；洎后发觉违失，逐并序文亦且薙去，故今传世之本，仅题"抱残守缺斋所藏三代文字第一"十余字而已。又据罗氏《殷商贞卜文字考》自序，罗氏怂恿刘君拓印是书之余，并尝为之制序。然罗氏之序，原书多不载，仁和吴氏之序，亦且裁去。今原版有序本，已不易遘矣。书中印存各片，墨色未佳，字欠明晰，且多倒误。若叶二五四·片一及叶五七·片一，则皆赝品，而叶二二六·片二，可与《殷虚书契前编》卷四叶三四·片一相对合。至全书排比，略无类例，文字内容近似各片，未能自相绵属，就此籀绎，颇多寻检之劳。斯则由于文字未明，纂次匪易，况书系草创，固未可以至善绳之也。(引自新版第 73－75 页)

（3）《北京图书馆藏甲骨文书籍提要》①"铁云藏龟"条

铁云藏龟　　刘鹗编著。1903（清光绪二十九年）10月抱残守缺斋石印本，线装，六册。又，1931年（民国二十年）5月上海蟫隐庐石印本，与《铁云藏龟之余》合六册，附鲍鼎释文。1959年台北艺文印书馆重印本。1903年本分六册：第一册，有罗振玉、吴昌绶、刘鹗（铁云）序，收甲骨拓本一百六十片；第二册，收拓本一百七十四片；第三册，收拓本一百七十八片；第四册，收拓本一百七十六片；第五册，

《北京图书馆藏甲骨文书籍提要》书影

收拓本一百八十片；第六册，收拓本一百九十片。总计全书共收录甲骨一千零五十八片，除去伪刻与重复出现者外，实得一千零五十一片，是刘氏从所收藏的五千多片甲骨中选出。本书所录大多数为龟甲，但也有一部分牛肩胛骨。其时代，以第一期为多，第二期次之，第三期极少，没有第四、五期卜辞。

这是著录甲骨文的第一部书，编者刘鹗在甲骨学史上是有开山之功的。他在此书的自序中，叙述了龟板出土始末，购求原委，并考证繇辞体例。从甲骨上刻有祖乙、祖辛、祖丁、母庚诸称，认为这是殷人之遗物，引起当时学术界极大的重视。

本书是石印本，甲骨拓本不大清晰。1931年蟫隐庐重印本，用粉重描，颇失真。1959年艺文印书馆重印本，虽附摹本，但仅就原书摹录，仍是不大清晰。（引自第3页）

---

① 初版：《北京图书馆藏甲骨文书籍提要》，刘一曼、郭振录、徐自强编著，书目文献出版社1988年版；增订本：《甲骨文书籍提要》，刘一曼、韩江苏著，上海古籍出版社2017年版。

（4）孟世凯①所编《甲骨学辞典》②"铁云藏龟"条

铁云藏龟　　书名。刘鹗编著。1903 年 11 月（清光绪二十九年 11 月）抱残守缺斋墨拓石印，线装六册。不分卷，共二百七十二页，无著录片号。自题"抱残守缺斋所藏三代文字"。有罗振玉、吴昌绶和刘铁云《序言》各一篇，著录甲骨文拓片一千零五十八片。1931 年 5 月上海蟫隐庐石印翻印出二十一画 675 版，与《铁云藏龟之余》合为线装六册，附有鲍鼎释文和凡例。只有吴昌绶《序》和刘铁云《自序》，翻印时拓片为鲍鼎用粉重新描涂，甲骨文字失真，释文多不确。1959

《甲骨学辞典》书影

年台湾艺文印书馆重印"三序本"，精装一册，增加严一萍《跋》。著录甲骨文是刘铁云自 1901 年起，先后购于古董商和王懿荣旧藏所得五千余片中的一小部分。刘铁云在《序言》中首先指出甲骨文是"殷人的刀笔文字"，是占卦之"卦辞"。为第一部甲骨文著录书。其中渗入伪刻五片，自重三片，倒置十二片，甲骨反面有字未录者四十片，骨臼有字未录者四片。简称《铁》。

---

① 孟世凯（1935—　），甲骨学专家，中国社会科学院历史研究所研究员。四川西昌人。1959 年毕业于四川大学历史系，后在中国社会科学院历史研究所工作。编著有《甲骨学小辞典》《中国历史大事本末·先秦史卷》《夏商史话》《中国文字发展史》《甲骨文合集》《甲骨学辞典》等。

② 孟世凯《甲骨学辞典》，上海人民出版社 2009 年版，第 674 – 675 页。

（5）王宇信①在《甲骨学一百年》《中国甲骨学》《甲骨学发展120年》中，对《铁云藏龟》的相关介绍

在甲骨学发展史上，王懿荣搜集之功不可没，王襄等人也不可忘记。而将甲骨文著录公之于世的刘鹗，更是为甲骨学研究立了首功。同时他在《〈铁云藏龟〉序》中指出："不意二千余年后，转得目睹殷人刀笔文字，非大幸欤。"这是目前所知最早指出甲骨刻辞是"殷人刀笔文字"的论断。……《铁云藏龟》于光绪二十九年（1903）出版，著录拓片1058片，是从自购和购自王懿荣后人出售甲骨文约5000片中选出。在《序》中因受古董商之欺，仍谓甲骨出自"河南汤阴县之古羑里城"。故重印时又将《序》抽去，其后所见的版本就出现：《序》本、自《序》加吴昌绶《序》本、有罗振玉的《序》三种。三《序》为常见本，原《序》本已不多见。又民国二十年（1931），上海蟫隐庐重印，附鲍鼎释文，但大多描涂过，严重失真。刘鹗在《序》中对甲骨文的干支、数字共40余个单字作了论述，无误者有34个，在当时已堪称不易。②

《甲骨学一百年》书影

《铁云藏龟》刘鹗纂辑，一九〇三年十月抱残守缺斋石印六册，一九三一年五月又由上海蟫隐庐石印，与《铁云藏龟之余》合为六册，附鲍鼎释文。本书共收甲骨一千零五十八片。书前有罗振玉序，

---

① 王宇信（1940—2023），甲骨学专家，中国社会科学院荣誉学部委员。1964年于北京大学历史系考古专业毕业后进入历史研究所。1989年任研究员，1997年任博士生导师。前任中国殷商文化学会会长、名誉会长。代表作有《建国以来甲骨文研究》《西周甲骨探论》《甲骨文精粹选读》《甲骨学通论》《甲骨学一百年》《中国甲骨学》《甲骨学发展120年》等。
② 王宇信《甲骨学一百年》，社会科学文献出版社1999年版，第61页。

云："光绪己亥（一八九九年）而
古龟古骨乃出焉。"并论及甲骨文
"正经补史"的价值等等。刘鹗在
自序中亦主"龟板己亥岁出土"，
并定其为"殷人刀笔文字"。自序
中还谈到了他收集甲骨的经过：先
后共得五千多片，其中包括王懿荣
死后，其子王翰甫为还债出售给他
的一部分。并试图对甲骨文字进行
一些考释。我们曾多次谈过，刘鹗
此书是甲骨学史上第一部著录书。
此书之所以重要，是因为它筚路蓝
缕，使甲骨文从收藏家书斋中的
"古董"，变成了可资学者研究使用

《中国甲骨学》书影

的科学资料。正因为《铁云藏龟》是一部前无古人之作，所以全书编
纂无一定体例可循，而且还收入了少数伪片。此外，由于此书出版较
早，拓本制作不精……①

　　甲骨文的著录：甲骨文被王懿荣等
学者鉴定购藏，虽然保护了我国古代文
化珍品，但成了少数收藏家摩挲把玩的
"秘不示人"古董，还不能成为供广大
学者研究的史料和社会共享的文化财
富。罗振玉、刘鹗等学者深谙此弊，千
方百计把出土的甲骨进行著录出版并推
向社会，使之成为广大学者的研究资
料，推动了甲骨学研究"草创阶段"
的发展。1. 甲骨"奇宝"崇者稀，
《铁》书第一传悠远。1901 年，罗振玉
在上海刘鹗家始见甲骨，"诧为奇宝"

《甲骨学发展 120 年》书影

① 王宇信《中国甲骨学》，上海人民出版社 2009 年版，第 234 页。

并"怂恿刘君（按：即刘鹗）亟墨拓，为选千纸付影印"。罗振玉深知把甲骨文录著公布的重要性，他"以谋流传之责自任"，"于是尽墨刘氏所藏千余，为编印之"，"则所以谋流传而悠远之者"。甲骨学史上第一部著录刘鹗《铁云藏龟》1903 年的石印出版，罗振玉起到了很大的推动作用。[①]

(6)《刘鹗年谱长编》中对《铁云藏龟》的介绍

约是年（1903）底或下一年初《铁云藏龟》杀青梓行，是为"抱残守缺斋所藏三代文字第一"。全书六册拓印于"抱残守缺斋所藏三代文字第一"专用笺纸。收刘鹗所藏龟甲中 1058 片，无释文。此为我国甲骨学的第一部著作。此后以刘鹗所藏龟甲拓印者有罗振玉之《铁云藏龟之余》、叶玉森之《铁云藏龟拾遗》、李旦丘之《铁云藏龟零拾》、严一萍之《铁云藏龟新编》等。[②]

《刘鹗年谱长编》书影

1903 年拓印《铁云藏龟》分六册：第一册，有序，收甲骨拓本 160 片；第二册，收拓本 174 片；第三册，收拓本 178 片；第四册，收拓本 176 片；第五册，收拓本 180 片；第六册，收拓本 190 片。总计全书共收录甲骨 1058 片，除去伪刻与重复出现者外，实得 1051 片，是刘鹗从所收藏的五千多片甲骨中选出。《铁云藏龟》实际印刷不止一次，故目前所能见《铁云藏龟》不尽相同。上海博物馆著名甲骨学专家郭若愚先生曾对笔者说："以最早的印本为最好。"陈梦家说："《铁云藏龟》印行之初，卷首本有罗振玉、吴昌绶和刘鹗三篇序文，但附有序文的流行本很少。通

---

① 王宇信《甲骨学发展 120 年》，中国社会科学出版社 2019 年版，第 254 页。
② 刘德隆、刘瑀《刘鹗年谱长编》，上海交通大学出版社 2019 年版，第 518 – 519 页。

常所见者，或删去罗序，或删去罗、吴两序，或无序。1931 年上海隐蟫庐的翻印本，只有吴罗两序。这因罗序有错误，所以后来特别抽去。"① 笔者所见《铁云藏龟》，除拓印质量不一外，所收序文亦不尽相同，或有吴昌绶、刘鹗、罗振玉三序本，或有吴昌绶、刘鹗二序本。吴昌绶序写于同年十月，刘鹗序写于同年九月。罗振玉序，自述写于"癸卯""秋八月"。

二、对上述六家介评内容的考论

董作宾（后加胡厚宣）编著的《甲骨年表》，是国立中央研究院历史语言研究所最早发表的关于甲骨文发现及早期研究的权威信息，故被当时和后代学人广泛引用。书中有关《铁》书的内容虽然简明，但其"是为甲骨文字著录行世之第一部"中的"著录"二字，却成了最早界定《铁》书内容和意义的官方定义。虽然表中还有对刘鹗自序"又考证其繇辞体例，定为殷人刀笔文字"的事实肯定，但"考证"二字长久以来却多被现当代学者所忽视。关于此议题的进一步论述详见本文下一节，及笔者论文《"王刘联合发现说"和甲骨文发现研究新论》②（简称《新论》，全文见本书第一编的第一篇）。

而关于甲骨文发现人和发现过程的百年悬案，该表所记载的"刘王自中药偶然发现甲骨文说"正是这个广泛流传百年的故事的真正源头，只是汐翁文中一些明显谬误使得大多数学者对此说持否定态度。编著者在 2018 年的《新论》中也明确质疑此说，公开建议学术界在现有史料基础上否定此说，确立王懿荣见到估人展示决定收藏，加刘鹗随后的鉴定、研究、出版，才完成了甲骨文发现的完整过程。但据近年发现的原始文献"王献唐日记"的确凿记载，将"刘鹗王懿荣自中药发现甲骨文"的传说补充修

---

① 陈梦家《殷虚卜辞综述》，中华书局 1988 年版，第 650 页。
② 任光宇《"王刘联合发现说"和甲骨文发现研究新论》，载《广西师范大学学报》2018 年第 6 期，第 1–15 页；随后被中国人民大学"复印报刊资料"《历史学》2019 年第 3 期全文转载，《历史学文摘》2019 年第 1 期摘要转载。

正并升华为学术信史当毋庸置疑①，相关最新的研究论证请参见笔者2022年底发表的论文《王献唐日记等文献佐证甲骨文发现新说——再论"王懿荣刘鹗联合发现说"及"刘鹗发现说"》（简称《再论》，全文亦见本书第一编的第三篇）。

邵子风编著的《甲骨书录解题》，应是民国年间影响较大并较早对《铁》书作出充分介绍的甲骨学著作汇编。然其相关记载的开头几句"丹徒刘鹗撰，不分卷。自题'抱残守缺斋所藏三代文字'，计叶二百七十有二，光绪二十九年癸卯，'抱残守缺斋'墨拓石印本。一本有上虞罗振玉序，癸卯仁和吴昌绶序，兼载刘氏序说十二条；一本但载吴序刘序"就带来几点疑问。

其一，邵氏记载"计叶二百七十有二"，今日应加以说明，如《铁》书采用中国传统计页的方法，相当于现代书的每两页只设一个页码，故六册《铁》书真正的总页数至少是旧页码数的一倍，即544页（详情将在下文论述）。但说"载刘氏序说十二条"，不知是邵氏见过刘鹗将自序分列为12条的版本，还是仅仅因为刘氏自序可列为12个自然段，或12个不同方面的内容？

其二，邵氏所记"自题'抱残守缺斋所藏三代文字'"应属误断。笔者经比对《铁》书和《铁云藏陶》扉页的书名题签、落款（《铁云藏陶》题字左边明确落款为"日本山本由定题"，再左钤印两方："遯定私印""竟山"），目测"抱残守缺斋所藏三代文字第一"（及第二）与"铁云藏龟""铁云藏陶"题字字迹风格相同，都应出自日本书法大家山本由定

---

① 任光宇《王献唐日记等文献佐证甲骨文发现新说——再论"王懿荣刘鹗联合发现说"及"刘鹗发现说"》，载《南都学坛：南阳师范学院人文社会科学学报》2022年第6期，第22－36页。该论文应可进一步推动甲骨文发现史的重要修正，其内容摘要为：李勇慧博士近年发现的、王献唐在日记中记载王懿荣娌孙口述"现场目睹甲骨文发现情形"的新史料，具有前所未见的可靠性、可信性和合理性，并进一步有力佐证了笔者前论论文提出的"王懿荣刘鹗联合发现甲骨文说"。此一文献纠正了"汐翁文"及相似传说中的种种讹误，应可将长久以来不甚可靠的"吃中药发现甲骨文说"升华为学术信史。另有《盛宣怀档案》、"淮安殷氏日记忆述"、《东方杂志》刊文、"方法敛书信"等多处来源相异且相互独立的原始文献，支持"中药发现说""刘鹗发现说"及"刘鹗自序开启甲骨文考释说"。关于刘鹗、罗振玉有可能隐瞒甲骨文发现真相的动机和原因，可从境遇、出身、学力三方面做出情理分析和逻辑推测。

（1863—1934，号竟山）① 之手。据苏浩《罗振玉、王国维与日本书法家山本竟山交游考》一文，山本在"1902 年 2 月中旬与罗振玉在京都首次会面"，随后"1902 年山本竟山首次中国游学时，经罗振玉介绍为刘鹗题字"②。但笔者未见刘鹗该年的日记记载，故认为题字更可能发生在 1903 年春山本再次来华之后。此时，刘鹗已回上海与罗振玉比邻而居，而《铁》书出版于该年秋冬。还应值得注意的是，不但"近代中国知名学者的辑录请日本书家题写书名实属罕见"（苏浩上文中语），而且山本本人是因 1903 年之后二十多年间与杨守敬、吴昌硕等大家密切交往才名声渐起的，而刘鹗在此之前，舍身边的中国鸿儒名家不请，而选定东瀛后起之秀风格独到、大气磅礴的书法家为自己的重要著作题署，今日看来也真可谓慧眼独具。另外，从三篇序言手迹的字迹上看，笔者经比对相应作者的其他遗墨，认为罗序应是罗振玉亲笔所书，吴序也应是吴昌绥手书，而刘鹗自序的字迹却有异于刘鹗的书写风格，也逊于刘鹗的书法水准，可能由刘鹗的门客汪剑农或他人

山本竟山书法立轴
（局部。任光宇购藏）

① 山本由定（Yamamoto Kyozan，1863—1934）又名縣定、縣，号竟山、竟山居士、袭凤等，日本近现代书法家、教育家、金石学者。出生于岐阜县和纸商山本卯兵卫家。从师有日本近代"书圣"之称的日下部鸣鹤（1838—1922），为"鸣鹤门下四天王书法家"之一。自 1902 年起七次游学中国，与杨守敬、罗振玉、王国维、吴昌硕等人密切交往，并拜杨守敬为师，收集各类金石碑版法帖。著有《昭和元年敕语》《临兰亭二种》《竟山学古》等著作，是日本近代书法史上的重要人物。

② 参见苏浩《罗振玉、王国维与日本书法家山本竟山交游考——以新发现的信笺资料为中心》，载《国际汉学》2020 年第 3 期，第 140 页。但此文中其他相关论述也有明显错误：一则《铁云藏龟》无疑系由刘鹗编著，并非"罗振玉 1904 年出版的第一部系统讨论古陶文的辑著"；二则，罗振玉初见甲骨应为 1903 年（或最早在 1902），而不会是 1901 年，故山本是否在"首次中国游学时经罗振玉介绍为刘鹗题字"，并且还能如内藤湖南那样，在 1902 年北京刘鹗府上"成为最早目睹甲骨片的外国人之一"，都存疑待考。根据苏浩另一篇文章《吴昌硕与山本竟山交往略谈》（载《中国书法》2019 年第 24 期，第 124 页），山本竟山曾在"癸卯花朝"即 1903 年 3 月再来上海结交吴昌硕等人，故他为刘鹗题写《铁云藏龟》《铁云藏陶》的时间更可能在此年。

代为誊录①（参见图①及本书第三编中的纪念版影印件）。

其三，更为重要的是，邵子风记载了《铁》书的不同版本：一本有罗序、吴序兼刘序（即"三序本"），"一本但载吴序刘序"。如果邵氏如此记载是因为确实见过只有刘、吴二序的《铁》书初期版本，加上后文中"罗氏之序，原书多不载，仁和吴氏之序，亦且裁去。今原版有序本，已不易遘矣"等，则就为笔者在前期论文中的推测"罗振玉《铁》序可能为后加"②，提供了一条原始独立的旁证。笔者尚有一个初步推测，就是《铁》书最早"无序版"（加单自序版，如果存在过的话）的来历，应是刘鹗在正式出版前曾试印了少量无序/单序版用于出示密友，吴昌绶序开篇的"铁云先生获古龟甲刻文逾五千片，精择千品纂为一编，以印本见饷"（全文见本书第三编），就是一个有力证明。然因《铁》书早期版本的一大遗憾是都没有提供印刷日期、印数等版本信息，故对各版本早晚的判断，就只能靠对比细察不同版本的微小差异来推测；而近年来由于很难查阅到各种珍贵古籍，故目前笔者对版本详情的相关研究只能存疑待考（参见图①至图⑤）。

---

① 据刘蕙孙在《甲骨聚散琐忆》（载《刘蕙孙论学文集》，福建教育出版社 2000 年版，第 370 页）一文中说："《铁云藏龟》的类次和拓墨有无请罗振玉参与？没有。其时罗正在湖北张之洞幕中办农校并到日本考察教育，并未在北京。……拓墨则《藏龟》中说得很明白，是直隶王瑞卿，也就是北京琉璃厂的一位拓手。此外听说铁云先生的门客，我五叔涵九（大经）先生的业师淮安人汪剑农是参与过一点。"另据《刘鹗年谱长编》（第 517 页）转引自刘怀玉《刘鹗与〈老残游记〉资料摭拾》："汪剑农本名汪铭业，字剑农，亦写作剑龙。光绪十七年（1891）山阳县诸位生（秀才）。……清末家世衰落为生计奔走，在刘鹗家中帮助做一些抄抄写写的事情。刘鹗所作《老残游记》，头一天晚上撰稿，次日即由汪先生抄正送连梦青家，再转送报馆发表。刘鹗的《要药分剂补正》，亦是由汪抄正的。"而《藏龟》和《游记》正好都在同年问世。汪铭业的资料和手迹遗存很少，笔者看到一篇带有修改痕迹的、汪为《要药分剂补正》作序的手迹，但笔迹并不相同。

② 参见任光宇《新论甲骨文的发现、研究与〈铁云藏龟〉》，载《练祁研古——上海练祁古文字研究中心集刊（第一辑）》，中西书局 2018 年版，第 24－28 页。

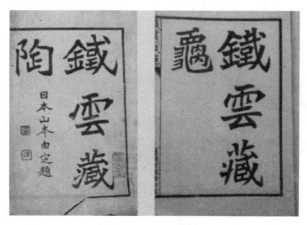

图①　《铁云藏龟》《铁云藏陶》扉页书名题署（载《抱残守缺斋日记》
图版页，中西书局 2017 年版）

图②　《铁云藏龟》中国国家博物馆所藏"无序本"展览实拍①

---

①　编著者摄自中国国家博物馆"证古泽今——甲骨文文化特展"（2019 年 10—12 月）现场展柜。所展藏本第一页为山本由定字，第二页即为拓片。钤印似为"娴鉴赠书""娴鉴之印""钩深堂收藏印"。钩深堂即重庆普净院。

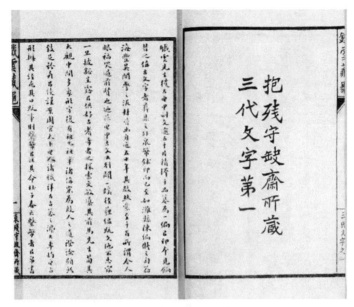

图③　《铁云藏龟》疑似"吴刘二序本"

（据2009上海某拍卖公司网络信息）

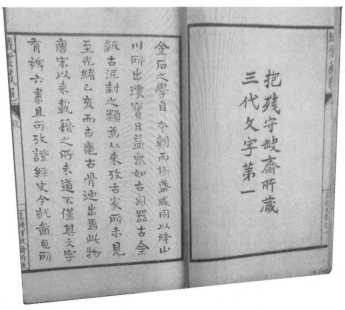

图④　浙江图书馆古籍部藏《铁云藏龟》"罗、吴、刘三序本"

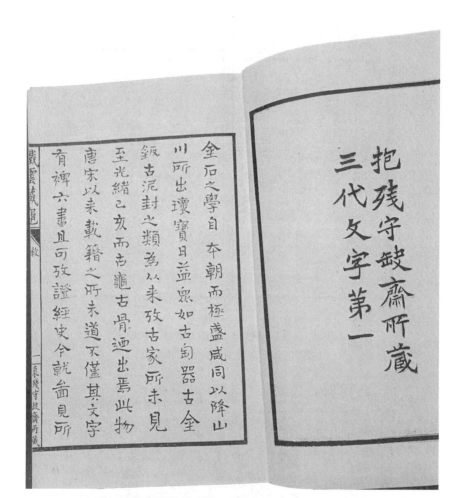

图⑤　南京图书馆藏《铁云藏龟》"刘、吴、罗三序本"
（刘德隆摄自该书自藏复制版）

　　《甲骨书录解题》对《铁》书的介绍尚有"刘氏拓印者，则仅千六十有一片。通编但录文字，略无释文。原有自序一篇，因误信估人之言，以龟甲出自汤阴之古羑里城；洎后发觉违失，逐并序文亦且薙去"。1061 片拓印甲骨之说应属误计，与其他统一说法 1058 片皆不合；而笔者对《续修四库全书〈铁云藏龟〉》的甲骨拓片再次进行了逐页计数，结果也是1058 片。邵氏推测刘鹗因"误信估人"的"违失"曾对之后版本删去自序，从相关时间上看也应是误判：刘鹗在 1908 年即被抓捕流放，转年即死于遥远的新疆;而罗振玉探明甲骨真实出土地(安阳小屯)的可靠时间应是 1910 年春①,另一个更流行的说法是 1908 年。刘鹗生前也基本没时间再出新一版的《铁》书。而罗振玉在 1931 年蟫隐庐重印《铁》书时拿掉了他自己的序,倒很可能与此有关。邵书的另一遗憾,是未能指出刘鹗在自序中首次鉴定甲骨文为"殷人刀笔文字",并经过文字考释后明确指出"祖乙、祖辛、母庚,以天干为名,实为殷人之确据也"(刘鹗自序全文见本书第三编),然于并非古文字专家的邵氏来说,属情有可原。

刘一曼等编著的《甲骨文书籍提要》,应是中国改革开放后出版的甲骨学著作提要的权威之作。此书基本认同了前述董作宾《甲骨年表》对《铁》书的介绍说法,也称初版为"1903(清光绪二十九年)10 月抱残守缺斋石印本",此一"10 月"的具体出版时间仅是根据最晚的吴昌绶序写作时间还是另有所据待考。对刘鹗的"开山之功"和自序中考释内容的肯定,可谓此书一个亮点:"刘鹗在甲骨学史上是有开山之功的。他在此书的自序中,叙述了龟板出土始末,购求原委,并考证繇辞体例。从甲骨上刻有祖乙、祖辛、祖丁、母庚诸称,认为这是殷人之遗物,引起当时学术界极大的重视。"然而,应是由于当时的主流学界已公认王懿荣最先鉴定甲骨文,故编著者未再明言刘鹗对甲骨文准确年代的鉴定为首创。

孟世凯的《甲骨学辞典》对《铁》书初版的介绍内容基本综合了《甲骨年表》和《甲骨书录解题》所说,但难得明确了重要史实:"刘铁云在序言中首先指出甲骨文是'殷人的刀笔文字'"。所述《铁》书具体出版时间与前述"10 月"不同,为"1903 年 11 月(清光绪二十九年十一月)",不知何据,且公历农历混淆。其中亦有错误表述,如说刘鹗"自 1901 年起"收藏甲骨,至今未见任何确证,应是根据陈梦家在《殷虚卜辞综述》中所引刘鹗 1902 年的日记错标为 1901 年的缘故;另一根据应是罗振玉错记自己早在 1901 年就见到了刘鹗的甲骨文拓本(实际应为

---

① 在"罗振玉探明甲骨出土地的时间"的断定上,笔者赞同郭旭东《罗振玉确知甲骨真正出土地时间考》(载《殷都学刊》1999 年第 2 期,第 51－54 页)一文的考证,即罗在《殷商贞卜文字考》自序中所说的 1910 年春,比 6 年后他在《殷虚古器物图录》(参见本书第二编"二、罗振玉甲骨学相关序跋选录")改称的 1908 年更加可信。再则,刘鹗在初期误信了佑人关于甲骨出土地的谎言情有可原,并不算大错;而罗振玉在《铁》序中曾将甲骨文年代断为"夏殷之龟",这在他成为甲骨学权威并确认甲骨出自殷商晚期而与夏无关之后,定会感觉他早先断代"违失"不小,这才可能是《铁》书再版和 1931 年蟫隐庐再印《铁云藏龟》时未载罗序的重要原因。

1902—1903 年）。相关论证详见笔者《王刘联合发现说和甲骨文发现研究新论》（简称《新论》）论文第六部分。关于刘鹗有可能早于 1901 年发现并收藏甲骨文的最新探讨，请参见笔者论文《王献唐日记等文献佐证甲骨文发现新说——再论"王懿荣刘鹗联合发现说"及"刘鹗发现说"》（简称《再论》）第五部分。

王宇信在《甲骨学一百年》中，难得明确肯定了刘鹗最早准确鉴定甲骨文年代的史实："他在《铁云藏龟·序》中指出：'不意二千余年后，转得目睹殷人刀笔文字，非大幸欤。'这是目前所知最早指出甲骨刻辞是'殷人刀笔文字'的论断。"并重复了陈梦家、屈万里、严一萍等甲骨学大家已指出的事实："刘鹗在《序》中对甲骨文的干支、数字共 40 余个单字做了论述，无误者有 34 个，在当时已堪称不易。"但承袭了邵子风"因受古董商之欺，……故重印时又将《序》抽去"的不当说法（辨析见前文）。另说"三序为常见本"，不知有无统计为据。《中国甲骨学》一书也确认了刘鹗"定其为'殷人刀笔文字'"，"并试图对甲骨文字进行一些考释"，但该书再次强调了具限定性的旧说："我们曾多次谈过，刘鹗此书是甲骨学史上第一部著录书。"最后出版的《甲骨学发展 120 年》（2021）中关于《铁云藏龟》的介绍，却对刘鹗的贡献体现出明显的边缘化倾向，同时过于强调、偏信罗振玉的相关自证孤证："罗振玉深知把甲骨文录著公布的重要性，他'以谋流传之责自任'，'于是尽墨刘氏所藏千余，为编印之'……甲骨学史上第一部著录刘鹗《铁云藏龟》1903 年的石印出版，罗振玉起到了很大的推动作用。"笔者在《新论》论文的第五部分专门讨论了"对罗振玉'怂恿/墨拓/编辑说'的质疑"（《再论》第三部分中也有继续举证），举出有来自吴昌绶、孙诒让、王国维、严一萍、刘蕙孙、闻宥、方法敛等人，及《刘鹗日记》等来源独立的相关文字为证，提出"罗振玉协助墨拓/编辑《铁云藏龟》说"难以成立，应予否定或搁置。再则，介绍中再次重复了"1901 年罗振玉在上海刘鹗家始见甲骨"的错误说法，对此学界及笔者也有多次否定（见《新论》第六部分）。

2019 年出版的《刘鹗年谱长编》（简称《长编》）不认同《铁》书仅限于"著录书"，而是将其定义为"我国甲骨学的第一部著作"。早在 1987 年，刘德隆即撰写并发表了论文《试论刘鹗对甲骨学的贡献》，认为刘鹗"是最早对甲骨文字进行考释的人"，但未能引起学界重视（论文全文参见本书第二编）。关于《铁》书出版时间，《长编》称"约是年

（1903）底或下一年初《铁云藏龟》杀青梓行"，此时间与前述各书不尽相同，应是考虑了农历十一月已可能进入公历 1904 年。在《长编》相关"编著者按"中作者说道：

> 《铁云藏龟》实际印刷不止一次，故目前所能见《铁云藏龟》不尽相同。……郭若愚先生曾对笔者说：以最早的印本为最好。陈梦家说：《铁云藏龟》印行之初，卷首本有罗振玉、吴昌绶和刘鹗三篇序文，但附有序文的流行本很少。通常所见者，或删去罗序、或删去罗吴两序，或无序。……①

结合前述出版于 1935 年的邵子风书所说"今原版有序本，已不易遘矣"，可见《铁》书出版的历史情况对该书的研究和评价造成了明显的不利影响，如笔者在《新论》一文的第四部分中所推断：

> 包括上海古籍出版社 2002 年出版的《续修四库全书》所收《铁云藏龟》等版本，只采用了无序版本，也造成了《藏龟》仅为"著录"的误导。而 1903 年末的初版石印《铁云藏龟》无疑至少刊有刘鹗自序，确据是 1904 年写就的孙诒让《契文举例》，已有多处提及了刘鹗在《铁云藏龟·自序》中对甲骨文的鉴定和考释。……估计有很多学者从未见过该序全文，或从未仔细通读（《铁云藏龟》的序文）。

《铁》书尚有一个古书常见但容易被今人忽视的要点，上述几种著作均未作说明，这就是刘鹗为六册全书编排了传统方式的页码：每张中线折叠的一纸两页的中缝区域，都标有一个页码（如下页图所示，每条中缝从上到下的文字依次为："铁云藏龟"、页码、"抱残守缺斋所藏三代文字之一"）。有序版从序言第一页开始，每篇序言独立计数，拓片页开始再独立计数（已见"三序版"六册《铁》书的具体页码是：第一册一至四十；第二册至八十五；第三册至百三十；第四册至百七十五；第五册至二百二十；第六册至二百七十二页）。如此，刘鹗在自序中对某片甲骨上的文字作考释时，就可标明针对的是哪一页的第几片甲骨，"使其可与序中的考

---

① 转引自陈梦家《殷虚卜辞综述》，中华书局 1988 年版，第 650 页。

释文字内容前后对应、相互参照，可见这篇序文已初步具备了学术论文的严谨性"（《新论》第四部分中语）。事实上，刘鹗在其《自序》中还专门加了注，如"四三·四，此识别言四十三叶第四片也，下仿此"，如此更为用《铁》书研究甲骨文的其他学者提供了便利条件。如孙诒让就在其《契文举例》中根据《铁》书提供的拓片考释出了约 331 个甲骨文字①，每个字的考释基本都以"几之几"的形式指明了是来自《铁》书的第几页、第几片。

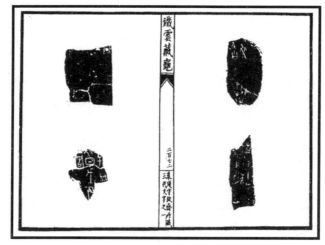

《铁云藏龟》石印本书页中缝区域所标示的页码（二百七二）示例

三、《铁云藏龟》率先拉开了甲骨学序幕

如前所述，《铁云藏龟》"破解/鉴定/考释/研究"的重要内涵，至今仍被学术界忽视。如《新论》第四部分开头所说：

　　几乎所有学术著作和一般性读物在谈及甲骨文的"发现"和"研究"这两大领域时，都仅把刘鹗及其《铁云藏龟》归入前者，即

①　参见詹鄞鑫《孙诒让甲骨文研究的贡献》，载《南阳师范学院学报（社会科学版）》2003 年第 8 期，第 52 页。

仅是发现与著录的范围。安阳殷墟博物馆、烟台福山甲骨学发展史馆等权威性展览的固定解说词,也只标明刘鹗为第一部"著录"甲骨文(著作)的出版人。王宇信著《甲骨学通论》在专门讨论甲骨文初期考释研究的章节中没有提及刘鹗,王宇信、杨升南主编的《甲骨学一百年》(社会科学文献出版社1999年版)第四章"甲骨文的考释及其理论化"亦从《契文举例》开讲。李学勤在其甲骨百年总结文章中也说:"甲骨文字的考释,是古文字学最明显的一项成果。自1904年孙诒让著《契文举例》发端……"继续给出刘鹗和《铁云藏龟》与考释无缘的印象。

但《铁》书仅被定义为"著录书",明显是一种严重低估和误导。

严一萍曾在其《铁云藏龟新编》的序言(1975)中明确指出:"知其所重而定为殷人之物者,刘氏也。拓墨付印以广其传者,亦刘氏也。"①刘德隆在前述1987—1989年发表的论文《试论刘鹗对甲骨学的贡献》第三节"刘鹗对甲骨文字的考释"中指出:

> 在《铁云藏龟·自序》中刘鹗引出了四十余字,是否猜测呢?不是。"钟鼎凡有象形者,世皆定为商器","𩰙,雨字象形","𧆌,角字象形",在这里他不是已经将其与"钟鼎文字"联系起来进行考释了么?"孙氏的考释方法,绝大部分是比较金文所得的"(严一萍《甲骨学》中语)。那么刘鹗与孙诒让的考释有共同之处,孰先孰后不是一目了然了么?更有说服力的是刘鹗壬寅十月十三日的一则日记:"晚,圈《说文古籀》,悟龟文二字,𦐖,恐是功字。𦥑,恐是晋字。《说文》:晋,告也。"……"晋"诸家考释颇多,就中罗振玉、鲍鼎所释与刘鹗相同,孙诒让、于省吾各有所见,李孝定未做结论。从考释方法而言,各有不同侧重。而刘鹗,是从《说文》的音、形两方面加以释定的。孙诒让是"比较金文所得"……那么承认孙诒让是考释甲骨文字,也就应该承认刘鹗是在考释甲骨文字。②(修改收入《刘鹗散论》的全文见本书第二编)

---

① 严一萍《铁云藏龟新编》,台北艺文印书馆1975年7月初版,序言。
② 刘德隆《试论刘鹗对甲骨学的贡献》,载《天津师范大学学报》1989年第3期,第52页。

　　编著者也在上述《新论》第四章"对《铁云藏龟》仅被定位为著录的质疑"中，有如下辨析：

　　　　只要翻开刘鹗的《铁云藏龟·自序》，就明明可见大量的考释文字……自序中诸如"龟板虽皆残破，幸其卜之繇词文本甚简，往往可得其概""龟板可识者，干支而已。如甲、申（四三·四，此识别言四十三页第四片也，下仿）""𝕸，雨字象形；𝕏，角字象形……'乙亥卜祖丁十五牢'（三三·一）、'辛丑卜厌问兄于母庚'（一二七·一）"等等，再明确不过地表述了，刘鹗已将所附内册中某页、某片龟甲拓印上的甲骨文字，断识为当代的某字、某句。纵观刘鹗自序全文，凡 1467 字（按：根据电脑计数，空格转行不计，下同），此类探讨具体辨识的考释文字至少有 777 字，占全文的 53%，即一半还多。如此还不算释读，难道只有那种把释文列在拓片旁边的式样才算释读？在发现之初所得甲骨十分零碎、破译有限的状况下，明显没有必要将很小部分的考释结果与原文并列。据类似上述从序文所引的多处相关考释原文，还可看出刘鹗不仅为 6 册整书设置了页码，也为每页拓片原图指定了顺序，使其可与序中的考释文字内容前后对应、相互参照，可见这篇序文已初步具备了学术论文的严谨性。……赵诚《二十世纪甲骨文研究述要（上）》一书的第二章对刘鹗的具体考释方法、内容和结果有较详细的叙述和分析。……刘、孙、罗、王、董在研究方法上一脉相承，研究结果同为"释帚为归"（误释），不论以方法还是对错来裁判，试问为何后者几位都是"考释"，唯独刘鹗不是"考释"？他的研究论文公开出版在先，后人都有借鉴，他为何不能是"第一个（甲骨文）考释者"？这个界定根据什么、如何度量、是否合理，其中堂奥还期待专家解释、明断。

　　在另一篇最新论文《再论》中，笔者举出一个新的原始证据：

　　　　另据美国传教士学者方法敛（Frank H. Chalfant，1862—1914）于 1906 年 9 月在美国发表的《中国古代文字考》一书（英文），和郅晓娜 2011 年在剑桥大学图书馆发现的方法敛致金璋书信 140 多通①，方氏早于林泰辅、罗振玉、孙诒让（孙诒让著《契文举例》虽作于 1904 年，但在 13 年后的 1917 年才公开发表），已在出版著作中记有"据刘铁云说，公布龟骨刻辞，他实为当今第一人。他认为龟骨文字比现存所有铭文都更古老"，和"刘铁云认为'虺父'是卜人的神秘称谓"等甲骨文考释探讨。在随后 1907—1912 年间的多通书信里，方氏又至少二十余次提及刘鹗，并多次详细讨论了《铁云藏龟》中的甲骨文考释得失，诸如"他怀疑 ⿰ = 问（按：小图片显示为"现释甲骨文'贞'"），而我怀疑假设的'问'的不常见的形式""刘氏还说'复'是'第三次询问'，但我们没有在骨片上发现不断贞问""'巳'的许多形式也是有趣的，很奇怪，它们都被刘铁云忽视了"等等②。这些都可与孙诒让在《契文举例》中多处讨论《铁》书中刘鹗的甲骨文考释的事实相并列，作为第三方原始证据，佐证了刘鹗是最早考释甲骨文的人……

《铁云藏龟》的价值被低估、误导，一方面是因为流通版本大多删去了序文，而另一方面，政治环境、学术转型、师承因袭等因素应是起到了更大的综合作用，不然就很难解释为何这个错误在长达近百年中得不到纠正。

如编著者在论文《再论》中所述：

---

① 参见郅晓娜《金璋甲骨的收藏始末》，收入《甲骨文与殷商史》新三辑，上海古籍出版社 2013 年版，第 364 页。书信内容反映了方氏虽然因缺乏中国古董知识被骗购了不少赝品，但更可看出他对研究甲骨认真执着、竭尽全力的献身精神。

② 参见苗双《方法敛的甲骨收藏和研究》，北京第二外国语学院硕士论文，2015 年 5 月，第 73、100、106 页。另值得注意和待考的是，此文的第三部分尚逐一"列出了方法敛讨论研究过的 163 个甲骨文字"，"考释正确"的 107 个，"有误"的 56 个。如考证基本准确，则方法敛作为一位初学中国古文字的外国文字学者，也应被列为与林泰辅至少同时的、在甲骨文研究初期一度对中国学者形成实际挑战的外国学者，虽然当时罗和方二人自己都并不知晓。（详见任光宇《罗振玉等人早期甲骨文研究学术史新探》）。笔者还发现，在苗文第 56、67 页的方氏书信中，方法敛不但基本准确记录了《铁》书包含 1057 片甲骨，而且还具体记载了他如何得到《铁》书："关于龟甲刻辞，刘铁云著录的书目全称为《铁云藏龟》，六本，还有四本为《铁云藏陶》。1904—1905 在上海出版。我是从作者刘铁云的一个朋友那里获取了这本书的，这个朋友以为这部书是不出售的。我认为作者在北京，更适合叫作 Liu Tao T'ai（'刘道台'的音译）。"

改革开放后的四十多年来，政治干扰逐步减少，但因为学界对"学术发现"的认识仍有欠缺、对原始确凿证据的重要性重视不够，"刘鹗发现说"虽有个别学者偶有再提，但未及深入。

《新论》第四部分中还有如下引述、罗列和总结：

看待和研究历史，最常见的错误应属"以今视古""以后度前"和"政治挂帅"。……台湾甲骨学大家严一萍更有明确论断，在其力作《甲骨学》中，不但在"传拓与著录"一章中明言"甲骨的传拓可说是由刘铁云才开始的"，而且还在"释字与识字"一章中明确指出："研究甲骨，首重文字。……识甲骨文字，当以刘铁云为第一人。……"大陆学者方面，陈梦家在其名著《殷虚卜辞综述》的第二章"文字"的第一节"甲骨文字的初期审释"中，开篇明言："1903 年刘铁云在《铁云藏龟》自序上，曾尝试读了几条卜辞。他所认的 40 多字中，有 34 字是对的……"中国社会科学院历史所的甲骨文专家罗琨研究员在《甲骨文解谜》一书中也以专业眼光公平指出："他（刘鹗）释读了几条卜辞，释文涉及 40 个甲骨文字中，34 个是正确的……实际上，他认出的字还不仅此……刘铁云根据文献记载和当时金文研究成果，判定甲骨文是'殷人刀笔'，有理有据，可见他不仅仅是收藏者，还是最早研究、考释甲骨文的学者之一"。

…………

甲骨文的发现之所以成为重大学术发现，其核心价值无疑在于对古文字的解读。刘鹗率先考释文字，赫然印在 112 年前出版的原始书页上，而且他还是 1903 年初见甲骨的三个学人（刘鹗、罗振玉、吴昌绶）中唯一一位在《铁云藏龟》序文中留下文字考释成果的人；其"卜之繇辞""殷人刀笔文字"的鉴定也是最早的创见，比罗振玉同时"夏殷之龟"的断代更加准确。故笔者认为，谈甲骨文考释研究，言罗不能弃孙，说孙不可忘刘。刘鹗的《铁云藏龟·自序》应被确立为迄今世界上最早考释并成功破译断识甲骨文的论文，并凭借此一开创性工作，刘鹗联袂罗振玉和吴昌绶，一同率先拉开了甲骨学史中"考释研究甲骨文"的序幕。

在《新论》一文的"余论"中，编著者还初步探讨了《铁》书在近百年来一直仅被定义为"著录"的学术渊源：

> 另外一个方面，甲骨文发现史之所以至今留有诸多争论悬案，也与主导发现史早期记录的董作宾等学者不无关系。因"董作宾的教育背景中并无现代考古学的训练""当傅斯年派董作宾前往安阳时，董先生似乎也仍停留在前一阶段的学术眼光"（王汎森《中国近代思想与学术的谱系》中语①）；也因为早期的资讯匮乏，故《甲骨年表》等不得不将村民和坊间的传闻一并收入。董彦堂随后成为成就斐然的甲骨宗师之一，也一定程度上导致了日后（晚辈）师生对其早期著作的尊重和因袭。

近期编著者也注意到，在《甲骨年表》初编的 1930 年，殷墟的科学发掘刚开始一年多，甲骨文研究尚在"罗王之学"的成果光辉笼罩之中。故可以想见，相对于罗振玉突破了近千个甲骨文的惊人考释功绩，相对于孙诒让早在传统国学界闻名遐迩的知名度，刘鹗的外行身份和三四十个甲骨文的最初破译，都显得似乎过于"小儿科"。近期读到董作宾作于 1950 年的《甲骨学五十年》②，其中的相关回忆也印证了当年董氏对罗振玉的特别推崇：

> 可惜的是刘孙两氏相继凋谢，在甲骨学中只算昙华（花）一现。刘氏书原由罗氏手拓编次且怂恿付印者。王氏考证卜辞，皆在罗氏之

---

① 王汎森《中国近代思想与学术的谱系》，河北教育出版社 2001 年版，第 360 – 362 页。相关文字为："当傅斯年派董作宾前往安阳时，董先生似乎也仍停留在前一阶段的学术眼光。董作宾的教育背景中并无现代考古学的训练，所以他对殷墟的预期，与前一代史家罗振玉相近。1928 年他到安阳后给傅斯年的报告信说，在三十六个地方试掘十三天后，只发现一小部分甲骨。董先生认为在史语所财务困难重重之际，这个计划可以放弃。……董作宾旋即以殷墟工作超乎其能力为由谦辞领导人之职，李济被派去负责殷墟的工作。以李济代董作宾之举其实也反映两种学术眼光之更迭。李济与董作宾的看法完全不同，他在给傅斯年的信上说：'晏（彦）堂此次发掘，虽较罗振玉略高一筹，而对于地层一无记载，除甲骨文外，概视为副品，其所谓副品者，有唐磁，有汉简，有商周铜石器，有冲积期之牛角，有三门纪之蚌壳，观之令人眼忙。'"

② 此文包含于《甲骨学六十年》一文中，载《中国现代学术经典·董作宾卷》，河北教育出版社 1996 年版，第 151、185 页。

后，且受罗氏的启迪实深。所以严格来讲，甲骨学能建立起来，得有今日，实出于罗氏一人之力。……民国十九年（1930）我曾到旅顺看过他，……他的精神饱满，言谈之间，和蔼诚朴中流露着聪慧与热情，的确可称为一位忠厚长者。虽然那时他并不奉民国的正朔，拖着发辫，自居遗老，但是在学术的立场上我们是应该敬重他的。可是，为了发表《殷虚书契》，被章炳麟在《国故论衡·理惑论》中斥为"欺世豫贾之徒"，并甲骨也斥为"伪作"。为了王国维替他抄写《殷虚书契考释》，被傅孟真先生在《殷历谱·序文》中詈为"老贼"，说此书"实王氏之作，罗以五百元酬之"。这话实在都冤枉了他。

董氏及郭氏、王氏三堂对罗氏的推重，对后代主力学者如胡厚宣及再传弟子们有着明显影响；改革开放几十年以来的宽松学术环境，更使这种影响在学界成为主流因袭至今。故近百年来甲骨学史中的不少相关自说、孤说被持续公认为信史，也就不难理解了。

然历史和历史人物研究，终需要回归其特定的历史境遇，这个原则不仅适用于罗雪堂、董彦堂，也应一视同仁地用在刘铁云和所有历史人物身上。原始出版物中的确凿文字作为最有力的铁证，120 年前就已公开石印在了《铁云藏龟》的自序之中。"设身处地，刘鹗作为领先的孤行者，茫然面对的是支离破碎的天书神符，单骑闯入的是前无古人的洪荒之境。"（《新论》中语）

综前所述，近百年来对《铁云藏龟》的低估和误导应予修正，对其内容、内涵和历史地位应予以重新审视、评价、定位。一切为中华文明文化继绝学作出重要贡献的人物，都应得到公正合理的评价而彪炳史册。

余　　论

甲骨文的横空出世已被列为中国 20 世纪重大考古发现之首，甲骨学的兴起也已成为中国文化史上的一座里程碑。而这一重大发现，恰巧发生于中国传统学术向现代科学转型的历史节点上，故在这个脱胎换骨的过程中，难免混杂着某些传统观念习俗和一些非科学论断。尤其是关于甲骨文发现及早期研究的历史，不少相关关键环节上的争论由来已久，至今仍处于悬案状态（《新论》绪言中语）。

现代甲骨学已成为有世界影响的、由中国学者主导的综合性学术领域。故对于这一重要领域学术史的任何新说、修正，也应由中国学者作出严谨讨论、辩证、裁断，达成共识并公之于世界学林。近百年形成的结论有其历史局限性和特殊性，也会带有巨大的惯性，然一旦确定其学术缺陷或不合理成分，正视和尽快修正只会有益于学术的进步和发展。

近期已有可喜迹象显示，一些原有结论正在被学者专家逐渐修正。如2022 年 11 月，复旦大学出土文献与古文字研究中心主任刘钊教授在接受《解放日报》记者对他主编、新出版的《传承中华基因——甲骨文发现一百二十年来甲骨文论文精选及提要》进行采访时，对《铁》书的介绍已不再限于"著录"："刘鹗是我国最早的甲骨收藏者之一，他拓印编撰了我国第一部与甲骨文有关的书籍《铁云藏龟》。1903 年，刘鹗在《铁云藏龟》中确认甲骨文为'殷人刀笔文字'，并释出 22 个干支字中的 18 个，同时正确释出 61 个甲骨文中的 43 个，释读正确的比例达 70%。"①再如，2022 年 12 月集中发布的《中国大百科全书》（第三版），已在"甲骨文 - 汉语文字学"条目中也明确将刘鹗与王懿荣并列为"最早辨认和收藏的人"："中国古代刻或写在龟甲和兽骨上的文字。……1899 年，殷墟甲骨文被鉴定为古文字，并且开始被金石学家们收藏。王懿荣、刘鹗为最早辨认和收藏甲骨文的人。"②

刘梦溪在《中国现代学术经典·总序》中指出："中国传统学术向现代学术转变，有两大意外的契机，这就是甲骨文字的发现和甲骨学的建立，以及敦煌遗书的发现和敦煌学的建立。"③此两大学术发现在中国考古史、近现代学术史上的突出历史地位，决定了它们的重要性和影响力。因此综合前所论述，笔者在此重复《再论》论文结尾所说，并希望如下学说尽早得到学界和社会公众的广泛认可：

《铁云藏龟》为"发现、鉴定、考释研究甲骨文"暨甲骨学的开创性

---

① 栾吟之《甲骨文如明灯，闪耀着中华文明的辉光》，载《解放日报》2022 年 11 月 12 日第 5 版。

② 《中国大百科全书 - 第三版网络版》网页：https：//www. zgbk. com/；新华网相关报道"《中国大百科全书》第三版集中发布"：http：//www. news. cn/politics/2023 - 02/21/c_1129385037. htm。

③ 刘梦溪《中国现代学术经典·总序》，收入《中国现代学术经典·董作宾卷》，河北教育出版社 1996 年版，第 1 - 76 页。其中相关文字还有"诸种因素组成的合力向我们昭示，1898 年至 1905 年前后这段时间，应该是中国现代学术的发端时期"（第 50 页）。

著作的地位应予以重新确认；

"王懿荣刘鹗联合从中药中发现甲骨文说""1904 年《三代文字》告白暨'甲骨文发现公告'具有中国近代学术转型的典型和里程碑意义"等甲骨学史新说应得到确认；

同时，建议"叶裴联合发现敦煌遗书说""敦煌学起始应定为 1903 年"等敦煌学史新说①，在中国近现代学术史界展开论辩论证；

诸多"存疑待考"问题将进行深入研究，以求尽早、尽可能彻底解决百年以来留存于"甲骨学"和"敦煌学"学术史中的重大悬案，并以期有助于推动中国近现代史学领域的相关研究，实质性推进"建设中国特色中国风格中国气派的考古学"。

任光宇 2022 年 9 月至 2023 年 4 月于成都恒大绿洲蠡云台

---

① 此敦煌学史相关新说的提出和完整论证，请参见任光宇《敦煌学术史所涉早期人物整理与评议——兼论敦煌遗书发现人暨敦煌学起始》，载《唐都学刊》2021 年第 4 期（特稿），第 5 - 22 页（此文并被中国人民大学《历史学》2022 年第 2 期全文转载）；任光宇《科学方法、学术发现及考古学道德问题——续论敦煌学起始之"叶裴联合发现说"的重要意义》，载《社会科学论坛》2022 年第 1 期，第 56 - 68 页。

第一编

甲骨文发现与早期
研究学术史新论

一、"王刘联合发现说"和甲骨文发现研究新论①

任光宇

【摘要】甲骨文发现百年之争应只有"王懿荣发现说"与"刘鹗发现说"可议。"刘说"据有确凿完整的证据链支撑，而符合现代学术规范且合情理的结论应为"王刘联合发现说"；"吃药发现说"尚不宜入正史。至今尚未为学界知晓与关注的、1904年多次刊登于《时报》的刘鹗自撰《铁云藏龟》公告，具有明确宣告甲骨文发现、化私藏为公器等重大意义。《铁云藏龟·自序》应确立为最早成功鉴定和考释甲骨文的学术论文；刘鹗联袂罗振玉、吴昌绶，一起在1903年即率先拉开了甲骨文考释研究暨创立甲骨学的序幕。罗振玉"怂恿/墨拓/编辑《铁云藏龟》说""1901年初见甲骨说"皆难以成立。对甲骨学史可重新划分阶段。

【关键词】甲骨文发现；刘鹗；王懿荣；联合发现说；《时报》公告

绪言及预设条件

甲骨文的横空出世已被列为中国20世纪重大考古发现之首，甲骨学的兴起也已成为中国文化史上的一座里程碑。而这一重大发现，恰巧发生于中国传统学术向现代科学转型的历史节点上，故在这个脱胎换骨的过程

---

① 本论文与后文《罗振玉等人早期甲骨文研究学术史新探》的初稿连续写就于2015—2016年间，并于2016年1月即蒙濮茅左先生肯定："大作收悉，可备一说。两文可发表在今年《上海市殷商甲骨文研究院集刊》。"（濮时任该院院长）后因故拖延，改发于《练祁研古——上海练祁古文字研究中心集刊》（第一辑，中西书局2018年版，篇名《新论甲骨文的发现、研究与〈铁云藏龟〉》。然因知网等数据库未收此刊，遂继续修改、投稿期刊，并于2018年尾得以发表刊于《广西师范大学学报（哲学社会科学版）》2018年第6期，随即被中国人民大学"复印报刊资料"《历史学》（月刊）2019年第3期和《历史学文摘》（季刊）2019年第1期双重转载。

中，难免混杂着某些传统观念习俗和一些非科学论断。尤其是关于甲骨文发现及早期研究的历史，不少相关关键环节上的争论由来已久，至今仍处于悬案状态。

梁启超在《清代学术概论》中，将清代学术发展喻为"中国之文艺复兴时代"，把"清之考证学"列为自秦以后第四个学术思潮，并明智地指出："自经清代考证学派二百余年之训练，……我国学子之头脑，渐趋于冷静缜密，此种性质，实为科学成立之根本要素"；"金石之学在清代又彪然成一科学也"①。于是可以说，现代中国日趋昌明之科学，亦肇基于清末。故笔者以为，很有必要运用更加严谨的现代科学原则、方法，尽快对这段重要历史进行重新审视、清理、修正。本文即针对其中几个重要问题直抒己见，就教于专家、学者。

大凡科学，都需要切实证据来支持其判断和结论。根据现代科学"证据学"中的"一般证据学"的原则与定义，结合人文历史领域中考据学、考古学的特点②，笔者归纳出如下三项对确立任何考古学术发现不可或缺的必要条件，并将之作为本文相关论证的预设前提：

（1）有发现文物的原始物证；

（2）有对发现文物的性质、年代、意义、含义正确的（或基本正确的）鉴定和诠释；

（3）有关于发现和鉴定的及时、直接相关、公开或可查证的原始书证记录，即原始直接证据（本文仅涉及清末的前科学考察阶段，故这里可以不包括科学考古的原始发掘记录、自然科学的实验检测结果及新型音像电子等记录）。而非原始、及时的，非当事人的（尤其当事人去世后），或涉及利益相关（如来自本人或亲友）的言论及文字记录，即间接证据，只能作为次级辅证参考，当作某种假说的参考。常识性科学原则尚有书证重于言证、早证重于晚证等。

这里（1）（2）两项都是科学发现的必要条件，二者相加实际上已构成发现的充分条件；但第（3）项是使（1）（2）得以成立所必需之确证实凭，常被轻视或忽略，故为了明确地阐述、有效地考证判断，将其分开

---

① 梁启超《清代学术概论》，中国人民大学出版社 2004 年版，第 133、226、182 页。

② 参见秦德良《证据学研究的层次划分》，百度文库－专业资料－法律；乔治忠《考据学通论》（教学视频）等。

列为同等重要且必要的第（3）项条件。

对于一个历史性重大发现来说，在此三项条件元素基本成立的基础之上，常常还要有一个从专家到大众的，对其真实性、完整性及逻辑合理性的反复争论、修正、逐步取得公认的历史过程。中国甲骨文的发现，即是、将是具代表性的一例。

一、甲骨文发现百年之争的清理

甲骨文发现至今已近 120 年，海内外学术界基本认同 1899 年为学术意义上的甲骨文发现年。然而，论及具体发现过程和发现人，至今仍无法达成共识，只能将两三种或更多说法如数列出。具代表性的看法，如李学勤教授在 1998 年回顾甲骨学百年历史时说："甲骨确切地说是在哪一年发现的，学术界颇有争议，今后还可能讨论下去。"①范毓周教授也在 1999 年所写文章中指出："甲骨文的最初发现年代和最早的鉴定与购藏，本来是并无疑义的，但在最近，学者间产生过一些不同意见。甲骨文的最早发现者，应当说是清末河南安阳西北郊小屯村的村民。……最早对甲骨文作出鉴定和购藏的，仍应依照刘鹗、罗振玉等人的说法，是山东福山人王懿荣。不过，还应补充的是，根据胡厚宣先生的研究，在王懿荣对甲骨文进行鉴定和购藏的同时，开始接触并注意搜求甲骨文的学者还有天津的孟定生和王襄。"② 早期大家董作宾于 20 世纪 30 年代最早列出各种发现说，倾向王懿荣为发现人；其后胡厚宣于 40 年代开始主张加列王襄为发现人之一，并在他辞世两年后（1997）发表的长文《再论甲骨文发现问题》（"早已写好但搁置有年"——其子胡振宇后记）中，明确否定了"王襄先于王懿荣发现说"，仍保留其"王懿荣、王 – 孟同时辨别搜集说"③。王宇信赞同其师胡厚宣结论，在其《甲骨学通论》（1989）中经反复论证，认为"王襄、孟定生基本上可与王懿荣一起作为甲骨文的最早发现者，但不是第一个发现者"④。南开大学朱彦民教授则在 2008 年长文《近代学术

---

① 李学勤《甲骨学一百年的回顾与前瞻》，载《文物》1998 年第 1 期，第 33 页。
② 范毓周《甲骨文研究的历史、现状与未来展望》，载《史学月刊》1999 年第 1 期，第 8 页。
③ 胡厚宣《再论甲骨文发现问题》，载 1997 年《中国文化》第 15 – 16 期，第 69 – 81 页。
④ 王宇信《甲骨学通论》（增订本），中国社会科学出版社 1993 年版，第 40 页。

史上的一大公案——关于甲骨文发现研究诸说的概括与评议》中，将各说综合得较为全面具体："到目前为止，有关于甲骨文发现这样一个极为初始又极为重要的课题，并没有完全研究清楚和彻底解决，而是长期存在着不同的甚至是激烈的争论意见。……综括甲骨文发现以来上百年的研究历史，对于甲骨文发现的研究，大致可以概括为以下几个方面：对于甲骨文的最早发现者，这是最为分歧的一个方面，迄今有：王懿荣、王襄、孟定生、刘鹗、端方、罗振玉、胡石查、陈介祺、潘祖荫、古董商、小屯村民等十多种不同的说法。现在学术界一般倾向于前三者即王懿荣、王襄、孟定生是甲骨文发现的最早人物，而后几说则多是在不大了解全面情况下作出的结论。……对于甲骨文发现的时间，也因为发现者不同而有不同的认识，计有……七个不同的说法……现在可以讨论的发现时间就剩下了1897年、1898年和1899年三个年份了。"①

编著者以为，这些看法或结论似是而非，都含有某种程度的非科学观念。

首先，根据本文前述的现代科学发现的第（2）项原则，即"正确的（或基本正确的）鉴定和诠释"是考古学术发现的必要条件之一，则"古代/村民/估人发现说"之类的主张不必再提、再议。笔者所见论文中，中山大学历史系徐坚的《发现甲骨：考古学史的视角和写法》②在此议题上有较多科学内涵的讨论（虽然该文在结论上不够清晰）。该文将"行为意义上的发现"与"认知意义上的发现"明确分开，指出有"中国现代考古学之父"之称的李济对此早有过明确的说明："十九世纪末甲骨文的发现与其说是偶然，不如说是学者们不断努力的结果。在1899年所发生的事件之前存在着长期的学术史准备。"③李济并征引小屯一带的隋代墓葬情况，指出考古已发现这些墓葬曾频频打破晚商文化层，带字甲骨碎片早已出露地表，并掺入隋墓回填土中，但当然不能说隋代人发现了甲骨文。笔者对此完全赞同，而且认为还必须进行进一步的逻辑推理：初期参与甲骨买卖的估人（文物古董商贩）无疑没有鉴定诠释甲骨文的学识和能力，

---

① 朱彦民《近代学术史上的一大公案——关于甲骨文发现研究诸说的概括与评议》，载《邯郸学院学报》2008年第18卷第2期，第58页。

② 徐坚《发现甲骨：考古学史的视角和写法》，载《华夏考古》2014年第4期，第143页。

③ 李济《安阳——殷商古都发现、发掘、复原记》（译自1977年英文版），中国社会科学出版社1990年版，第6页。

他们收购甲骨的唯一动机是倒卖营利；而早年拿甲骨当刀伤药卖的小屯村民，更由于蒙昧无知毁掉过无数甲骨，遑论发现。毋庸置疑，他们都不能成为学术发现的发现者，自然无须再当作一类"发现说"去讨论。编著者认为，"村民发现说"不过是对"行为发现"和"学术发现"的不同定义有所混淆。徐坚上述论文中的"既往的学术史追溯过度局限在少数精英学者群体""在'龙骨'和'刀尖药'转变为'龟板'的过程中，古董捎客起到关键的引导作用"等观点前后矛盾，而"行为意义上的发现"根本不适用于甲骨文这样典型的学术性发现。

其次，对于学术界争议最大的"王襄－孟定生发现说"（简称"王－孟发现说"），笔者认为因其缺失上述现代考古发现必需的第（3）项条件，即没有关于该项发现的及时、确凿、公开或可查证的原始书证记录，从而导致（1）（2）两项都无法成立。具体理由至少有四：

（1）"王－孟发现说"的最早、公开可查的文字书证，仅来自王襄自己在30年代撰写出版的两篇题跋，即1933年的《题所录贞卜文册》和1935年的《题易橹园殷契拓册》①，故不能作为在该文发表30多年前的、有利于自己的原始确证。朱彦民在前述文章中也指出了这个关键缺陷，即该说"有一个极易为人抓为把柄的漏洞。即在王襄于20年代所出的两部甲骨学著作中，并未提及此事。到了30年代，才在一些题跋之中说到此事。这很容易让人觉得是夫子自道"。自说最多仅可作为一项假说的参考辅证，何况此辅证又存在严重瑕疵。据王宇信在《甲骨学通论（增订本）》中的详细论证和其他学者的相关分析，王襄中晚年的几次自说在关键的初见年上就有1899—1898—1899的反复变化②，前后说法混乱不一，概是王氏自身没有确切根据造成的随意性。

（2）王襄提出自说之时，其他两位发现当事人王懿荣、刘鹗已分别在1900和1909年辞世，已不可能回应、反驳。而唯一可以做证的当事人——范姓古董商，其相关说法有罗振常1911年最早实地调查记录中的"村人得骨，均以售范，范亦仅售与王文敏公，他人无知者"③；还有加拿大牧师明义士1914年的实地调查记录，"按范氏一九一四年所言：一八九

---

①　李鹤年《最早知道、鉴定和收购甲骨的是谁》，载《历史教学》1988年第10期，第51页。

②　王宇信《甲骨学通论（增订本）》，中国社会科学出版社1993年版，第41页。

③　罗振常《洹洛访古游记》（新版），河南人民出版社1987年版，第21页。

九年，有学者名王懿荣，到北京某药店买龙骨，得了一块有字的龟板……当年秋，潍县范氏又卖与王氏甲骨十二块"①。即范估当年、生前多次谈及最初的买甲人，都明白只提到王懿荣一人，没提王襄、孟定生。

（3）直接证据不成立，逻辑常识推断也明显不利于"王－孟发现说"。王襄（1876—1965）在 1899 年只是一位不到 23 岁（周岁，下同）的科举备考生，其学识似不足以鉴定和诠释甲骨文这一高难度发现；孟比王大 9 岁（也许这是王襄曾说"吾乡藏殷契者，固以定老为创始人"的重要原因），但他终生只是一位书法家。相对于当时 55 岁的国子监祭酒王懿荣、42 岁的文物收藏大家刘鹗，他们之间的学识与经验差距巨大。且在这一点上，王襄自己在上述早期题跋中也承认不讳："其文多残阙，字尤简古，不易属读。尔时究不知为何物。予方肆力于贴括业（应科举试。笔者注），遂亦置之，不复校理"，"予藏有数骨……知为三古占卜之物。至于殷世，犹未能知"②。故王－孟当初"不知为何物"，仅猜测是一种古文字或"古简"的能力，与范姓估人等并无明显差别，更无本质不同。当然王襄先生后来确实下功夫钻研发表了最早的甲骨文字编《簠室殷契类纂》等，成为真正的早期甲骨学者之一，但那已是 20 年之后的 1920 至 1925 年的事情，"罗王之学"成果早已公开发表了十来年。近来笔者还注意到，胡厚宣在《再论甲骨文发现问题》中不但也指出了王襄、孟定生年龄职业难以鉴定甲骨文，并指出王襄于"1910 年秋识罗振玉"，"'罗叔老贻所著《殷商贞卜文字考》'"，"1923 年与叶玉森通信"③，可见王襄在 20 年代的甲骨文研究成就也并非独立获得。

（4）再一个重要反证也已被胡厚宣等不少学者提出：既然王襄、孟定生当时既无学名、又财力"寒素"（王自述），按常识估人不会优先向他们出售甲骨。王襄两跋都回忆当时范氏要价甚高："巨大之骨，计字之价，字

---

① 明义士《甲骨研究》（1933），转引自胡厚宣《再论甲骨文发现问题》及水土《从两个"百年"纪念会谈甲骨文的发现》，相关文字为："余既找到正处，又屡向范氏和小屯人打听，又得以下的小史……按范氏一九一四年所言：一八九九年，有学者名王懿荣，到北京某药店买龙骨，得了一块有字的龟板，见字和金文相似，就问来源，并许再得了有字的龙骨，他要，价每字银一两，……当年秋，潍县范氏又卖与王氏甲骨十二块，每块银二两，盖范氏在北京听说王氏之事，便到彰德得了十二块，回北京，卖与王氏。"

② 李鹤年《最早知道、鉴定和收购甲骨的是谁》，载《历史教学》1988 年第 10 期，第 51 页。

③ 胡厚宣《再论甲骨文发现问题》，载 1997 年《中国文化》第 15 - 16 期，第 78 页。

偿一金。一骨之值，动即十数金"，"骨之大者，字酬一金。孟氏与余皆因于力，未能博收"，"闻售诸福山王文敏公"。① 据笔者查证，当时口语"一金"即为一两白银，而当年的三两银子就足够一个平民一年生活所需，故这明显是经过识货者（王懿荣）判断认购后的提高要价。据罗振常的《洹洛访古游记》和明义士的《甲骨研究》，当地之前作为中药"龙骨"的价格为"每斤制钱六文"，按时价一两银可买龙骨约 500 斤。

这里编著者试做一个补充。不少当事人和后世学者（如王襄、孟定生、明义士、端方及王国维、董作宾、胡厚宣、王宇信等）的不谙商道，使他们过分相信估人所说价格。欲准确了解一项交易须从买卖双方调查出实际成交价，"字偿一金""每片二两""闻每字银四两"等都应是卖方哄抬，在最早买家王懿荣辞世后，这种哄抬和谣传还一度肆无忌惮。而刘鹗的经商背景和大买家地位，使他在价格上能够保持清醒，在序文中也没有相信和传播"字偿一金"之类的高价，仅说王氏"厚值留之"。编著者此判断也有原始记录支撑：刘鹗当年日记（1902.11.27）记下了甲骨价格查证，明确否定了估人和谣传的哄抬价："申刻至王孝禹处邕谈，并访龟板原委，与赵说相孚。今早王端士来，其说亦与赵孚。端士云，文敏计买两次，第一次二百金，第二次一百余金。孝禹云，文敏处极大者不过二寸径而已，并未有整龟也（按：这点可能不确切，后世发现王家保留了少量较大甲骨。编著者注）。德宝云有整龟十余片，共价十七两，皆无稽之谈矣。"② 据此可知，王懿荣只可能在初见十来片时出高价（如一片 1～2 两），计算起来，他总费银约 350 两买了约 1500 片甲骨，平均的成交价每两 4.3 片；如按每片平均有 6 字算，则每字约 0.039 两银子，仅是所谓"字偿一金"的 1/26。

故可能性较大的真相应该是：山东潍县某范姓古董商确曾去过天津、见过王襄和孟定生③，但第一次见面是 1899 年在与王懿荣首次甲骨交易后的空手探询；1900 庚子年春在天津有了很少量的成交，但也是在与王懿

---

① 李鹤年《最早知道、鉴定和收购甲骨的是谁》，载《历史教学》1988 年第 10 期，第 51 页。

② 刘鹗《抱残守缺斋卜辞综述·壬寅日记》，收入刘德隆等编《刘鹗集（上）》（国家清史纂修工程文献之一），吉林文史出版社 2007 年版，第 713 页。

③ 关于范估人名，刘鹗和明义士都只提及范姓，王襄记录的是范寿轩，罗振常记录的是范兆庆，罗振玉记录为范维卿。据邓华调查，范维卿应为范维清，是范寿轩的同乡、同行的小辈族亲；维清售文敏在先，寿轩售王襄在后。此三人的真实情况尚待厘清，但对本文所讨论之事影响不大。

荣第二次交易了数百片的前后；再后较多的购藏，就已是京城失陷、王懿荣自尽后的事情了（陈梦家曾见过孟氏 1900 年 11 月 12 日的疑似收藏记录①）。那时，京津地区已一片狼藉，官绅元气大伤，甲骨及各类古董身价随之一落千丈。直到《铁云藏龟》（1903—1904）、《殷商贞卜文字考》（1910）先后出版，甲骨价格才随之逐步回升②。在此期间（1902—1911），刘鹗、方药雨、王孝禹、库寿龄、方法敛、罗振玉、端方、沈增植、明义士等也都已开始成批购藏，刘鹗更是在几年内一跃成为甲骨和大量其他珍贵文物的收藏大家（遂有"铁云藏龟／藏陶／藏货／藏印"等系列的大规模出版规划）。

综上所述，一则王－孟没有早于王懿荣购藏甲骨的确切证据，只有反证；二则就算王－孟在 1900 或更早收购了少量甲骨，也无任何原始证据证明他们在 1903 年《铁云藏龟》出版之前及时、正确鉴定出了甲骨文的年代和意义，只有反证。而要确立甲骨文的发现，前述三项现代科学发现必要条件不可或缺。原因简单明了：任何一项科学发现发明诞生之后，常有同期或更早接触过的人恍然大悟，对自己的失之交臂遗憾万分。如果让那些非及时、事过境迁的、不可查证的，尤其是有利于自身的孤说可左右一项发现的判定，那么无数科学发现、发明，乃至各种历史重大事件，都会因不同说法的陆续涌现，而永远争论不休。

另有"端方发现说"。据董作宾在 1937 年编年表中记录，有古董商早年也曾将带字甲骨以每字 2.5 两银子卖给端方，但时间是在 1904 年，且无相关鉴定研究证据，只是一种"故事在古董商和小贩中流传，没有实际的学术影响"。③

因此，编著者的看法是，关于甲骨文的发现人，只有二说可议：一为"王懿荣发现说"，一为"刘鹗发现说"。而且从严格的现代学术规范上来讲，发现人更应该是刘鹗（理由见下节）。

---

① 陈梦家《殷虚卜辞综述》，中华书局 1988 年版，第 648 页。
② 参考李济《安阳——殷高古都发现、发掘、复原记》，中国社会科学出版社 1990 年版。
③ 李济《安阳——殷商古都发现、发掘、复原记》，中国社会科学出版社 1990 年版，第 10、第 15 页。

二、"刘鹗发现说""王懿荣发现说"
和"王刘联合发现说"

"刘鹗发现说"一说，主要因为政治因素（刘鹗的超前眼光及言行，导致在他生前身后、直到80年代改革开放之初，都长期被误判为"汉奸"和反动派），加上刘鹗资料的缺乏及其他诸如师承门户等原因，以致几被中国主流学术界忽视、遗忘。笔者所知的提及者，早期只有董作宾、胡厚宣1937年的《甲骨年表》："铁云见龟板有契刻篆文，以示正儒，相与惊讶……铁云遍历诸肆，择其文字较明者购以归。"① 但究其主要来源只是1931年报载"汐翁"的短文孤说，不足为确凭（参见李学勤专文②）；中期有王宇信在1984年"商史学术讨论会"论文中简短提及③，所据仍与董、胡上述来源相同，随即基本否定；近年仅见前述徐坚在2014年《发现甲骨：考古学史的视角和写法》一文中指出："除刘鹗说之外，其他诸家假说均无确凿证据，而且都是以行为意义上的发现取代认知意义上的发现……'刘鹗发现甲骨说'是唯一有确凿的同时期文献证据的假说，但是却很快被其他假说取代。"可惜徐氏并没有进一步追究论证。

而事实上，"刘鹗发现说"之确凭实据，完全无须牵扯那篇内容道听途说的汐翁"龟甲文"，只凭刘鹗遗留下来的相关原始日记和在1903年公开出版的包括自序的《铁云藏龟》，再加上1904年登载于《时报》的广告（详情见下节）等，就可构成一连串确凿完整的证据链，充分满足前述现代学术发现的全部三项条件。

（1）发现实物：五千余片具来龙去脉的有字甲骨实物收藏；1903年出版6册、共1058片有字甲骨1∶1比例的原甲骨拓印；加发现之初的相关描述，诸如"传闻土人见地坟起，掘之，得骨片与泥相黏结成团……同时所出，并有牛胫骨，颇坚致。龟板，一种色黄者稍坚，色白者略用力即

---

①　董作宾、胡厚宣《甲骨年表》，中央研究院历史语言研究所集刊－乙种之四1937年版；转引自李济《安阳——殷商古都发现、发掘、复原记》，中国社会科学出版社1990年版。

②　李学勤《汐翁〈龟甲文〉与甲骨文的发现》，载《殷都学刊》2007年第3期，第1-3页。

③　王宇信《关于殷墟甲骨文的发现》，中国社科院历史研究所1984年第9期，第9页。

碎"① 等。

（2）正确鉴定诠释：1903 年 11 月 4 日（农历九月十六日）《铁云藏龟·自序》，"盖汉人犹得见古漆书，若刀笔无有见者矣。是以许叔重于古籀文，必资山川所出之彝鼎。不意二千年后，转得目睹殷人刀笔文字，非大幸欤！……象形之字既多，可知其为史籀以前文字。何以别其非周初？观其曰'问之于祖乙'（三·三）……祖乙、祖辛、母庚，以天干为名，实为殷人之确据也"（出处同前注）；加近年发现、尚未引起学术界重视的 1904 年夏刘鹗所撰《时报》公告，"士生三千年后而欲上窥三代文字难矣！……故出敝藏古文，拓付石印。兹先成二种：一曰《藏龟》……皆殷、商纪卜之文，以刀笔劈于龟骨，即殷人亲笔书也"②（详情及讨论见下节）；再加作为原始旁证的 1903 年月吴昌绶作《铁云藏龟·序》，"文敏导其前马，先生备其大观。……审为殷人之遗，证谥显然，致足矜异"；及 1904 年 12 月孙诒让《契文举例·叙》，"丹徒刘君铁云集得五千版，甄其略明晰者千版，依西法拓印，始传于世。刘君定为殷人刀笔书。……知必出于商周之间。刘君所定为不诬"③。

（3）原始、公开或可查证的书证记录：上述 1903 年末出版的石印《铁云藏龟》及落款于同年 9 至 12 月间（农历八至十月）的三篇序言（刘、吴、罗）；1904 年孙诒让据《铁云藏龟》所著《契文举例》并序的相关文字；加其他确切原始书证，前有刘鹗 1902 年《抱残守缺斋·壬寅日记》手稿中关于"龟文"的数条原始记录，后有上述 1904 年报载"抱残守缺斋刘铁云启"《铁云藏龟》《铁云藏陶》大型出版公告；再加最早见到甲骨文的外国人内藤湖南（虎次郎）的相关回忆："明治三十五年（1902），……其时在北京会见了刘铁云氏，当时他编纂的著作放在桌子上，正在制作拓本，听他说这是新近从河南发掘的龟甲，上面刻有文字。"④（按：刘鹗日记中也有该年与内藤的交往记录。）

---

① 刘鹗《铁云藏龟·自序》（1903），收入《刘鹗集（下）》（国家清史纂修工程文献之一），吉林文史出版社 2007 年版，第 20 页。

② 刘鹗"《铁云藏龟》《铁云藏陶》出版广告"，载《时报》1904 年 8 月 26 日，见《刘鹗集（上）》，吉林文史出版社 2007 年版，第 669 页。

③ 孙诒让《契文举例·叙》，收入《续修四库全书》史部·金石类第 906 册，上海古籍出版社 2001 年版，第 139 页。

④ 内藤湖南《中国上古的社会形态》，转引自严绍璗《日本中国学史稿》，学苑出版社 2009 年版，第 174 页。

　　上述多项原始证据各自独立，相互印证、互洽，形成了一条完整、坚实的证据链。因此，全面、严格来讲，第一个发现甲骨文并正确将其鉴定诠释为中华文明三千多年前殷商时代古文字，且及时借媒体多次向世人宣示这一重大发现的人，是刘鹗。

　　此外，"刘鹗发现说"至少还有两个辅证，同时也是两个不同说法，尚未得到学界关注。

　　一是刘鹗之孙、罗振玉外孙刘蕙孙教授①曾在 1985 年的《甲骨聚散琐忆》中说："关于我祖父铁云先生从王懿荣家收买甲骨情况……据我听罗振玉和我父亲都说，铁云先生是王懿荣的门生，王殉国后，因平日负债，其子王汉甫等斥卖他的古物偿债，很大一部分长物都归了铁云。有一天又去王家见墙角放着一堆碎骨，取视，上有刻字，认为奇宝，悉数取归，是为发现甲骨之始。"②据此说推断，在这之前，除王懿荣外，还没有任何"具学识者"，包括其子和刘鹗并未发现甲骨上有文字，所以那天在王家的"取视"被"认为奇宝"，就至少应是刘鹗发现甲骨之始。刘鹗可能在那几页至今失踪的日记中记下了此事（根据见后），更可能后来在上海向罗振玉口头描述过，罗再转王（如果不是王国维碰巧在场的话），日后成了王国维能够说出"文敏命秘其事，一时所出先后皆归之"的根据来源。刘蕙孙少时曾随罗振玉、王国维在日本居住，后来所学和专业领域也是金石考古，故此说虽是当事人后代在多年后的转述，也应作为一项次级辅证和一种"刘鹗发现说"。

　　另一较弱参证，是刘鹗家族三代家仆李贵尚有"刘鹗早年在河南（1888—1893 年）从中药龙骨中发现甲骨文"的说法，由刘氏后人刘德馨

---

　　①　刘蕙孙（1909—1996），谱名厚滋。父亲是刘鹗四子刘大绅，母亲是罗振玉长女罗孝则。早年曾随罗振玉、王国维、刘大绅寓居日本京都，中国上海、天津、北平，并曾留学日本，再考入北京大学研究所国学门，师从马衡专攻金石考古。研究生毕业后在顾颉刚领导下任北平研究院历史所编辑，曾任冀察古迹考察团团长，之后任北平中国大学、辅仁大学、燕京大学、杭州之江大学讲师、副教授。新中国成立后任福建师范学院副教授、教授，系学术委员会主任、校学术委员会委员。曾兼任中国先秦史学会理事、中国孔子基金会理事、中国《周易》研究会顾问等。出版有《中国文化史稿》（《中国文化史述》）、《刘蕙孙周易讲义》《铁云先生年谱长编》《铁云诗存》《老残游记补篇》《刘蕙孙论学文集》等十余部专著。——据《刘蕙孙教授学术传略》。

　　②　刘蕙孙《甲骨聚散琐忆》，载《明报月刊》总 234 期，1985 年 6 月；收入《刘蕙孙论学文集》，福建教育出版社 2000 年版，第 365 页。

转述。① 但因讲述者无学识、与后辈闲聊很可能记错年代，更因为没发现刘鹗自己的相关文字记录，故只能将其中一些场景，如刘鹗曾关注龙骨药渣、曾去药店调查收购等，作为一个独立于"汐翁说"的参考资料。

这两个辅证的不利面是来自利益相关方（即当事人后人及家仆）。但好在刘鹗自身及时留下的直接书证证据已够强大、完备，足以使刘鹗成为现代科学发现规范上条件完备的"收藏、鉴定、发现人"。

关于"刘鹗发现说"的发现时间，最迟应是在 1902 年 11 月 5 日（农历十月初六日），确凭是刘鹗《壬寅日记》中当天的日记。该日日记全文为："晴。午后，涂伯厚来，看宋拓帖。申刻，偕宝廷往晤詹美生商谈一切事。晚间，刷龟文，释得数字，甚喜。"一天后（十月初七日）又记："昨日翰甫之四百金取去。夜，作《说龟》数则。"②根据刘德隆《试论刘鹗对甲骨学的贡献》一文中对刘鹗日记原件所作的对比考证，陈梦家依据的 1936 年《考古社刊》所载刘鹗日记年份有误，故刘鹗在 1901 年购藏王氏甲骨一说不能成立，1902 年 11 月 5 日的这条日记就是迄今所见我国甲骨文史上，明确记录甲骨文字（刘鹗时称"龟文"）的第一次文字记录③。本来刘鹗初次见到或购藏甲骨文的时间理应更早，至少要早上几天，但记录恰缺，据刘蕙孙《铁云先生年谱长编》"壬寅十月日记初一至初四日数页，被人扯去，内容不详。但从初五日记刷龟及初七日记王汉黼取款事推测，购让王氏藏龟，即是在十月初几天以内的事"④，这个疑案很值得日

---

① 刘德馨《我的回忆》，收入刘德隆等《刘鹗及老残游记资料》，四川人民出版社 1985 年版，第 347 页。文中追忆刘鹗的家仆李贵说："那是在河南的时候，有一天我跟二太爷（李贵对铁云公之称，有时也称"老人家"）外出，在街上遇到一家人正向外面倒药渣，边走边倒。他老人家目光锐利，旋即俯身下去来检了几片。我正在心里想，这是干什么，岂不晦气？而老人家手持所捡之药已追上去问人家：'这是什么药？'人家回答不知道。又追问：'在哪家买的？'人家告诉了他。他马上到这家药店并将所捡之片出示问：'请问这叫什么药？'店里人说是龙骨，可以治五痨七伤。老人家笑笑说：'这不是龙骨，而是龟甲，你看上面好象有字，这是个宝贝。……'""李贵立即说：'这有什么稀奇，过去二太爷多得很，有五六千片呢！除了最初在河南买了不少外，就是淮安东门外也买了不少，当然以买山东王大人家那几千片他老人家最为喜欢。'"

② 刘鹗《抱残守缺斋日记·壬寅日记》，收入刘德隆等编《刘鹗集（上）》，吉林文史出版社 2007 年版，第 712 页。

③ 刘德隆《试论刘鹗对甲骨学的贡献》，1987 年 11 月向"首届刘鹗与《老残游记》研讨会"提交；后刊于《天津师范大学学报》1989 年第 3 期，第 49 页；后再收入刘德隆《刘鹗散论》，云南人民出版社 1998 年版，第 7 - 14 页。

④ 刘蕙孙《铁云先生年谱长编》，齐鲁书社 1982 年版，第 101 页。

后继续追究，但现存原始记录所载的最早的发现日，比之前的 1899 年晚了三年、跨了一个世纪，看上去颇为"吃亏"。然科学结论之所以能够成为经得起时间考验的真理，就在于其严谨的原则，如胡适所说："有一分证据，说一分话。"

另一方面，"王懿荣发现说"的根据、理由已经被很多学者和文章充分讨论，不再细说。但此说的重大缺陷依然存在，这就是迄今仍没能发现王氏的确凿文字或其他任何直接证据，来证明王文敏公在 1898—1900 年间发现、购得甲骨，并做出过正确的鉴定诠释。次级旁证、辅证当然比较充分，笔者简明综合为四：首先，最早的原始公开辅证，来自刘鹗接手的甲骨和《铁云藏龟·自序》的记述，"庚子岁有范姓客挟百余片走京师，福山王文敏公懿荣见之狂喜，以厚值留之"；其次，其身后的有力书证，来自罗振常、明义士记录的范姓古董商口述①；再次，有来自史料记载中王懿荣自身的学识、专著、职位头衔和嗜古如命收藏实物的事迹的流传；最后，还有他在庚子事变中高风亮节、以身殉国的人格感召力。

但这些间接证据最多只能支持王懿荣最早收藏甲骨文，而不涉及鉴定甲骨文。其子王崇焕（汉章）在《古董录》中"细为考订"等说法，一则属利益相关，二则是在刘、孙、罗、王对甲骨文鉴定研究公布多年后的 1933 年才写出，不足为确凭。故严格说来，王懿荣对甲骨文的鉴定诠释依然尚属推断，只能确立为"收藏发现人"。对此，徐坚认为："以王懿荣作为甲骨研究的首倡者却并不妥当，甚至王懿荣是否辨识出甲骨都值得置疑。……如果《铁云藏龟》刘、吴、罗三家说法应当采信的话，则王懿荣即使有甲骨，亦无未来的金石考古之学和史学对甲骨的意识，《遗集序》称王懿荣为'吾国研究殷墟甲骨文字开创之始'实缺乏任何直接证据。"② 李济的说法是："尽管许多地方不清楚，但王懿荣仍一向被认为是第一个认识甲骨文学术价值的人。"③

虽然刘鹗自己在一开始就明白告诉世人，王懿荣是最早发现和收藏甲

---

① 见前注。另一参证《潍县志稿》的记载，据邓华前述论文系编纂于 1931 至 1936 年，且错讹较多，难以为凭。

② 徐坚《发现甲骨：考古学史的视角和写法》，载《华夏考古》2014 年第 4 期，第 145 – 146 页。

③ 李济《安阳——殷商古都发现、发掘、复原记》（译自 1977 年英文版），中国社会科学出版社 1990 年版，第 11 页。

骨文的学者（暂不论其中包含多少借重权威名头的成分），但据以罗琨研究员为代表的学者们推断①，由于王氏的中国传统意识积习导致的"命秘其事"（王国维语）行为，加庚子之变时慈禧荒唐的文官顶武职之举，王氏很可能没有及时写下研究文字记录，更没能像引领西学风气之先的刘鹗那样，尽快记录研究所得、筹备出版，并使其广泛传播。这些不幸和遗憾使得王懿荣难以成为严格学术意义上的甲骨文发现人。但考虑到甲骨文发现时段恰巧处于中国传统学术向现代科学转型的历史时期、逝者为大为尊的传统伦理，外加前面提及的那些理由充足的旁证和推断，将历史、国情、情感因素综合迭加起来，"王懿荣发现说"至今仍被学术界广泛接受和传播，其来有自，情有可原。而联系到本文开头所述，即有确凿实物加正确诠释才能获得完整的发现人资格，可见最好的两全其美之法，是把王懿荣的"收藏发现人"与刘铁云的"鉴定传播发现人"合二为一，将二人一起定为"甲骨文联合发现人"，将甲骨文发现事件确定为"王懿荣－刘鹗联合发现说"。

如此裁决，应是既有足够的现代学术规范支撑，又符合中国特殊历史国情的万全之策。它至少可有四大好处：一、在国际科学规范上更加严谨完备，华夏早期文字甲骨文之百年公案可得到稳妥的、至少是阶段性的解决；二、可使甲骨文发现时间不致推迟，仍然维持 1899 年不变；三、王懿荣的历史贡献不被埋没；四、肯定褒扬了中国学术转型期学人间相惜—相继—相成的佳话。

其实，此"王刘联合发现说"之说，正与当时的中央研究院院长、中国近代第一个人类学博士李济（据岱峻《李济传》）在其生前最后一本专著《安阳》中，对王懿荣和刘鹗的评价看法不谋而合、异曲同工："如果王懿荣是中国古文字学新学派的查理·达尔文，刘铁云就像托马斯·赫胥黎一样与他并列，这已是被一致公认的事实。"② 遗憾的是，这个评价已被学术界遗忘久矣。而"殷墟甲骨文的发现，是中国学术史上的大事，在世界学术史上也值得大书特书。"③ 衷心期待在一百多年的争论之后，我们无须再向世界同行费力解释，华夏早期文字甲骨文的发现人之一自身并

---

① 参见罗琨《甲骨文解谜》，长江文艺出版社 2002 年版，第 8 页。

② 李济《安阳——殷商古都发现、发掘、复原记》（译自 1977 年英文版），中国社会科学出版社 1990 年版，第 11 页。

③ 李学勤《汐翁〈龟甲文〉与甲骨文的发现》，载《殷都学刊》2007 年第 3 期，第 1 页。

未留下一字证据。

笔者认为还有必要建议并期待学者专家们认同，今后能在相关学术著作中做出如下澄清和更正：长久以来广泛宣传的"王懿荣生病吃药发现甲骨文说"，其源头实际上只是报刊短文和民初流传于北京琉璃厂的坊间传闻①，王家后人也没有认同，不宜作为信史写入甲骨学正史中，进而在各类媒体中传播。此说最多只可作为一种假说，包括刘鹗是王懿荣门生、先于王氏或在王宅同时发现甲骨文，也仅来自传闻和后辈的口耳相传（自刘蕙孙等），尚未见原始记录确证。而相比之下，最早实地查访甲骨出土和买卖情况（1911 春）的罗振常之《洹洛访古游记》更加切实可靠，"应视作第一手的数据"（胡厚宣语）。综合罗振常和明义士的早期原始记录、刘鹗自序（1903），以及王汉章（崇焕）在《古董录》（1933）和《清王文敏公懿荣年谱》（1924）中的相关说法，可得出更严谨可靠的甲骨文发现过程，现表述如下：

曾向王懿荣出售古董的山东古董商范维卿（清），因王氏曾强调有字的古董都要，于是在河南"四处巡回村落"，"跑乡至小屯，索土中发掘物……曰有字者皆可"，"土人……因以骨示之，范虽不知其名，然观其刻画颇类古金文，遂悉购之。"② 范估于 1899 秋、1900 年春携带这些甲骨径回京师以示王氏，遂有刘鹗所述王文敏的"见之狂喜，厚值留之"。（而王襄和孟定生初见甲骨的时间在范估售于文敏之后，且无及时、正确鉴定甲骨文的能力证明。）甲骨文发现遂自 1899 年始，并于 1902 年转售至刘鹗收藏、记录、拓印，并同时开始研究鉴定、破译释读；于一年后的 1903 年末公开出版了六册《铁云藏龟》，加首篇甲骨文研究论文（自序）；转年即 1904 年，刘鹗再用《时报》公告多次将甲骨文的发现昭告天下（详情见下节），彻底完成了此一重大学术发现。

三、尚未引起学界重视的 1904 年《时报》公告

根据《刘鹗集》主编刘德隆先生于 21 世纪初在上海图书馆的发现，1904 年 8 月 26 日（农历七月十六日）的上海《时报》第五版刊载了"抱

---

① 参见曹定云《从"龙骨"到甲骨的飞跃》，载《殷都学刊》2009 年第 3 期，第 3 页。

② 罗振常《洹洛访古游记》，河南人民出版社 1987 年版，第 21 页。

残守缺斋刘铁云启"的《铁云藏龟》《铁云藏陶》大型"告白"（当时报界对告示和广告的合称），而且相同公告在该段时期间隔一至二周即重复刊登，延续约半年时间。①《时报》为 1904 年 6 月 12 日创办于上海的著名大报，由日本人宗方小太郎担任名义上的发行人，实际总理为狄楚青，由梁启超撰发刊词。《时报》总共发行了三十五年之久，经销商遍布全国及海外华侨大城市，重点布局于上海、江苏、浙江一带的大小城镇，在独立时评、文学副刊等方面有诸多创举，堪与《申报》《新闻报》两大报同列为近代上海最有影响的报纸。②

此篇广告经刘德隆先生抄录（当时未能拍照复印），全文收录于由其主编、2007 出版的《刘鹗集（上）》（第 669 页），但未能及时引起学界学者的关注。直至 2016 年 8 月 19—20 日，在烟台福山区王懿荣纪念馆举行的"甲骨文字识读进展与研究展望研讨会暨'甲骨学发展史馆'开馆仪式"上，编著者才了解到参会的多位甲骨学权威学者尚未听闻刘鹗有此公告，但都认为此一事件颇具历史重要性。后在会议预先安排的 20 日研讨会发言中，编著者向包括王宇信、宋镇豪、王震中、李民、杨升南、王仲孚、蔡哲茂、吴振武、黄天树、朱凤瀚、蔡运章、沈建华、朱彦民、王蕴智、刘一曼、曹定云、胡振宇等学者在内的全体与会专家，就这一重要发现加做了特别介绍。

刘鹗这个 450 余字的告白，不仅预告了其两部新书出版的时间、价格，更对书的内容予以简单介绍，以抢眼、明确、感性的自撰词语，借助这份当时颇具影响的新锐媒体，向世人连续多次宣告了甲骨文出土这一重大历史事件，阐明了《铁云藏龟》出世的缘由和意义，并向公众发出了学术探讨邀请。现代"广告"（advertising/commercial）一词多强调商业促销功能，故编著者认为将其称为"公告"或"告白"（announcement）应更加准确。刘鹗公告的全文如下：

《铁云藏龟》《铁云藏陶》出版广告

士生三千年后而欲上窥三代文字难矣！虽山川往往出鼎彝，十之八九归诸内府，散在人间十之一二而已。而收藏家又每以保护古器物为辞，不肯轻易示人。人之所得见者，仅摹刻木版耳。摹刻之精者如

---

① 根据刘德隆《刘鹗年谱长编》，上海交通大学出版社 2019 年版。
② 根据李楠《清末上海报纸"城市化"趋向的研究》，复旦大学 2013 年硕士论文。

"积古斋""两罍轩"之类，又复行世甚希，好古者憾焉。

近来新学日明，旧学将坠，愿与二三同志抱残守缺，以待将来。故出敝藏古文，拓付石印。兹先成二种：一曰《藏龟》，乃己亥年河南汤阴县出土。皆殷商纪卜之文，以刀笔劵于龟骨，即殷人亲笔书也。凡一千余品，装订六本，售价六元。二曰《藏陶》，系十年前山东临淄等处出土，亦属商、周文字。计五百余品，附以汉代泥封。泥封者，苞苴之泥也，官名多史册所遗。共装四本，售价四元。又印明拓《石鼓文》，每份一元。三曰《藏货》，四曰《藏铄》，明年续出。此皆本斋所藏之器物也。

至海内各家收藏钟鼎彝器，敝处搜辑拓本已得二千余品，拟参合诸家之说，彝撰释文，次第付印，以公同好。四方君子，或有秘藏古器以拓本寄示，或有心得释文，以说稿惠教，皆祷祀以求，不胜感激者也。

寄售处：北京、上海有正书局及本馆账房

抱残守缺斋刘铁云启①

这篇由刘鹗撰写的大型综合公告加广告，足以成为一篇极为珍贵的历史文献。在这篇文字中除一般广告信息之外，其可贵之处和包含的特殊意义，值得再次总结强调如下。

（1）在《铁云藏龟·自序》之后，再次以明确文字持续六个月向天下宣告"发现殷商甲骨文"这一重大历史性事件："士生三千年后而欲上窥三代文字难矣！……《藏龟》，乃己亥年河南汤阴县出土。皆殷商纪卜之文，以刀笔劵于龟骨，即殷人亲笔书也。"

（2）特意写明了该出版图书的历史背景、意图和意义，并明确将其重要意义由《藏龟》《藏陶》扩展至考古界，乃至学术界："虽山川往往出鼎彝，十之八九归诸内府，散在人间十之一二而已。而收藏家又每以保护古器物为辞，不肯轻易示人……好古者憾焉。近来新学日明，旧学将坠，愿与二三同志抱残守缺，以待将来。故出敝藏古文，拓付石印。"

（3）进一步倡导、实践学术公器化，在结尾昭告天下："四方君子，

① 刘鹗 "《铁云藏龟》《铁云藏陶》出版广告"，《时报》1904 年 8 月 26 日，载《刘鹗集（上）》，吉林文史出版社 2007 年版，第 669 页。

或有秘藏古器以拓本寄示，或有心得释文，以说稿惠教，皆祷祀以求，不胜感激者也。"

这三点要素使得这篇文字，将新闻公告、意义宣示、研讨邀请等多种内容与商业促销功能融于一体，一举数得；同时将此一新发现的考古学术活动，从个人和少数同好的私下玩味切磋，扩展为公开平等邀约天下学人，乃至所有社会大众。这不仅是量的升级，而且是质的飞跃，其意义之深远非一篇普通近代广告可以同日而语。它应可能成为中国早期（如果不是最早的话）将传统学术化为现代公器的倡导与实践行动的典范，在"旧学将坠""新学日明"的中国近代学术转型历史上写下了有代表性的、具里程碑意义的一页。

尚有一点值得注意，这篇告白的实际传播效应该比《铁云藏龟》自身大得多，但尚未见到相关记录或考证来证明。笔者推测孙诒让很可能就是由此途径，在 1904 当年及时得知了《藏龟》的出世；日本学者林泰辅也在一两年前后得见《藏龟》并开始研究甲骨文（详见本书第一编《罗振玉等人早期甲骨文研究学术史新探》），同样可能是得益于报刊公告的作用。

四、对《铁云藏龟》仅被定位为"著录"的质疑

《铁云藏龟》自 1903 年问世以来，其意义和贡献日益得到学术界的肯定和重视。然而，几乎所有学术著作和一般性读物在谈及甲骨文的"发现"和"研究"这两大领域时，都仅把刘鹗和其《铁云藏龟》归入前者，即仅是发现与著录的范围。安阳殷墟博物馆、烟台福山甲骨学发展史馆等权威性展览的固定解说词，也只标明刘鹗为第一部"著录"甲骨文的出版人。王宇信所著《甲骨学通论》（1989）在专门讨论甲骨文的初期考释研究章节中没有提及刘鹗，在《甲骨学一百年》（1999）在第四章"甲骨文的考释及其理论化"第一节中亦从《契文举例》开讲。李学勤在其甲骨百年总结文章中也说："甲骨文字的考释，是古文字学最明显的一项成果。自 1904 年孙诒让著《契文举例》发端……"继续给出刘鹗和《铁云藏龟》与考释无缘的印象。再如徐坚近年的论文（2014）依然在说"《铁云藏龟》是中国历史上最早的甲骨图录……每片甲骨上文字多寡不一，均未作任何释读"。

　　另一方面，包括上海古籍出版社 2002 年出版的《续修四库全书》所收《铁云藏龟》版本，采用了无序版本，也可能造成《藏龟》仅为著录的误导。而 1903 年末的初版石印《铁云藏龟》无疑至少刊有刘鹗自序，确据是 1904 年写就的孙诒让《契文举例》，已有多处提及了刘鹗在《铁云藏龟·自序》中对甲骨文的鉴定和考释。据陈梦家说："《铁云藏龟》印行之初，卷首本有罗振玉、吴昌绥和刘鹗三篇序文。但附有序文的流行本很少。通常所见者，或删去罗序，或删去罗、吴两序，或无序。"①刘德隆在《刘鹗年谱长编》中认为，《铁云藏龟》实际印刷过多次，故近代所能见到的《铁云藏龟》不尽相同，所见的《铁云藏龟》除拓印品质不一外，所收序文亦不尽相同，或有吴昌绥、刘鹗、罗振玉三序本，或有吴昌绥、刘鹗二序本；上海博物馆甲骨学专家则认为以最早的印本为最好。

　　然而只要翻开刘鹗的《铁云藏龟·自序》，就明明可见大量的考释文字——估计有很大比例的学者未曾见过该序全文，或从未仔细通读。自序中诸如"龟板虽皆残破，幸其卜之繇词文本甚简，往往可得其概""龟板可识者，干支而已。如甲、申（四三·四，此识别言四十三页第四片也，下仿——刘鹗原注）""[图]，雨字象形；[图]，角字象形……'乙亥卜祖丁十五牢'（三三·一）、'辛丑卜厌问兄于母庚'（一二七·一）"②，等等，再明确不过地表述了，刘鹗已将所附内册中某页、某片龟甲拓印上的甲骨文字，断识为当代的某字、某句。综观刘鹗自序全文，凡 1467 字，此类探讨具体辨识的考释文字至少有 777 字，占全文的 53%，即一半还多。如此还不算释读，难道只有那种把释文列在拓片旁边的式样才算释读？在发现之初所得甲骨十分零碎、破译有限的状况下，明显没有必要将很小部分的考释结果与原文并列。据类似上述从序文所引的多处相关考释原文，还可看出刘鹗不仅为六册整书设置了页码，也为每页拓片原图指定了顺序，使其可与序中的考释文字内容前后对应、相互参照，可见这篇序文已初步具备了学术论文的严谨性。孙诒让在《契文举例》的考释中多次探讨"刘说""刘云"，或肯定或否定，也无疑都是在进行相同性质的甲骨文考释研究。（关于刘鹗、孙诒让、罗振玉的考释成果，请参看编著者在另文

---

　　①　陈梦家《殷虚卜辞综述》，中华书局 1988 年版，第 650 页。
　　②　刘鹗《铁云藏龟·自序》，收入刘德隆等编《刘鹗集（下）》，吉林文史出版社 2007 年版，第 20 页。

《罗振玉等人早期甲骨文研究学术史新探》中的对比探讨。)

　　赵诚在《二十世纪甲骨文研究述要（上）》一书的第二章中，对刘鹗的具体考释方法、内容和结果进行了较详细的叙述和分析。其中说："刘鹗考释甲骨文字的方法，其可推知者，大体有上述的三种①。此外，他还有一些考释，但不太明白用的是什么方法。"②此书还专门提到"这里有一个相当有典型意义的事实，可以作为例证。甲骨文有一个字（《铁云藏龟》122.3），刘氏当时看到的古金文也有一个字，被隶定作帚……很自然的，刘氏就将这个甲骨文字释为归，把'帚好'读成'归好'（见《铁云藏龟·自序》）。……但是，释甲骨文的帚为归，今天看来实在是错误的。值得注意的是，这一误释，一直延续了30年……孙诒让《契文举例》将此字隶定作帚，谓当'假为归字'。罗振玉《殷虚书契考释》亦认为'凡卜辞中帚字，皆假为归'。罗氏的《殷虚书契考释》是王国维手写付印的，在王氏手写的过程中曾提出过一些自己的看法，但于释帚为归未见有任何表示，可见王氏也并不反对。到了20世纪30年代的吴其昌，在他的《殷虚书契解诂》里肯定释帚为归'是也'。……董作宾《帚方说》在肯定释帚为归的基础上又申论当读馈赠之馈。上述孙、罗等皆可以说是甲骨文字研究的佼佼者，均认为释帚为归是正确的，可证刘氏之释并非妄说，所以延续了那么多年。直到1933年，郭沫若在《卜辞通纂考释》中才第一次指出：'帚字……实当读为妇'……1934年，唐兰进一步加以申论……释帚为妇才成为定论。"③但该书在该节却又说道："刘鹗的《铁云藏龟·自序》只能表明他是甲骨文字释读的第一人，而不是第一个考释者，这其中有一定的贡献……"④　表述前后矛盾。刘、孙、罗、王、董在研究方法上一脉相承，研究结果同为"释帚为归"，不论以方法还是对错来裁判，这几位都是"考释"，刘鹗也不例外。何况他的研究论文公开发表在先，后人都有借鉴，他理应是"第一个考释者"。

　　刘鹗破天荒的探索，认出、认对的字不是很多，正是此事不易的佐证。120年过去了，殷墟总共出土了甲骨10万～16万片，发现了单字约

---

　　①　即根据词例释字、根据象形释字、根据《说文解文》及其他古文字材料如大盂鼎等金文考释。

　　②　赵诚《二十世纪甲骨文研究述要（上）》，书海出版社2006年版，第12页。

　　③　赵诚《二十世纪甲骨文研究述要（上）》，书海出版社2006年版，第13–15页。

　　④　同上，第15页。

4000 个，但已被公认辨识的仅有不到 1/3。刘鹗以一己多重身份的活动家之身，在一年时间内偷闲潜心研究（参见刘鹗《抱残守缺斋日记》所记当年活动之繁忙），正确得识 34 个字，实在可算是不小的成就。创始者当然会先识那些最容易认的字，但刘鹗作为最早领先的孤行者，茫然面对的是支离破碎的天书神符，单骑闯入的是前无古人的洪荒之境实在可敬可叹。①

台湾学者、曾任台湾"中央"研究院史语所所长的屈万里教授曾在 1970 年为李孝定编《甲骨文字集释》所作序言中说："就识字一端言之：刘鹗之印《铁云藏龟》也，自谓能识四十余字。然今日观之，彼所释而不误者，实仅三十四字……皆最易认者也。……孙罗两家所释，今已证知其误者颇多。然启之辟之，以导先路，其功实不可没也。"②董作宾看重的台湾甲骨学大家严一萍更有明确论断，在其力作《甲骨学》中，不但在"传拓与著录"一章中明言"甲骨的传拓可说是由刘铁云才开始的"，而且还在"释字与识字"一章中明确指出："研究甲骨，首重文字。……识甲骨文字，当以刘铁云为第一人。……刘氏不以甲骨文为业，只是举例而已。"③ 大陆学者方面，也有陈梦家在其名著《殷虚卜辞综述》的第二章"文字"的第一节"甲骨文字的初期审释"中开篇明言："1903 年刘铁云在《铁云藏龟》自序上，曾尝释读了几条卜辞。他所认的 40 多字中，有 34 字是对的……"中国社科院历史所的甲骨文专家罗琨研究员在 2002 年出版的《甲骨文解谜》一书中，也以专业眼光公正指出："他（刘鹗）释读了几条卜辞，释文涉及 40 个甲骨文字中，34 个是正确的……实际上，他认出的字还不仅此……刘铁云根据文献记载和当时金文研究成果，判定甲骨文是'殷人刀笔'，有理有据，可见他不仅仅是收藏者，还是最早研

---

① 编著者近日注意到，刘钊（复旦大学特聘教授、出土文献与古文字研究中心主任）在关于"古文字与中华文明传承发展工程"的阶段性成果、新近出版的《传承中华基因——甲骨文发现 120 年来甲骨学论文精选及提要》一书的访谈中指出："我们要对在甲骨学创始阶段筚路蓝缕、凿破鸿蒙的前辈学者表示崇高敬意。1903 年刘鹗的《铁云藏龟》根据'日名'确认甲骨文为'殷人刀笔文字'，并释出 22 个干支字中的 18 个，同时正确释出 61 个甲骨文中的 43 个，释读正确的比例达 70%。……"（见《光明日报》2022 年 07 月 10 日 05 版）

② 屈万里《甲骨文字集释·序》，收入《"中央"研究院历史语言研究所专刊之五十》1965 年版，第 9 页。

③ 严一萍《甲骨学》，艺文印书馆 1978 年版，第 767 页。

究、考释甲骨文的学者之一。"①

刘蕙孙先生在《铁云先生年谱长编》中认为:"一般谈甲骨发现史,均说始释契文的是罗雪堂,同时有孙诒让的《名原》及《契文举例》开其端,看日记则是铁云先生得龟后已释了一些,可惜稿已不存。"刘德隆先生在《试论刘鹗对甲骨学的贡献》一文中认为,"'说龟',或解释为对甲骨学历史的记述,或解释为对甲骨文字的考释……遗憾的是刘鹗的这数则'说龟'至今并没有人能见到"②。(编著者个人推测,刘鹗日记中提到的"说龟"数则确是研究考释记录,但很可能因积累不是很多故没有独立成书,其相关文字后来都已誊写纳入了《铁云藏龟·自序》的考释内容中。)刘德隆该文除详细论述刘鹗对甲骨文的发现鉴定、甲骨文的研究考释、甲骨学的公示传播三个方面的重大贡献外,还特别举出多项例证,强调了在甲骨文考释上刘鹗为最早,并逐个列出了他在"自序"中认出的47个字。但这些提法都未得到学界专家的充分关注和赞同。

甲骨文之所以成为重大学术发现,其关键核心价值无疑在于古文字的解读。刘鹗率先考释的文字,赫然印在112年前出版的原始书页上,而且他还是1903年初见甲骨的三个学人(刘鹗、罗振玉、吴昌绶)中,唯一一位在《铁云藏龟》序文中留下文字考释成果的人;其"卜之繇辞""殷人刀笔文字"的鉴定也是最早的创见,比罗振玉同时"夏殷之龟"的断代更加准确。故笔者认为,谈甲骨文考释研究,言罗不能弃孙,说孙不可忘刘。刘鹗的《铁云藏龟·自序》应被确立为迄今世界上最早考释并成功破译断识甲骨文的论文,凭借此一开创性工作,刘鹗联袂罗振玉和吴昌绶,一同率先拉开了甲骨学史中"考释研究甲骨文"的序幕。

综合前四小节所述,在此有必要向学术界总结提出,刘鹗《铁云藏龟》与其《时报》公告的意义和贡献,有如下三个方面需要进一步明确、强调和调整。

(1)李济曾言:"《铁云藏龟》的出版成功地唤醒了古典人文学者,这对中国学术界,特别是对中国的古文字学,都应说是一件幸事。"③在西

---

① 罗琨《甲骨文解谜》,长江文艺出版社2002年版,第13页。

② 刘德隆《试论刘鹗对甲骨学的贡献》,收入刘德隆《刘鹗散论》,云南人民出版社1998年版。

③ 李济《安阳——殷商古都发现、发掘、复原记》(译自1977英文版),中国社会科学出版社1990年版,第12页。

风东渐的大变局背景下，刘鹗的《铁云藏龟》及时引领一代风气之先，在获得甲骨后仅用半年时间研究、半年墨拓出版，并运用当时最具传播力的传媒广而告之，迅速将私藏化为公器。此书的出版及随后多功能公告的反复刊登，在包括甲骨学在内的人文科学领域，乃至中国近代学术转型史上，都具有里程碑式的意义。

（2）《铁云藏龟》和《时报》公告的及时出版发布，使甲骨学有别于"北京人"、新石器文化、敦煌学发现等学术研究领域，形成了前有先驱王懿荣、刘鹗、孙诒让，中有"甲骨四堂"，后有现当代科学考古学者为代表的中国甲骨文发现和研究学术传承大军，在中国学术进入当代世界学术之林的进程中，独领风骚。

（3）刘鹗以其通识才能和超前眼光，在东西留洋学生批量学成回国效力之前出版了《铁云藏龟》和自序，使他成为本土传统学人自觉向西方现代学术取长补短的开路先锋。他不但及时向世界宣告了甲骨文的发现，还以其开创性研究，在晚清危亡环境里亲手推开了甲骨文考释的学术大门，同时在发现和研究两个领域，为将中华民族信史向前推进做出了贡献。

五、对罗振玉"怂恿/拓墨/编辑说"的质疑

长久以来，"罗振玉怂恿/拓墨/编辑《铁云藏龟》"之说在学术与非学术界流传极广，"怂恿说"更几乎随处可见。包括文献学大家张舜徽在内的很多德高望重的学者，也都相信此说（见1986年《雪堂学术论著集》张氏序）。而究此说法来源，却都是来自罗振玉一人在刘鹗去世后的自说、孤说，未见任何他证。具体来说，它们最初都来自罗氏自己在1910年之后出版的几部著作。如1910年的《殷商贞卜文字考》自序中，有"文敏殉国难，所藏悉归丹徒刘氏。又翌年，始传至江南。予一见，诧为奇宝，怂恿刘君亟拓墨，为选千纸付影印，并为制序"[①]。1915年为《铁云藏龟之余》所作自序中（并收入1931年蟫隐庐版《铁云藏龟》），有"予之知有贞卜文字也，因亡友刘君铁云。刘君所藏，予既为之编辑为《铁云藏

①　罗振玉《殷商贞卜文字考·自序》，收入黄爱梅编《雪堂自述》，江苏人民出版社1999年版，第160页。

龟》"①。到 1931 年的《集蓼编》，再次有"亡友刘铁云观察得文敏所藏，复有增益。予在申江编为《铁云藏龟》"②。另在前述 1903 年的罗氏《铁云藏龟》序中，因为结尾一句"拓墨付景印既讫功"没有明确主语，拓墨的虽可以是他人，但根据前后文更像是罗振玉自己。

笔者可列出"怂恿/墨拓/编辑说"不应成立的不少旁证辅证。先是吴昌绶③最晚为《铁云藏龟》写序（1903 年 10—12 月），那时墨拓、编辑都应已完工，试印或初印的"印本"已出，"铁云先生获古龟甲刻文五千余片，精择千品篆为一编，以印本见饷"④，没有提到罗氏。再者，得罗氏引导成就"罗王之学"的王国维，如果认同恩师罗振玉参与了此书，当不无附和之理，但王氏早在 1920 年《随庵所藏甲骨文字·序》中，就说道："铁云又续有所得，选其精者，印行为《铁云藏龟》一书。……余于刘、罗二君皆至稔⑤，然于其所藏，除《藏龟》《书契》二书所载及罗氏选拓数十册外，固未能尽览焉。"⑥ 五年后的 1925 年，王国维在清华国学院殿堂所作著名演讲《最近二三十年中国新发现之学问》讲到《铁云藏龟》，其说法仍是："文敏殉难，其所藏皆归丹徒刘铁云……光绪壬寅，刘氏选千余片影印传世，所谓《铁云藏龟》是也。"⑦ 王氏当年不可能没读过罗氏甲骨文序跋中的"怂恿/编辑"等说，他在自己独立行文时没有附和，应可一定程度上说明问题。

关于墨拓，曾见文章仅以发现罗振玉五十岁后还曾亲手墨拓为据，来

① 罗振玉《铁云藏龟之余·序》，收入《罗振玉校刊群书叙录》，江苏广陵书社 1998 年版，第 32 页。

② 罗振玉《集蓼编》，收入黄爱梅编《雪堂自述》，江苏人民出版社 1999 年版，第 42 页。

③ 吴昌绶（1868—1924），近代藏书家、刻书家、金石学家。字伯宛，又字甘遁、印臣、印丞，号耘存，晚号松邻。浙江仁和（今杭州）人，乾隆时期藏刻书家吴焯后裔。1897 年举人，官内阁中书。民国曾任司法部秘书。以藏书刻书著称，熟于目录版本，藏书处曰"双照楼"。刻有《双照楼汇刻宋元人词》《松邻丛书》等，著有《定庵先生年谱》《松邻遗词》《松邻书札》等。民国学者藏书家伦明在《辛亥以来藏书纪事诗》中评曰："君仕宦侘傺，素善辞章，所撰以题跋尤胜。"

④ 吴昌绶《铁云藏龟·序》，收入《刘鹗集（下）》，吉林文史出版社 2007 年版，第 19 页。

⑤ 王氏虽有此说，但迄今尚未见刘鹗与王国维相见相识记录，值得继续探寻。——笔者注

⑥ 王国维《随庵所藏甲骨文字·序》，收入《观堂集林》卷四，河北教育出版社 2003 年版，第 696 页。

⑦ 王国维《最近二三十年中国新发现之学问》，收入《王国维文集》第四卷，中国文史出版社 1997 年版，第 33 页。

证明罗年轻时自然也可承担墨拓《铁云藏龟》的任务。殊不知那时的碑帖收藏鉴赏家们大都会亲自墨拓，刘鹗早在 1887 年就开设过中国首批石印出版公司之一的"石仓书局"，墨拓、出版对他来讲都驾轻就熟。直接原始证据也有，如 1902 年 9 月 5 日刘鹗《壬寅日记》："本日检旧造象拓之，一为北周武帝建德元年，一为隋开皇十七年也。"但刘、罗能够亲手墨拓，明显不等于承担了《藏龟》的墨拓。台湾专家严一萍早在其《甲骨学》中，就对甲骨的早期传拓有专业详尽的考证，并对《藏龟》墨拓一事专门作出了明确断言："罗振玉在《殷墟书契前编序》里说：'始于丹徒刘君许见墨本'。这是他看见了王瑞卿所拓的甲骨墨本。但他在下面又说'于是尽墨刘氏所藏千余，为编印之'就不是事实了。老友陈铁凡兄写《从龟板文字到甲骨学》一文时，以为《铁云藏龟》的'精拓'之功，'实出于罗振玉之手'，不免上了他的当。"①

当然罗振玉在此书出版之前，也可能提出过关于出版、编辑的建议，更可能因为其谨慎的处世之道，而对行事洒脱的刘鹗有所提醒、敦促（当时已屡传官方欲逮捕刘鹗），但影响程度、起到的作用还不到刘鹗要写进自序的程度。如墨拓一事，刘鹗专门写明"故竭半载之力，精拓千片，付诸石印，以公同好。任是役者，直隶王瑞卿也"。假如罗一人独揽此事，应写为"任是役者，上虞罗振玉也"；如罗氏帮了大忙，刘也应会再加上"罗叔耘相助之"。

刘鹗是否可能故意隐去、埋没罗氏贡献？可能虽小，也不能武断排除。但就至今发现的材料来看，刘的原始记录在前，且有吴昌绶、王国维文字旁证；罗的回忆晚得多，只是孤说；前说二人都在，后说一人已去。哪个可信度更高，不言自明。还可再加一佐证：假如刘鹗欺友致此（即将罗做的事故意记成他人），依罗氏之耿介至少也应因之疏远；但查刘鹗日记，到 1905 年至 1906 年他们的交往亲密依旧。1906 年 7 月罗振玉已在刘鹗、张之洞分别运作后入京为官，刘鹗在《原石拓醉翁亭记跋》中尚有"罗叔耘学部得此北宋拓《丰乐亭记》出以夸耀，予出此本敌之，相与掀髯大笑，亦艺林一段佳话也"②。刘四子、罗长婿刘大绅在罗振玉尚在世

---

① 严一萍《甲骨学》，台湾艺文印书馆 1978 年版，第 253 页。
② 刘鹗《原石拓醉翁亭记跋》，收入刘德隆等编《刘鹗集（上）》，吉林文史出版社 2007 年版，第 633 页。

的 1936 年，回忆刘、罗交往晚期（1907 年至 1908 年夏刘鹗被捕）时确有"几至避面"之说，但主因是在处世方式上"罗先生规先君最切亦最烈"①。罗振玉长孙罗继祖在《庭闻缀余——罗振玉与张之洞、刘铁云》等文中也多次提及刘、罗的个性和晚期交往，如"祖父与刘铁云，一个高掌远跖，一个规行矩步"等，也未见涉及二人与甲骨文相关的任何龃龉。

讨论真相，自证、孤证不足为确凭本是常识，何况名利相关。而在两位当事人都作古之后，还应退而求其次诉诸其他辅证，包括看他们的后代怎么说。这一辅证事实上早已存在，只是迄今少为人知：前面已经提到的刘鹗孙、罗振玉外孙的刘蕙孙教授，早在 80 年代就专门写过《甲骨聚散琐忆》一文，就罗振玉是否亲历安阳小屯、罗如何收购甲骨、刘鹗如何从王懿荣处购买甲骨、谁先解释甲骨文字、《铁云藏龟》有无罗振玉帮忙、铁云甲骨后来如何散失、《殷虚书契考释》作者是罗还是王等重要问题作出了回答，同时针对罗振玉与拓编《铁云藏龟》的关系等问题，作出了明确澄清。刘蕙孙先生在开头交代了作文原委："在书店中看到王信宇先生《建国以来甲骨文研究》一书……研究生徐六符君研究先秦史……向我提出了几个问题。当据所知，予以解答，因为有的与上开著作有些出入，他劝我写出来发表……我想，也对。现在斯业一面虽然是方兴未艾，后来居上；另一方面确也老成凋谢，往事说不清楚。既然有所见闻，就写出来作为商讨也好。"然后明白写道："《铁云藏龟》的类次和拓墨有无请罗振玉参与？是没有。其时罗正在湖北张之洞幕中办农校并到日本考察教育，并未在北京。铁云所藏的数千片甲骨，也是到 1908 年家难前才由北京南运，旋即散失。罗也未见过全藏，并无参与类似之事。拓墨则《藏龟》中说得很明白，是直隶王瑞卿，也就是北京琉璃厂的一位拓手。此外听说铁云先生的门客，我五叔涵九（大经）先生的业师淮安人汪剑农是参与过一点。"

罗振玉的自说之所以能够广泛流传，明显还有另一方面的重要原因，就是"以后度前"现象再次作祟。后人谈及甲骨文，尤其学界都知道罗雪堂是一代宗师，而对刘鹗的印象，只知他搞过甲骨著录和另写过《老残游记》，再多也不过知道他还收藏过其他文物、治过黄河、办过煤矿、修过

---

① 刘大绅《关于〈老残游记〉》，载辅仁大学校刊《文苑》第一辑，1939 年 4 月。转引自《刘鹗及老残游记资料》，第 396 页。

铁路而已。但学术界不该忽略，刘鹗和罗振玉的学识都是渐进的，都有一个从"嗜古爱好者"到"鉴藏专家"和学者的积累过程。深入阅读了解可以得知，刘鹗在学术上虽未达到大师水平，严格讲甚至不算正规学者，但其过人之处在于"放旷不守绳墨而不废读书"（罗振玉语），独到之处在于通晓文、史、哲、艺、音、医、工、商等多学科，加上具时代穿透力的超前眼光。通才的超常联想力、洞察力和行动力，正是史上发现发明大家所必须的（这一点在颇具解谜色彩的甲骨学领域更加突出，诸如刘鹗、王国维、郭沫若、陈梦家、饶宗颐等都是博学的超级通才）。刘、罗各自的早期学识积累、嗜古程度至少是不相上下，但刘鹗毕竟比罗振玉大九岁（1903年刘46岁、罗37岁），更因为刘氏家境较好、交游较广，办矿后又有了来自英国福公司的高收入，故刘鹗的前期收藏、见识都要比罗氏高出一筹。刘、罗二人虽然早就在故乡被视为"二狂"，然罗氏于1917年对十年前的回忆，亦明言："少好古器，贫不能致。三十（按：1896年）客春申江（上海）……亡友丹徒刘君铁云有同好，聚古器数十……每风日晴好，辄往就观，相与摩弄或手自拓墨，不知门外有红尘也。已而刘君以遘负故，质所藏于人，则又相与叹息，伤聚之之难，而失之之易也。又十年（1906）予始备官中朝京师……遂如穷子之入宝山，尽倾俸钱不能偿。"[①]直到1906年前后罗氏依然常随刘氏同访高人、共赏奇物，刘鹗1905年日记中提到"去后为罗叔耘甄别宋元册子"[②]即是一个原始旁证。

综合上述理由，可以较为肯定地说，由于当时见识、经验、财力等多方面的领先，加上通才的创见优势，使刘鹗在甲骨文的发现、鉴定和《铁云藏龟》的出版上都比罗振玉先行一步，应是历史事实。故编著者认为，学术界对"罗氏怂恿／拓墨／编辑《铁云藏龟》说"这样缺乏证据（且有反证）的自说、孤说，不应认可为合理说法，至少不能当作定论而写入正史广为传播。假如日后还能发现新的原始相关记录，该说才有进一步讨论的依据。

当然，罗振玉的学术地位、历史功绩是不可磨灭和贬低的。在甲骨学界，无论贡献、水平、资历，罗氏都是毋庸置疑的"四堂"之首，不应因

---

① 罗振玉《梦郼草堂吉金图序》，收入《罗振玉校刊群书叙录》，江苏广陵书社1998年版，第124页；《雪堂类稿 - 乙》，第64页。

② 《抱残守缺斋·乙巳日记》，收入刘德隆等编《刘鹗集（上）》，吉林文史出版社2007年版，第715页。

为政治或押韵因素而排列成"甲骨四堂，郭董罗王"。天下无完人，微瑕不掩瑜，罗振玉的历史功绩和学术地位无疑也不会因存在此类小疵而稍减。

六、罗振玉"1901 年初见甲骨说"应予更正

另一件重要史实，是罗氏最早何时从刘鹗处见到甲骨。虽然罗振玉自己至少两次在序跋中说是 1901 辛丑年，但早已被一些学者，包括罗琨研究员判定不能成立①。

但是近年仍有很多文章、书籍沿用罗氏此说，甚至还有文章称发现了新的佐证。旅顺博物馆的王若等在 2011—2013 年间，曾屡次发文称"发现了数条罗振玉写于 1901 年的有关甲骨文研究的札记"②，尚未见到学术界的回应反驳。据笔者分析，文中的《置杖录》手稿，仅是罗氏 1900 年开始启用；而里面手录的"丹徒刘铁云亲家于庚子秋都城乱后，于王文敏公懿荣得古龟甲……其上刻卜词文字精绝，出吉金之上。考《史记·龟策传》……"等条，应是他在 1903—1910 年间见到龟甲拓片后所记，因其中一些内容，后来都出现在了他为《铁云藏龟》所作"囊序"（罗氏自语）之中。清代学人有随手记录读书思考心得的风气，甚至不少大学者的名著就直接来自札记。罗氏于《置杖录》内小序中云"今年春索居无俚，复涉猎往籍以遣离忧，偶得短义，信笔记之"也是此意。这种非日记、非定时的笔记本一用多年或有中断后来再接着记，都很有可能。几条札记手稿上并没留下时间，但该文作者为什么不把札记定在早一年的 1900 年，或晚两年后的 1903 年，而定在 1901 年？理由未见明说，可推断只能是因为听罗振玉如此说过。

刘鹗恰留有 1901 辛丑和 1902 壬寅两年的原始日记，加上《铁云藏龟·自序》内容形成的前述互相印证的证据链，表明刘鹗得到王懿荣的甲骨不会早于 1902 下半年。笔者再查刘鹗年谱和《辛丑日记》，刘氏这一年还在北京忙于慈善会的赈济、买太仓米、办慈善医院、赞助北京东文学

---

① 罗琨《罗振玉与甲骨学》，收入陈秋强、万国通编《上虞罗振玉》，北京艺术与科学电子出版社 2013 年版，第 97 页。

② 王若、宝卫《新发现罗振玉早期甲骨文研究札记二种》，载《甲骨文与殷商史》（新三辑）2013 年版，第 346 页。

社、尽力买入战后价格大跌的古董字画、跟日本朋友交往、为福公司筹备开矿事、向户部上书建议开办国家银行……忙得不亦乐乎，其间还与在上海办《教育世界》的罗振玉有信数通，唯一离京一次是赴天津去接受国际红十字会的奖章，全年没有去过上海。所以罗振玉说在 1901 年的刘家初见甲骨拓片，诸如流传甚广的"又翌年始传至江南，予一见诧为奇宝"等，可基本肯定为罗氏记忆错误。

再查 1902 年《壬寅日记》，可见刘鹗更加频繁紧密地忙于福公司办矿及股票事务，搜集、交流、研究古董，包括买入王懿荣遗留的古泉、古董和甲骨。年中确在 5 月底经天津乘船去过一次上海，28 日到达当晚即"至罗叔耘处，读其东洋所得唐人写经及仿宋各种医书。出金石拓本，使伯斧纵观之"。后几天一边忙于公务，一边忙于太谷学派同仁的"愚园雅集"。6 月 8 日再次与罗氏相聚畅谈，转天罗即送刘上船离沪回京。这次倒是有机会给罗振玉看甲骨拓片，但可能性较小，一来因为至此刘自己尚未买到王氏甲骨，二来上述日记提及"出金石拓本"时语气并无特别之处。较小的可能，是刘鹗此时已经另从古董商手中购藏了甲骨，但没有见到相关确凿的文字证据。当年 11 月 5 日的刘氏日记方出现"龟文"，到下一年的 1903 年春，刘鹗才再次回沪，且与罗氏比邻而居。所以罗振玉最早见到甲骨文的时间，应是在 1903 年春季，或至少不会早于 1902 年5 月。

罗氏自然看过刘鹗《铁云藏龟》自序，那里把得到王懿荣甲骨的年份、过程写得明明白白："未几义和拳乱起，文敏遂殉难。壬寅年，其哲嗣翰甫观察售所藏清公夙责，龟板最后出。"罗氏多年后著文时，再查看一下年月不会太难，但还是凭印象下了笔。而大师既有其言，就有学者奉为圭臬，至今仍将其当作信史或列为一说。

今日学人应注意、也应理解的是，罗振玉、王襄、王国维等前辈毕竟是旧时代培育的学者，缺陷之一就是没有现代科学研究极其注重的时间观念。也因为老一代在相关文字记录上常常没有记下确切时间的习惯，他们在其后相关题跋、记叙、回忆时，就常常难免有意无意搞错年月（旧时著述喜用"纪略""述略""史略"也是一种反映）。现代的研究者只要认真、独立思考，对此并不难明察，如台湾的莫荣宗在编过《罗雪堂先生著述年表》后即直言不讳："先生记事，颇缺乏时间观念，是编所述诸事，间有先后倒置三数年者。必须与先生所撰之序跋及……互相对比，始能得其真相。"①王国维这方面稍好一些，他在 1925 年清华讲坛上纵论《最近二三十年中国新发现之学问》时，没有照搬罗氏 1901 年初见甲骨之说，但也在同一文中把《铁云藏龟》的出版时间提前了一年（即 1902 壬寅，引文见前节）。

编著者还特地查看了陈鸿翔《国学与王朝——罗振玉大传》中记录的罗振玉在 1902—1903 年间的行止，并未看到与本文相关的新信息。而关于罗振玉所说甲骨文发现过程及他始见甲骨文时间，该书有如下相关文字：

> 概言之，王懿荣于 1899 年发现甲骨文的看法，"基本上是学术界的共识"。而这个共识，即肇始于雪堂罗氏。当然，罗氏之论亦非托空而来。他是据前此刘鹗所说"龟板己亥岁出土"而作的历史判断。所以，他接着写道："又翌年，始传至江南，予一见诧为奇宝，怂恿刘君亟拓墨，为选千纸付影印，并为制序。顾行箧无藏书，第就《周礼》《史记》所载，略加考证而已。"所述"丹徒刘氏"，即刘鹗。而刘君乃王懿荣的门生，"庚子之变"前，曾寓王家，应该说，他是亲炙了收购甲骨文字的王氏风貌。罗氏所述"又翌年传至江南"，当为壬寅（1902 年），刘鹗"全眷由北京回沪"，而与儿女亲家罗氏对门而居，则在庚子三年后之癸卯，即 1903 年。②

可见该书作者的看法与本文大致相同，即甲骨文发现过程的"共识"的根据，实际上是来自刘鹗的自序；罗振玉初见甲骨时间应在 1902—1903 年之间，而不是罗氏自说的"翌年"1901 年。（罗、王的相关序文全文皆参见本书第三编）

无论如何，罗振玉完全凭借自身超人的智识、坚韧、勤勉，终成早年首屈一指的甲骨学权威专家。在他学术生涯高峰期，回望这一历史性大发现时说一点利己的话，也是情有可原的人性使然。并且，当刘鹗成为朝廷要犯被流放、远死他乡，并被视为禁忌人物遭世人遗忘多年之后，罗振玉

---

① 转引自黄爱梅编《雪堂自述》编后记，江苏人民出版社 1999 年版，第 218 页。
② 陈鸿翔《国学于王朝——罗振玉大传》，江苏凤凰文艺出版社 2020 年版，第 400 页。此段为编著者在编辑本书时加入。

能不忘他的老友亲家，屡次向学界提及刘鹗传播甲骨文之功，写下传记（即罗振玉在《五十日梦痕录》中插记），又为他继续出版《铁云藏龟之余》，这是刘氏后人和学术界都应该感激的。罗振玉为中华文化往圣继绝学作出的贡献，近代基本无人可以比肩。他之于殷墟甲骨、敦煌文书、西北汉简与大内档案这四大近代国内显学，不但是持有顶级成果的学术权威，而且是中流砥柱开创者，以及筚路蓝缕的具体操作人。而这些确凿事实跟他在"王旗"频变的时代中，选择过什么个人政治立场没有直接关系。时至今日，学术界对于罗振玉贡献的评价虽在恢复中，但远还未到他应得的高度。然涉及科学学术、历史真相，就应扫除一切政治因素、门派恩怨、人情避讳等干扰，以一码归一码的原则将国故整理清楚。

余论及甲骨学阶段划分新建议

朱彦民教授在前述"一大公案"文章中，对甲骨文发现之争作了很多有益清理，然该文的相关结论，诸如"实际上在早期的甲骨学者中，对于谁是甲骨文的发现者，他们自己并没有多少在意之处。尤其是与甲骨文发现相关的当事者，没有什么争名夺利的思想……这也可见老一辈学人的治学风采"，"对于甲骨文发现的这两种主要说法，也许并不矛盾。我们完全没有理由怀疑早期学者的道德文章以及对学术事业的真诚"等，笔者则难以苟同。因为如此结论的科学性不足，尚未清除中国学术论文中常见的中庸调和、溢美师长色彩，也混淆了"高—下"与"是—否（真—假）"的不同性质——前者可以仁智，后者不容含混。

另外一个方面，甲骨文发现史之所以至今留有诸多争论悬案，也与主导发现史早期记录和研究的董老等学者不无关系。因"董作宾的教育背景中并无现代考古学的训练""当傅斯年派董作宾前往安阳时，董先生似乎也仍停留在前一阶段的学术眼光"[①]，也因为早期资讯匮乏，故早期的《甲骨年表》等不得不将村民和坊间的传闻一并收入。董彦堂随后成为成果斐然的甲骨宗师之一，也一定程度上导致了日后师生对其早期著作的尊崇和因袭。

---

① 王汎森《中国近代思想与学术的谱系》，收入《中国近代思想与学术的谱系》，河北教育出版社 2001 年版，第 360 页。

　　大师也非圣贤，孰能无过，百年追寻真相毋庸讳言。期待中国史学界能以更加严谨的现代科学原则细审华夏国故，则诸如此类的历史悬案疑案，都不难进一步厘清。

　　迄今，学界对甲骨学发展史的阶段划分，多根据性质和时间，将王懿荣、刘鹗划为发现阶段，将孙诒让和罗、王划为科学发掘之前的考释研究阶段，将 1928 年后划为史语所科学发掘研究阶段，将 1949 后划为新中国成立后的新阶段。在西方，拿破仑远征埃及时，发现在埃及失传已久的、埃及古石碑上的象形文字，将其出版后数十年，法国学者商博良将其成功破译。编著者认为，甲骨文发现与研究与此不同，可明确分为两个截然不同的阶段；甲骨文发现情况的独特性在于，其发现、公布与鉴定、释读等重要节点之间，都如前数节所述那样，在时间、内容上和当事人密不可分。在《铁云藏龟》出版的一刻，发现物拓片和作为该书之序的研究论文也同时面世，对此一重大发现的年代、性质和意义都做出了基本正确的鉴定诠释。

　　当时还有一个亮点笔者尚未见学界提及，这就是其中吴昌绶的《铁云藏龟·序》在考据了中国相关古籍之余，还述及了世界范围的古文字进化史，指出：“昌绶又观埃及碑刻及西书所传古时文字，亦多象形，往往与此绝相似。方今文轨大同，固宜有此瑰异之迹，旌示遐方，薪以达中外之殊涂，辟古今之奥键，斯通博所尚，匪资目玩已。”[1] 这就使得与《藏龟》同时的中国最初的甲骨文研究，在第一时间就具有了国际视野。作为一百多年前的本土学者、古书鉴藏家，吴昌绶能有如此眼界见识，也属难能可贵。

　　故笔者认为，应把刘鹗、吴昌绶一同确认为甲骨文研究先驱，与孙诒让、罗振玉、王国维同等看待，一起列入“甲骨文研究暨甲骨学的开创者”行列[2]；同时，与此相应地将 1899—1928 年共 30 年合并起来，称为“中国甲骨文发现、鉴定和研究的开创奠基期”。此阶段的主要代表性人物，按参与时间先后为王懿荣、刘鹗、罗振玉、吴昌绶、孙诒让、王国维；次要或较晚参与搜集和研究的奠基期中国学者，尚有王襄、端方、罗

---

　　① 吴昌绶《铁云藏龟·序》，收入《刘鹗集（下）》，吉林文史出版社 2007 年版，第 19 页。
　　② 关于《契文举例》的出版周折、刘—孙—罗考释成果对比、孙—罗—王的微妙关系及日本学者林泰辅的早期贡献等，编著者将在另文《罗振玉等人早期甲骨文研究学术史新探》中探讨。

振常、唐兰、马衡、叶玉森、胡小石、商承祚、容庚、吴其昌等人。

遥想当年，甲骨学的先行者们在晚清家国飘摇的险恶环境里，在许多大学者都视甲骨文为伪造、视其研究者为"非贞信之人"（章太炎语）的质疑声中，艰苦卓绝，踽踽独行。王翰甫在 1902 年被迫大量出售包括甲骨在内的乃父所遗长物，是为了"清公夙责"，父债子还。然贵为二品祭酒的王懿荣生前因何举债？无它，唯古董收藏耳（王有自况诗云"典衣还惹群书债，折券时蒙小贾羞"）。以此推之，王懿荣率先购藏甲骨的最终买单者，可以说实为刘铁云。然刘鹗的购藏是否属于钱多附庸风雅或逐利？前述各节已明确给出否定回答。但在重大发现和研究之余，刘鹗接盘甲骨的勉力为之也鲜为人知（刘亦有自况句云"债主纷纭渐相逼，心虽未餍力已穷"等）：就在刘氏收购甲骨前一个月（1902 年 10 月）前后的日记中，已出现"连日债务丛集"，更有"翰甫之债本日期，乃由子谷暂挪千金付之"，就是说，刘鹗也在向朋友借债来购买王翰甫的文物甲骨，以帮他还清乃父当年购藏文物甲骨的借债！罗振玉长年苦心经营，经济上稳健一些（罗仍有忆旧文字云"因印书故，灶几不黔""无所仰给，此古器者稍稍出以易米，寻复悔之"），寿命上长一些（74 岁），但政治上却背负了铁杆保皇和汉奸的骂名。遥望此一群体，与辉煌学术成就形成惊人反差的，是个人生涯的悲惨结局：罗振玉在反动遗老阴影下郁郁而终；王懿荣、刘铁云、王国维，加上后来的陈梦家四个甲骨发现、研究功臣，一个流放暴毙，三个先后自尽，且都横死于五十多岁壮年的学术巅峰期，可谓前仆后继，可悲可叹。

早期先贤们面对既无地层、也无坑口位置等科学发掘记录的一堆碎骨，全凭一身扎实的国学功夫，同时汲取中西两种文明的精华，为中华传统学术的转型进步、为甲骨学步入世界现代学术之林，完成了开创性奠基。因此，将甲骨学史中的甲骨文发现与早期研究阶段合并为一体，不但更加接近历史真相、更加符合科学发现原则，也是对诸位甲骨学先驱的历史性业绩作出的更为公正合理的评价和总结。

2015 年 9 月—2018 年 9 月，任光宇撰写—修改—初定稿于成都蠡云台

1904 年中国甲骨文发现公告之再发现①

任光宇

【摘要】 1904 年刘鹗所撰、所刊《时报》"三代文字"告白暨甲骨文发现公告，此前仅知一个确切刊登日期，仅存一个手录无题文本，且至今未被史学界、甲骨学界和传媒学界知晓或关注。现经网络平台对《时报》原版扫描的逐日查对，确切得知该告白自 1904 年 7 月中起、1905 年 1 月底终，在近七个月里共刊登 121 次。经对其刊载间隔情况、每日版面、文字变化等信息详加分析，并对其文本和意义进一步校正、研究，从而详实地确证了刘鹗在 115 年前即借助现代媒体《时报》，率先以这条在中国近代学术转型历史上应具里程碑意义的大型告白，一百多次向包括在华外国人（日、美、加等）的世人宣告了"中国甲骨文发现"这一重大历史事件。原本有欠完整和确凿的中国甲骨文发现学术史，将由此得到进一步重大改观。

【关键词】 甲骨文发现公告；刘鹗；"三代文字"告白；1904 年《时报》；狄平子葆贤

据近代人物研究专家柳和城、刘德隆先生提供的信息，编著者近期得以在网络平台上查阅到 1904—1905 年间上海《时报》的原版扫描文件。相关信息自 2018 年 9 月起，公开发布于"抗日战争与近代中日关系文献数据平台"（中国社会科学院、国家图书馆、国家档案局版权所有，中国社会科学院近代史研究所、百度云承办）。据笔者初步核查，刘鹗在《时报》刊登的此一有关甲骨文发现的重要公告，以"三代文字"四字大号楷体、黑底白色的醒目阴文为标题，以八个标准竖行、每竖行 64 标准字长的固定格式（按：除空格全文共 392 字），自 1904 年 7 月 14 日（光绪三十年六月初二）起、至 1905 年 1 月 29 日（农历十二月廿四）终，在长

---

① 原载《文化与传播》2019 年第 5 期及《文史杂志》2020 年第 3 期，本书转载时有所补充。

1904 年 10 月 28 日《时报》头版上半部截图，刊有刘鹗所刊《三代文字》告白

达近七个月的时间里，陆续刊登于《时报》的第一、四、五、八版的不同位置上，前后共 121 次（每日文本详情表格见第二部分）。

一、刘鹗 1904 年、1905 年《时报》告白文本内容订正

编著者在《广西师范大学学报》2018 年第 6 期发表的《"王刘联合发现说"和甲骨文发现研究新论》一文中，首次将刘鹗此一告白公布于学术期刊，并尝试作出了全面述评。

此篇告白经刘德隆先生抄录（当时未能拍照复印），全文收录于其主编的 2007 出版的《刘鹗集（上）》，但未能及时引起学界学者的关注。直至 2016 年 8 月 19—20 日，在烟台福山区王懿荣纪念馆举行的"甲骨文字识读进展与研究展望研讨会暨'甲骨学发展史馆'开馆仪式"上，编著者才了解到参会的多位甲骨学权威学者尚未听闻刘鹗有此公告，但都认为此一事件颇具历史重要性。该公告的全文如下：

《铁云藏龟》《铁云藏陶》出版广告

士生三千年后而欲上窥三代文字难矣！虽山川往往出鼎彝，十之八九归诸内府，散在人间十之一二而已。而收藏家又每以保护古器物为辞，不肯轻易示人。人之所得见者，仅摹刻木版耳。摹刻之精者如"积古斋""两罍轩"之类，又复行世甚希，好古者憾焉。

近来新学日明，旧学将坠，愿与二三同志抱残守缺，以待将来。故出敝藏古文，拓付石印。兹先成二种：一曰《藏龟》，乃己亥年河南汤阴县出土。皆殷商纪卜之文，以刀笔□于龟骨，即殷人亲笔书也。凡一千余品，装订六本，售价六元。二曰《藏陶》，系十年前山东临淄等处出土亦属商、周文字。计五百余品，附以汉代泥封。泥封者，苴茸之泥也，官名多史册所遗。共装四本，售价四元。又印明拓《石鼓文》，每份一元。三曰《藏货》，四曰《藏鉥》，明年续出。此皆本斋所藏之器物也。

至海内各家收藏钟鼎彝器，敝处搜辑拓本已得二千余品，拟参合诸家之说，彙撰释文，次第付印，以公同好。四方君子，或有秘藏古器以拓本寄示，或有心得释文，以说稿惠教，皆祷祀以求，不胜感激者也。

寄售处：北京、上海有正书局及本馆账房

抱残守缺斋刘铁云启 ①

以上告白文字信息，由刘德隆在 21 世纪初抄录自上海图书馆所藏的 1904 年 8 月 26 日（农历甲辰七月十六日）的《时报》，并收入《刘鹗集》。此次经笔者与网络平台所提供的原《时报》扫描版文字相互校对、前后比对，发现若干笔误和排字上的错误及告白自身可能的改动。具体情形列出如下：

（1）刘鹗此条告白，前后都以相同的"三代文字"四字（夏商周文字之意）、占四竖行的大号楷体、黑底白色阴文竖排为标题。故此广告名称也应为《三代文字》告白/公告为宜。

（2）对比《刘鹗集》的笔录广告文字，1904 年 8 月 26 日告白的原版

---

① 任光宇《"王刘联合发现说"和甲骨文发现研究新论》，载《广西师范大学学报》2018 年第 6 期，第 1–15 页；中国人民大学"复印报刊资料"《历史学》2019 年第 3 期全文转载。

扫描中"摹刻之精"之前有"至其"二字、"四曰《藏鉥》"之后有"两种"二字，都为笔录版文本所缺，疑似为抄录所遗漏，应予加上。另在"苟苴之泥"和"印明拓石鼓文"的前面都有未印出字的一格似空白，对照前后所刊告白的扫描，可确定分别是"封"字和"石"字，也应补上。

（3）原笔录文本中有"以刀笔□于龟骨"句，其中代之以"□"的看不清之字，经笔者细看前后较为清晰的版本，断定为"剓"字，意为划、割。

（4）原笔录中有"山东临淄等处出土，亦属商周文字"句，其中多一"属"字，应予去除；还有"附以汉代泥封"一句，其中"代"字应为"人"字。虽语义相近，也都应予更正。

（5）如前所述，刘鹗这条告白在长达近七个月的时间里总共刊登121次。然而，据笔者前后查阅、对比，发现此告白在9月27日后连续停刊一个月。从10月28日（农历九月二十、星期五）开始，亦即在告白刊登了47次、三个半月之后，所刊文字内容出现一二字的调整。应是因为这条告白被重新排字，原来的"皆殷商纪卜之文"一句，错排为"皆殷商绝卜之文"，且一错到底、延续了三个多月。再者是原来的"四曰《藏鉥》两种"变为"四曰藏拓两种"，刊登数次后又变为"四曰藏拓铃种"，并一错到底。这应有两种可能：一是广告主刘鹗改变了出版《藏鉥》的计划，代之为"藏拓"；二是编辑或排字工出错，先把"鉥"（较为生僻，意近"玺"，但应特指金属印章）错为"拓"，再可能因为早期电话通话音质较差，把"两"错听为"铃"。笔者较为倾向于后一种推断。

（6）另外从10月30日起，新版中后三竖行的最下面十五字出现不止一处的错位，使得"又石印明拓石鼓文""拟参合诸家之说"等句不能读通；另"诸家之说彝撰释文"也变为较不通的"诸家之说撰释彝文"，且一错到底。至11月12日大错位得以更正，但从11月14又出现一格的错位，且延续至终。

（7）全部告白文本在"十之八九归诸内府"一句中，于"内府"二字之前留有一空格，应是帝制时代为尊重皇家而特意留之（此格式亦常用于旧尺牍中以表示对人物的尊重），应予保留。

综上所述，参照1904年7月—1905年1月期间《时报》扫描文本，根据笔者的个人推断，参考刘德隆先生在《刘鹗集》中所加标点、分段，刘鹗这条告白（公告）的修改版定为：

刘鹗撰《三代文字》告白暨中国甲骨文发现公告

士生三千年后，而欲上窥三代文字难矣！虽山川往往出鼎彝，十之八九归诸 内府，散在人间十之一二而已。而收藏家又每以保护古器物为辞，不肯轻易示人。人之所得见者，仅摹刻木版耳。至其摹刻之精者如"积古斋""两罍轩"之类，又复行世甚希，好古者憾焉。

近来新学日明，旧学将坠，愿与二三同志抱残守缺，以待将来。故出敝藏古文，拓付石印。兹先成二种：一曰《藏龟》，乃己亥年河南汤阴县出土，皆殷商纪（按：后期疑似错排为"绝"）卜之文，以刀笔剺于龟骨，即殷人亲笔书也。凡一千余品，装订六本，售价六元。二曰《藏陶》，系十年前山东临淄等处出土，亦商、周文字，计五百余品，附以汉人泥封。泥封者，封苴茸之泥也，官名多史册所遗。共装四本，售价四元。又石印明拓《石鼓文》，每份一元。三曰《藏货》（按：原文为"化"，通"货"，意货币），四曰《藏鉥》（按：后期疑似错排为"藏拓"），两种（按：后期错排为"铃种"）明年续出。此皆本斋所藏之器物也。至海内各家收藏钟鼎彝器，敝处搜辑拓本已得二千余品，拟参合诸家之说，撰释彝文，次第付印，以公同好。

四方君子，或有秘藏古器以拓本寄示，或有心得释文，以说稿惠教，皆祷祀以求，不胜感激者也。

○寄售处：北京、上海有正书局及本馆账房

抱残守缺斋刘铁云启

现代"广告"一词（advertising/commercial）强调的是商业促销功能，而刘鹗所撰《三代文字》的内容还同时明显具备了"公告"（announcement）特征（理由、意义详见本文第三节）。故笔者以为当时的旧称"告白"反具有双重含义，而其比较全面、准确的现代定名，应是"《三代文字》告白/中国甲骨文发现公告"。

二、刘鹗《三代文字》告白的刊载详情

现将《三代文字》告白自 1904 年 7 月 14 日（光绪三十年六月初二）起至 1905 年 1 月 29 日（十二月廿四）终，在近七个月时间里刊登于《时报》共 121 次的详细信息，列表如下（见表 1）。

表 1　刘鹗《三代文字》于《时报》的刊载详情

公历1904年（月-日）	7-14	7-15	7-16	7-17	7-18	7-19	7-25	7-26	7-27	7-31
农历日期	六月初二	六月初三	六月初四	六月初五	六月初六	六月初七	六月十二	六月十三	六月十五	六月十九
星期	四	五	六	日	一	二	日	一	三	日
时报总号数	33	34	35	36	37	38	43	44	46	50
刊登位置（张/页）	一/四	一/四	一/四	一/四	一/四	一/四	二/五	二/五	二/八	二/五八
今版数/备注	第4版/误排1字	第4版/误排1字	第4版/	第4版/	第4版/	第4版/	第5版/	第5版/	第8版/	第8版/

公历1904年（月-日）	8-1	8-4	8-10	8-11	8-12	8-13	8-14	8-15	8-16	8-17
农历日期	六月二十	六月廿三	六月廿九	七月初一	七月初二	七月初三	七月初四	七月初五	七月初六	七月初七
星期	一	四	三	四	五	六	日	一	二	三
时报总号数	51	54	60	61	62	63	64	65	66	67
刊登位置（张/页）	二/八	二/八	二/八	二/八	二/五	二/五	二/八	二/五	二/五	二/五
今版数/备注	第8版/	第8版/	第8版/	第8版/	第5版/	第5版/	第8版/	第5版/	第5版/	第5版/

公历1904年（月-日）	8-19	8-20	8-21	8-22	8-23	8-24	8-25	8-26	8-27	9-9
农历日期	七月初九	七月初十	七月十一	七月十二	七月十三	七月十四	七月十五	七月十六	七月十七	七月三十
星期	五	六	日	一	二	三	四	五	六	五
时报总号数	69	70	71	72	73	74	75	76	77	90
刊登位置（张/页）	二/五	二/五	二/五	二/五	二/五	二/五	二/五	二/五	二/五	二/五
今版数/备注	第5版/	第5版/	第5版/	第5版/	第5版/	第5版/	第5版/	第5版/载刘鹗集	第5版/	第5版/

续表1

公历1904年（月-日）	9-10	9-11	9-12	9-13	9-15	9-16	9-17	9-18	9-19	9-20
农历日期	八月初一	八月初二	八月初三	八月初四	八月初六	八月初七	八月初八	八月初九	八月初十	八月十一
星期	六	日	一	三	四	五	六	日	一	二
时报总号数	91	92	93	94	96	97	98	99	100	101
刊登位置（张/页）	二八	二八	二八	一四	一四	一四	二八	二八	二八	二八
今版数/备注	第8版	第8版	第8版	第4版	第4版	第4版	第8版	第8版	第8版	第8版

公历1904年（月-日）	9-21	9-22	9-23	9-24	9-25	9-26	9-27	9-28	9-29	9-30
农历日期	八月十二	八月十三	八月十四	八月十五	八月十六	八月十七	八月十八	九月二十	九月廿一	九月廿二
星期	三	四	五	六	日	一	三	五	六	日
时报总号数	102	103	104	105	107	108	139	140	141	
刊登位置（张/页）	二八	二八	二八	二八	二八	二八	二八	一一	一一	一一
今版数/备注	第8版	第8版	第8版	第8版	第8版	第8版	第8版	第8版	第1版 / "纪卜"排为"绝卜"，"藏銤"改为"藏拓"	第1版 / 排字有错位

续表1

公历1904年（月－日）	10－31	11－1	11－2	11－3	11－4	11－5	11－6	11－8	11－12	11－14
农历日期	九月廿三	九月廿四	九月廿五	九月廿六	九月廿七	九月廿八	九月廿九	十月初二	十月初六	十月初八
星期	一	二	三	四	五	六	日	二	六	一
时报总号数	142	143	144	145	146	147	148	150	154	156
刊登位置（张／页）	一/四	一/一	一/四	一/四	一/一	一/一	一/四	一/四	一/四	一/四
今版数／备注	第4版/排字有错位	第1版/排字有错位	第4版/排字有错位	第4版/排字有错位	第1版/排字有错位	第1版/排字有错位	第4版/排字有错位	第4版/排字有错位	第4版/错位更正	第4版/再错位一字

公历1904年（月－日）	11－15	11－16	11－17	11－18	11－20	11－22	11－23	11－24	11－25	11－26
农历日期	十月初九	十月初十	十月十一	十月十二	十月十四	十月十六	十月十七	十月十八	十月十九	十月二十
星期	二	三	四	五	日	二	三	四	五	六
时报总号数	157	158	159	160	162	164	165	166	167	168
刊登位置（张／页）	一/四	二/五	二/八	一/四	一/四	一/四	二/五	二/五	一/一	一/一
今版数／备注	第4版/错位一字	第8版/错位一字	第8版/错位一字	第8版/错位一字	第8版/错位一字	第8版/错位一字	第5版/错位一字	第5版/错位一字	第1版/错位一字	第1版/错位一字

续表1

公历1904年（月－日）	农历日期	星期	时报总号数	刊登位置（张/页）	今版数/备注
11-27	十月廿一	日	169	一/一	第1版/错位一字
11-28	十月廿二	一	170	一/四	第4版/错位一字
11-30	十月廿四	三	172	一/四	第8版/错位一字
12-2	十月廿六	五	173	一/一	第1版/错位一字
12-3	十月廿七	六	174	一/一	第1版/错位一字
12-4	十月廿八	日	175	一/一	第1版/错位一字
12-5	十月廿九	一	176	一/四	第4版/错位一字
12-6	十月三十	二	177	一/四	第4版/错位一字
12-7	十一月初一	三	178	一/四	第4版/错位一字
12-8	十一月初三	四	180	一/一	第1版/错位一字

公历1904年（月－日）	农历日期	星期	时报总号数	刊登位置（张/页）	今版数/备注
12-9	十一月初三	五	181	一/一	第1版/错位一字
12-10	十一月初四	六	182	一/一	第1版/错位一字
12-11	十一月初五	日	183	一/一	第1版/错位一字
12-12	十一月初六	一	184	一/四	第1版/错位一字
12-13	十一月初七	二	185	一/一	第4版/错位一字
12-14	十一月初八	三	186	一/一	第1版/错位一字
12-15	十一月初九	四	187	一/四	第1版/错位一字
12-16	十一月初十	五	188	一/四	第4版/错位一字
12-17	十一月十一	六	189	一/四	第4版/错位一字
12-18	十一月十二	日	190	一/四	第4版/错位一字

续表1

公历1904—1905年（月-日）	12-20	12-21	12-24	12-25	12-26	12-27	12-28	12-30	1905-1-2	1-3
农历日期	十一月十四	十一月十五	十一月十八	十一月十九	十一月二十	十一月廿一	十一月廿二	十一月廿四	十一月廿七	十一月廿八
星期	二	三	六	日	一	二	三	五	一	二
时报总号数	192	193	196	197	198	199	200	202	205	206
刊登位置（张/页）	二/五	一/一	二/五	二/五	二/五	二/五	一/一	二/五	二/五	一/一
今版数/备注	第5版/错位一字	第1版/错位一字	第5版/错位一字	第5版/错位一字	第5版/错位一字	第5版/错位一字	第5版/错位一字	第5版/错位一字	第5版/错位一字	第1版/错位一字

公历1905年（月-日）	1-4	1-5	1-6	1-7	1-8	1-9	1-10	1-11	1-12	1-13
农历日期	十一月廿九	十一月三十	十二月初一	十二月初二	十二月初三	十二月初四	十二月初五	十二月初六	十二月初七	十二月初八
星期	三	四	五	六	日	一	二	三	四	五
时报总号数	207	208	209	210	211	212	213	214	215	216
刊登位置（张/页）	二/五	二/五	二/五	一/四	一/四	一/四	一/四	一/四	一/四	一/四
今版数/备注	第5版/错位一字	第5版/错位一字	第5版/错位一字	第4版/错位一字	第4版/错位一字	第4版/错位一字	第4版/错位一字	第4版/错位一字	第4版/错位一字	第4版/错位一字

续表 1

公历 1905 年（月–日）	1–14	1–15	1–17	1–20	1–21	1–23	1–24	1–27	1–28	1–29
农历日期	十二月初九	十二月初十	十二月十二	十二月十五	十二月十六	十二月十八	十二月十九	十二月廿二	十二月廿三	十二月廿四
星期	六	四	六	五	六	一	二	五	六	日
时报总号数	217	218	220	223	224	226	227	230	231	232
刊登位置（张/页）	一/四	二/五	二/五	二/五	二八	二/五	二八	二八	二八	二八
今版数/备注	第 4 版/错位一字	第 5 版/错位一字	第 5 版/错位一字	第 5 版/错位一字	第 8 版/错位一字	第 5 版/错位一字	第 8 版/错位一字	第 8 版/错位一字	第 8 版/错位一字	第 8 版/错位一字

公历 1905 年（月–日）	1–30 至 2–6
农历日期	十二月廿五至正月初三
星期	星期一至星期一
时报总号数	
刊登位置（张/页）	
今版数/备注	全周休假无报

1.《三代文字》告白/公告的相关分析研究

根据对前后共刊登 121 次的此条告白的查阅、比对，编著者尚有如下观察、分析和总结。

（1）《三代文字》告白在半年多刊登期间，大部分时间里都存在着错字、错排，且未得到及时的更正。在刊登半程（10 月 28 日）以后疑似的内容重排，还可能因为接稿人学识有限或早期印刷不清等原因，出现将"纪卜"错为"绝卜"、"两种"误为"铃种"之类的明显错误，一直错到刊登结束。这个现象，一则反映了在中国引入多功能大型民办日报之初，对其主要的收入来源——商业广告，尚缺乏精细管理、高效编排的经验；二则具体到《三代文字》这一告白，因其所涉领域之曲高和寡，必然导致其关注者、回应者寥寥，于是其内容上出的小错，没有引起读者、广告主和报社三方面的关注。

（2）《时报》首创两大张对开、两面印刷（初期共八页/八版）的现代报纸形制，并固定用其第一、四、五、八版，至少一半以上的篇幅刊登各类广告。《三代文字》告白在《时报》上并非每日刊登，编著者也没能发现其刊登的间隔、日期（星期几）和版面位置有任何固定规律。经初步统计，总共 121 次之中，有 25 次刊登于首页，其他都出现在第四、五、八版的广告页上。据《时报》每日首页必登的"告白刊例"：第一日每字取洋五厘……封面费用加倍，刊登半年以上费用另议。综合考虑此"刊例"，刘鹗与《时报》总理、有正书局老板狄楚青的交往关系，以及《时报》发行初年每日只出版两大印张、八页版面的情况，笔者推断刘鹗与《时报》达成的告白协议基本原则应是：刘鹗预付甲辰后半年（至 1905 年 1 月底）的另议费用，然后由执行编辑根据每日广告业务的多寡缓急，机动决定《三代文字》告白的具体版面及刊载时间，但须保证有一定次数（例如不少于 25 次）的首页刊登。

（3）网络数据平台没有提供《时报》创刊号和前三天的扫描影印，但该报确为狄葆贤创立、总理。狄葆贤（1873—1941，另有生年 1872、卒年 1939 和 1942 之说），字楚青、楚卿，号平子。出身书香官宦世家，1894 年中举，1895 年留学日本。曾参与"公车上书"，与康有为、梁启超、谭嗣同、唐才常密切交往，并参加自立军起义的谋划，失败后再赴日本避祸。1904 年回国创办《时报》并开设有正书局，率先将珂罗版印刷从日本引入中国。刘鹗与狄平子的关系渊源，前有文称"自立军起义失败，沈荩与连梦青、狄楚青三人化名逃到北京，投奔刘鹗。当时，刘鹗住在板章胡同，房子很大，就将沈、方、连三人留住在后花园的三间书房中，一连好几个月"[①]；后有原始证据如刘鹗 1904 年此条告白及 1905 年《乙巳日记》中的数次记载，如 2 月 25 日"薄暮，赴狄楚卿之约"，7 月 28 日"午后为子衡报馆入股事，至《时报》馆候二狄"等。刘鹗收藏的许多碑帖，也正是交有正书局影印出版发行。

（4）近年尚有论文提及，不明有正书局何时设立[②]。现根据刘鹗此条告白中开始就有"寄售处：北京、上海有正书局"，可知书局几与《时报》同时诞生，至少不会晚于 1904 年 7 月 14 日。

（5）刘鹗前有在《老残游记》中描写人物、景物和音乐"前无古人"（胡适语）的大手笔，撰写告白同样标新立异、出手不凡。《三代文字》告白标题明确、精炼、醒目。开头几句即引人关注，并宣示了新发现的重大意义："士生三千年后而欲上窥三代文字难矣！虽山川往往出鼎彝，十之八九归诸内府，散在人间十之一二而已。……好古者憾焉！"随后形势明察、文化自信跃然纸上："近来新学日明，旧学将坠，愿与二三同志抱残守缺，以待将来。"最后将古国君子风度和新派学者风范同时呈现世人："四方君子，或有秘藏古器以拓本寄示，或有心得释文以说稿惠教，皆祷祀以求，不胜感激者也。"

（6）《时报》是当年上海著名新锐报纸，重点布局于上海、江浙一带，代售处遍布全国及海外大城市，上海以外的售报处在创刊一个月后即达 72 个。初由康、梁参与集资（康梁占 30%、狄占 70%），梁启超撰发刊词并常撰"本馆论说"，但并无明显党派政治色彩[③]。在距今 120 年前报刊传媒兴起初期的上海，虽然"《时报》出世后不久就成了中国知识阶级的一个宠儿………我在上海住了六年，几乎没有一天不看《时报》"（胡适《十七年的回顾》），虽然"《申报》的读者为政界，《新闻报》的读者为工商界，《时报》的读者为学界"（郑逸梅《黄伯惠接办〈时报〉》），但在医药、银行等"商业广告"充斥下，在约占 30% 的"文化

---

① 庄月江《刘鹗在上海——纪念〈老残游记〉发表 100 周年》，载《明清小说研究（网络版）》2003 年第 6 期。

② 叶康宁《有正书局与〈中国名画集〉》，载《中国书画》2018 年第 3 期。

③ 翟春荣《息楼与息楼中人》，华东师范大学 2010 年硕士论文，第 12 页。

广告"（按：据抽样调查）也几乎都是招生、教科书、通俗书刊等赚钱营生的《时报》广告页上 ①，《三代文字》仍显得鹤立鸡群般突兀。刘鹗以一己洋务活动家兼通才之身，在《时报》创刊仅一个月之后，即以个人出资刊登传布中国古代文化的大型告白《三代文字》（其他大幅长期广告都为洋行、学校、书局等机构所为）达半年之久，不但显示了其特立独行的勇气、对中华民族古文化的钟情，也反映出他重视"中国甲骨文发现"这一重大历史事件的敏锐直觉。

（7）经对此一公告文本和意义进一步校正、研究，从而翔实确证：刘鹗在120年前即借助现代新锐媒体《时报》，率先以这条在中国近代学术转型史上应具标志性和里程碑意义的大型告白，一百多次向包括在华外国人（日、美、加等）的世人宣告了"中国甲骨文发现"的重大历史事件。原本有欠完整、确凿的中国甲骨文发现学术史，由此得以进一步完善。也如笔者在前述已发表论文《"王刘联合发现说"和甲骨文发现研究新论》中，对此一告白/公告作出的总结和评价：

> 刘鹗这个450余字的告白，不仅预告了其两部新书出版的时间、价格，更对书的内容进行了简介，以抢眼、明确、感性的自撰词语，借助这份当时颇具影响的新锐媒体，向世人连续多次宣告了甲骨文出土这一重大历史事件，阐明了《铁云藏龟》出世的缘由和意义，并向公众发出了学术探讨邀请。……这篇刘鹗撰写刊登的大型综合公告加广告，足以成为一篇极为珍贵的历史文献。……三点要素使得这篇文字，将新闻公告、意义宣示、研讨邀请等多种内容与商业促销功能融于一体，一举数得；同时将此一新发现的考古学术活动，从个人和少数同好的私下玩味切磋，扩展为公开平等邀约天下学人乃至所有社会大众。这不仅是量的升级，而且是质的飞跃，其意义之深远非一篇普通近代广告可以同日而语。它应可能成为中国早期（如果不是最早的话）倡导和实践将传统学术化为现代公器的典范，在"旧学将坠""新学日明"的中国近代学术转型历史上，写下了有代表性的、具里程碑意义的一页。

---

① 董颖颖《〈时报〉广告与清末上海社会变迁》，河北大学2018年硕士论文，第18页。

结　语

　　2023 年初，笔者又读到郭长海教授在《刘铁云诗文拾遗》一文①，文中公布了刘鹗刊于 1904 年《时报》的这条《三代文字》告白全文，并有说明："此文原刊《时报》1904 年 7 月 10 日的广告版，其后的两个月内，几乎逐日刊布。署名为刘铁云。虽然区区一则广告，亦不假手于人，而亲拟。"随后还写了较长的评论：

　　　　从全面看，这一篇新发现的《三代文字》，乃是研究刘铁云对中国古文字学的总体设计和全面整理的一篇重要资料，实际上，等于是《三代文字》全书的一篇总序，切不可以普通广告视之。其次，这篇《三代文字》还告诉我们，刘铁云毕竟与一般的古董收藏家不同。他不是那种只知道摩掌古铜、迷恋古物的泥古派，也不是那种只知诧为异宝、居为奇货的古董商；他是一位对古代文化有深刻研究的学者，他深深地懂得这些古器物在中华文化史上的珍贵价值……刘铁云是老老实实地把自己所收藏的古器物统统拿出来，交给社会，交给学术，交给后代，交给一切热爱传统文化的人们，供大家研究，共同使用……第三，这一篇《三代文字》，还为我们研究刘铁云当时的思想，提供了可贵的资料。如文中所说："近来新学日明，旧学将坠，愿与二三同志抱残守缺，以待将来"。这是一种错误的文化观念。……他们感到，世界愈是进步，社会愈是发展，当时的中国愈是开放，人们的思想愈是在变化，那么，中国的传统文化愈是要消亡。

　　笔者以为，郭教授总结的前两点比较到位，但"第三……错误的文化观念"的断语应有所偏颇。刘鹗所谓"抱残守缺，以待将来"，其意显然并非绝望，而是对当年飘摇社会遗弃国宝的讽刺，但对将来国人定会重崇中华优秀传统文化充满信心。

　　　　2019 年 9—12 月撰写于成都恒大绿洲，本次出版有补充完善

----

　　①　收入《中国今代文学史证（上）》，吉林人民出版社 2005 年版，原载《明清小说研究》2001 年第 1 期。

王献唐日记等文献佐证甲骨文发现新说

——再论"王懿荣刘鹗联合发现说"及"刘鹗发现说"①

任光宇

【摘要】李勇慧博士近年发现的、王献唐在日记中记载王懿荣甥孙口述"现场目睹甲骨文发现情形"的新史料，具有前所未见的可靠性、可信性和合理性，并进一步有力佐证了前发论文提出的"王懿荣刘鹗联合发现甲骨文说"（首论论文已被人大《历史学》转载）。此一文献纠正了"汐翁文"及相似传说中的种种讹误，应可将长久以来有欠可靠的"吃中药发现甲骨文说"升华为学术信史。另有《盛宣怀档案》、"淮安殷氏日记忆述"、《东方杂志》刊文、"方法敛书信"等多处来源、相互独立的原始文献，支持"中药发现说""刘鹗发现说"及"刘鹗自序开启甲骨文考释说"。关于刘鹗、罗振玉有可能在出版著作中隐瞒甲骨文发现真相的动机和原因，可从境遇、出身、学力三方面做出情理分析和逻辑推测。希望此件王献唐所记文献早日为学界所广泛了解和认可，并被写入甲骨文发现学术史；同时希望"王懿荣、刘鹗联合发现甲骨文说"及相关新说议题，早日通过进一步的学术研究得以确认，以求尽早、尽可能彻底解决百年以来学术史上这些极具国际影响的重大悬案疑题。

【关键词】甲骨文发现；王献唐日记；李勇慧；吃药发现甲骨文；王刘联合发现说；刘鹗发现说

---

① 原载《南都学坛》2022 年第 6 期，第 22 – 36 页。随后获中国人民大学书报资料中心《历史学》2023 年第 5 期转载。

引　言

在 2018 年发表的论文《"王刘联合发现说"和甲骨文发现研究新论》①　中，编著者用较为严谨的新方法论证提出了"王懿荣、刘鹗联合发现甲骨文"的学术新说，其主要内容可总结为："甲骨文发现百年之争应只有'王懿荣发现说'与'刘鹗发现说'可议（"古董商/农民发现说"仅为行为意义发现，"王襄孟定生发现说"因缺乏学术发现所必要的、及时的学术鉴定难以成立。详见《新论》第一部分）。'刘说'据有确凿完整的证据链支撑，而符合现代学术规范且合情理的结论应为'王刘联合发现说'；'吃药发现说'尚不宜入正史。"然而，笔者去年在网上看到、随后查到了李勇慧的论文《再论甲骨文发现始末》（2016 年 6 月）②，以及《王献唐年谱长编》（2017）、《王献唐著述考》（2014）及其他多种来源提供的史料文献和相关评述（分别注释见后），为百年来流传极广的"吃药发现甲骨文说"从传说进入学术史提供了可靠依据，也为"王刘联合发现甲骨文说""刘鹗开启甲骨文考释说""刘鹗发现说"等新说议题提供了有力的新文献证据支持，很有必要作出进一步的多方面的辨析论证。

一、李勇慧发现王献唐日记中记载的 "甲骨文发现始末"

山东大学历史学博士、现任山东省图书馆副馆长李勇慧所作的会议论文《再论甲骨文发现始末》（下称"李文"），披露了民国时期山东文史大家王献唐在其"尘封近 80 年的尚未公开的《王献唐日记》（下简称《唐

---

①　任光宇《"王刘联合发现说"和甲骨文发现研究新论》，载《广西师范大学学报》2018 年第 6 期，第 1 – 15 页。中国人民大学书报资料中心《历史学》2019 年第 3 期第 52 – 67 页全文转载。

②　《再论甲骨文发现始末》为李勇慧提交于"第二届饶宗颐与华学暨香港大学饶宗颐学术馆成立十周年庆典国际学术研究会议"的会议论文。该会议由香港大学饶宗颐学术馆、华侨大学文学院、西泠印社、天一阁博物馆、故宫博物院故宫学研究所联合主办，于 2013 年 12 月 9—10 日在香港大学群芳讲堂召开，饶宗颐、（法）汪德迈、王尧、王炳华、（美）周鸿翔、（美）马泰来、郭静云等来自海内外的一百三十多位学者出席了会议（据中国社会科学网、大公网等机构的新闻报导）。该文发表于 2016 年出版的该会议论文集（全文见本书第二编）。

记》）"中，写下了一篇"记甲骨发现始末"的珍贵短文，记载了王懿荣翊孙周汉光向王献唐当面口述的"亲见刘鹗为王懿荣医病并首先发现从鹤年堂药店购买之甲骨上刻有文字之经过"，其内容与学界争论至今的甲骨文发现之"十余种说法皆不相同"。①

经编著者多方查阅，获知此一重要史料最早是由李勇慧在准备博士论文、整理王献唐后人提供的资料时发现的，并先后公布于《王献唐研究》②、《王献唐著述考》③、《王献唐年谱长编》④。这条相当可靠的文献史料，无疑应该成为影响并修正甲骨文发现学术史的一个重要发现，引发相关专家学者的高度重视和进一步研讨。遗憾的是，相关日记披露至今已经12年，李文发表至今也有七八年之久（详后），但编著者尚未查看到学术界对此有任何正式的公开回应和讨论。

李勇慧女士著有山东省获奖博士论文《王献唐研究》，是少有的长年研究王献唐的专家；论文《再论甲骨文发现始末》为递交于 2013 年 12 月举办的"第二届饶宗颐与华学暨香港大学饶宗颐学术馆成立十周年庆典国际学术研究会议"的参会论文，纸质发表于 2016 年 6 月出版的该会议论文集。由于此文在诸如"知网"等文献数据库中没有收录、不易查看到，故有必要将其中有关甲骨文发现的新史料和评述作为期刊首发资讯，做较完整的转引如下。

李文先对王献唐及其日记做了背景介绍：

"王献唐（1896—1960），山东日照人，原名凤琯，改名琯，字献唐，号凤笙，以字行"；是"远绍乾嘉诸儒，近承清末名宿，益之以科学观念，辅之以实地勘查，集目录、版本、校雠、训诂名家于一身，熔文字、声

---

① 李勇慧《再论甲骨文发现始末》，收入《饶学与华学——第二届饶宗颐与华学暨香港大学饶宗颐学术馆成立十周年庆典国际学术研究会议论文集》繁体字版，上海辞书出版社 2016 年版，第 325 页。此文的简体字版公布于 2021 - 7 - 22 的"个人图书馆"网站，文字与论文集中稍有不同。笔者引文多来自简体字版。

② 参见李勇慧《王献唐研究》，山东大学 2011 年博士论文，第 380、440 页。李勇慧在正文前的论文摘要中特别写道："本文初以王献唐为主线，通过王献唐日记、师友书札等反映史实之考证，溯源析流，纵横比较，左右参证……本文还纠正或是补充学界的一些错误甚至是片面的认识，有些问题或看似与其没有直接关联，如胡适关于杜威在中国的演讲时间、王懿荣发现甲骨文、1945 年日本在济南的受降时间等。"（论文第 2 页）另在其《一代传人王献唐》（山东教育出版社 2012 年版）一书的前言里，李勇慧再次发表了相同表述（见该书第 16 页）。

③ 李勇慧《王献唐著述考》，山东教育出版社 2014 年版，第 350 - 351 页。

④ 张书学、李勇慧《王献唐年谱长编》，华东师范大学出版社 2017 年版，第 588 - 589 页。

韵、器物、古史之学为一炉"的大家学者，"被著名学者张政烺、夏鼐誉为'山东近三百年来罕见的学者'"。"尚未公开面世、尚未出版的《王献唐日记》"现存"八种四十九册"，其"内容体例、写作笔法，与'晚清四大日记'之一李慈铭《越缦堂日记》颇为类似，所记内容包括：治学札记、朝野见闻、朋踪聚散、人物评述、古物考据、书画鉴赏、山川游历及各地风俗，是王献唐一生最重要时期的生命历程、心路历程、寻知求识、友朋往来等的真实记录。"①

　　在现存《王献唐日记》第六种《五灯精舍日记》中，有《记甲骨发现始末》一篇，文曰："安阳殷墟之甲骨，初时土人得之，多售于药商，为药中龙骨，发现之人皆知为王廉生。日昨，周汉光来访，谈及此事，彼时适在王氏寓中居住，廉生其外祖也。廉生染病卧床，刘铁云深知医药，延之诊视，从鹤年堂药店购归药后，铁云正在王氏室中坐谈，见即取而检视，内有龙骨一味，纸启翻检，忽见残片上刻有文字，历视数片皆然，惊告廉生。廉生从病床扶起，相对研求，以为古文字，灯下执玩，不知病尚在身也。时知为鹤年堂物，即夜派人往问，云从河南购来，尚有一大袋未研碎，廉生乃倾袋得之。后复派范贾至安阳大事搜罗，数千年湮没之殷墟文字从而发现矣。"
　　该稿写于 1935 年 12 月 28 日，现为手稿本，从未刊行。文中所记史料来源，乃甲骨文发现者王懿荣甥孙、烟台周汉光（字允溥）口述。王献唐《五灯精舍日记》（1935 年 12 月 27 日）记曰："允傅来访，五时半偕至东鲁饭庄晚饭，饭后同访坚叔，九时回家。"次日，王献唐于该日记中作《记甲骨发现始末》，记载了周汉光亲自向王献唐谈及其寓外祖王懿荣家时，亲见刘鹗为王懿荣医病并首先发现从鹤年堂药店购买之甲骨上刻有文字之经过。②

　　李勇慧并在文中有精到评述，现继续转引并附笔者新注评于"【　】"内，如下：

---

　　① 李勇慧《再论甲骨文发现始末》，收入《饶学与华学——第二届饶宗颐与华学暨香港大学饶宗颐学术馆成立十周年庆典国际学术研究会议论文集》，上海辞书出版社 2016 年版，第 325 页。
　　② "李文出处同前注"下不再注。

王文中有以下四个关键点：

第一，刘鹗为王懿荣医病时首先发现王懿荣用作药材的"龙骨"上刻有文字并告知王懿荣。

【编著者评：此关键点准确到位。《唐记》此处原文为"廉生染病卧床，刘铁云深知医药，延之诊视"。据此，一则"夫人染病"等传说可以休矣；二则印证了刘鹗"深知医药"的史实。于是"王懿荣生病自诊、自开药方""刘鹗寓居王宅"或"拜访巧遇"等说法也可休矣。而注意到是刘鹗先发现甲骨刻字后"惊告廉生"则更加重要，因笔者还曾在《新论》文中提出过刘鹗可能更早开始收集甲骨文的线索，详论见本文第五部分。】

第二，经王懿荣与刘鹗"相对研求"，共同发现这些文字是古文字。

【编著者评：李文这个"共同发现"的判断，与笔者提出的"王刘联合发现说"不谋而合。《唐记》原文为"廉生从病床扶起，相对研求，以为古文字，灯下执玩，不知病尚在身也"，不仅符合一个当事人对亲见场景的描述，也为"中国学者发现鉴定甲骨文"这一重要历史事件提供了丰富细节。】

第三，王懿荣用作药材的"龙骨"来自北平鹤年堂中药店。

【编著者评：《唐记》两次明言"鹤年堂"，出自"汐翁"等人的甲骨来自"达仁堂"之类的不明京城街市方位的误说，以及在此一问题上的相关争论都可以休矣。】

第四，王懿荣在京城吃中药期间发现甲骨文后，又派文物商贩至安阳购买'龙骨'，该商人姓范，名字不详。"

【编著者评：合情合理，也与明义士、罗振常的记载大致相同，详论见第四部分。】

此乃甲骨文发现的通行说法'王懿荣在京城吃中药发现说'的又一史料佐证。但与通行说法不同的是，谈到刘鹗在发现甲骨文中的重要作用。周汉光作为王懿荣的亲属之一，不避谈刘鹗在甲骨文发现中的作用，为'刘鹗发现甲骨文说'提供证据，值得甲骨文研究者注意。而王懿荣哲嗣王汉章在其 1931 年发表的《殷墟甲骨纪略》一文中，未提刘鹗。……

【编著者评：李博士这段评论难能可贵。不但王懿荣亲属周汉光在甲骨学已成显学的 1935 年如实道出当年实情十分难得，而且李勇慧博士身为山大学子、鲁籍学者，能在今日秉笔直书、反复多次发表有关新史料和评述，也体现了学术首重求真的高度专业素质和非凡的勇气。】

虽然周汉光是亲历者，但所述值得深入探究者亦有以下四点：
第一，清光绪二十四年（1899）时，周汉光多大年纪？是否亲见该事，还是听长辈或王懿荣后人转述？

【编著者评：看来李博士也未查到周汉光的年龄、文化程度等生平详情（且周汉光的字，李文中说是"字允溥"，但随后所引《唐记》则为"允傅来访"，待考①），这也是编著者试图反复查找而未得的重要信息。但周是亲眼"目睹"、而非"转述"则毋庸置疑，前有《唐记》的"周汉光来访谈及此事，彼时适在王氏寓中居住"的明确文字，后有蒋逸雪"方有龙骨，其甥周汉光检视"的错忆或错记（详见下一章），都明确指出了周是在场的目击者。】

第二，事情发生在 1899 年，距周汉章 1935 年向王献唐叙述此事时事情已过去了 36 年的时间，当时的真实记忆是否还在？

【编著者评：任何回忆都不可能百分之百准确，但这是迄今发现的唯

---

① 笔者又查到《王献唐师友书札（上）》收有"周汉光书一通封一件"（青岛出版社 2009 年版，第 710 页），内容与甲骨文无关，然影印信封左下有"周允專自青岛缄"字样，推测这些都是周氏字的不同写法。

一的亲历者正式忆述，情节具体、合理，且被文史大家郑重、及时记载，加本文后面提及的多种旁证，故出大错的可能性很小。】

第三，王懿荣是周汉光的外祖父，从法律角度上说周汉光不具有为王懿荣作证的资质，但周汉光所述又肯定了刘鹗在发现甲骨文中的作用。

【编著者评：此论与前评论相似，并借鉴了现代法律常规对证人资格的要求，不仅十分重要，也值得史学界重视以提升科学论证质量。】

第四，从王文中所记事件经过来看，周汉光所述与汐翁《龟甲文》最为接近。"

【编著者评：并且还与琉璃厂古董商及明义士记载大致相同。但《唐记》的可信度和重要性，与"汐翁文"不可同日而语（详见本文第二部分）】

二、《唐记》具高度的珍贵性、可靠性/合理性，并佐证"王刘联合发现说"

在笔者看来，李勇慧女士发现的这一新文献史料，即《唐记》所载的这篇"记甲骨发现始末"，应是自甲骨文发现至少120年以来、在刘鹗《铁云藏龟·自序》之后，关于中国甲骨文学术发现这一重大历史性事件的最珍贵、最可信、最合理的史料文献。下面就此三方面进行论述。

（1）其珍贵性在于：在可能性最大的"甲骨文学术发现"现场——北京王懿荣宅（还有其他可能，详后），已知具学识的三位目击者中，王懿荣、刘鹗二人去世过早，且至今都未见有任何记录此一事件的文字留存（虽然有迹象表明王氏口头告知了相关古董商、刘鹗告知了个别好友，详后），故周汉光的即使是36年之后的此一口述回忆笔录，极有可能已成为存世至今的、关于此一重要历史性事件的唯一目击记载。

（2）其高度的可靠性在于：之前关于甲骨文发现的各种说法，基本上都来自早年估人和古董商们的口耳相传，或经过学者、文人对这些传说的转录，甚至是加入了演绎、想象的误记。但《唐记》这段文字记载，不但叙述者周汉光是现场目击人和王懿荣的亲属（虽生平待考①，但祭酒门庭的甥孙至少也应是读书人），而且关键的记载者是专业素养和信誉度都极高的王献唐（忆述如有疑点，王应会当面问清），文字记录时间也是谈话后仅一天，时期也处于王献唐 39 岁的盛年期；再加上此一文献是以原始日记手稿的性质存世，在几无扰动、未加编纂的状态下保存至今，实在难能可贵。再从其实际内容来看，虽然具体细节丰富，但没有夸张、想象之类的词语和硬伤。金石考古学家的严谨信誉加持，使其可靠性和合理性明显高于以往各种性质的史料，在一众相关史料文献中可谓鹤立鸡群。

两三年前编著者也曾读到、查到过蒋逸雪于 1944 年发表的《〈老残游记〉考证》②，但仅注意到其前言有回忆王献唐在重庆畅谈《老残游记》"悬泻不竭"的记载。此次从李文中意外看到，蒋逸雪居然在同一篇长文的结尾还讲到了王献唐也曾谈及甲骨文的发现③。但读后对这段文字可靠性的感觉，却与"汐翁文"类似。如李勇慧在其前述论文中所指出："蒋文与王文又有三点不同：第一，生病的人。蒋文是王妻黄氏，王文是王懿荣。第二，首先发现甲骨上有文字的人。蒋文是周汉光，王文是刘鹗。第三，购买龙骨的药店。蒋文是同仁堂，王文是鹤年堂。"④蒋文虽也写明"此汉光亲为献唐先生言者"，但对比之下，内容错讹之大令人瞠目——除李文指出的上面三点之外，尚有"其甥""（周）命仆持问铺""懿荣亦疑不能释，亲往……查询""谓龙骨者……上皆有刻纹"等错误或不合理之处，故其可靠性、合理性明显远逊于《唐记》。究其缘由，王言于蒋时（辛巳 1941）已距周言王时（1935）隔了五六年，于是凭记忆的闲谈比之

---

① 笔者已尝试查找多种人物辞典及《王懿荣世家人物传记》（烟台市地方史志办公室，2005），尚未能查到任何周汉光的信息或王家周姓后人的线索。

② 蒋逸雪《〈老残游记〉考证》，载《东方杂志》第 40 卷 1944 年 1 月 15 日，第 59－75 页。

③ 参见《〈老残游记〉考证》第 73 页"余论"部分，蒋逸雪相关全文为："藏龟之拓，影响于近世学术尤巨。初，懿荣居京师，妻黄氏病，方有龙骨，其甥周汉光检视，乃有刻纹之甲片，不与常质不同，命仆持问铺。回言无误，此药新由河南安阳运到，货极地道。闻于懿荣，懿荣亦疑不能释，亲往同仁堂（药铺名）查询。其所谓龙骨者，其形大小不一，上皆有刻纹，间合数小片成一大片，而形似龟板，其文字更若意义之可寻者，虽不能悉识，而断为古代书契无疑。乃罄同仁堂所有以归，并嘱代向安阳搜购，后亦续有所得。此汉光亲为献唐先生言者。"

④ 李勇慧《再论甲骨文发现始末》，收入《饶学与华学——第二届饶宗颐与华学暨香港大学饶宗颐学术馆成立十周年庆典国际学术研究会议论文集》，上海辞书出版社 2016 年版，第 328 页。

当年的及时笔录就可能出错；加之蒋氏在聊天时可能听错，之后在不很相关的文章中（该文主写《老残游记》，且蒋所记"吃药说"与刘鹗无关）写入时又可能忆错、记错。可见，如果不是直接、认真并及时记载的文字，仅凭记忆的二、三手笔记之类，即使是在学者、文人之间的流转也难免出现各种大小讹误。①

　　综而言之，由于这篇忆述者、记载人、保存形式、文字内容都几近无可挑剔的史料文献的发现，长久以来基于道听途说的、归类于"非学术论作"（李学勤语）的"吃药发现甲骨文"传奇故事，今日应可升级蝶变为中国甲骨文发现学术史的核心内容。

　　（3）《唐记》的合理性在于：此一文献没有明显违背已知史实或不合逻辑情理之处，并为"王刘联合发现甲骨文说"提供了新的依据。刘鹗不再仅仅是因为最早公开出版了对甲骨文的鉴定、著录、考释/研究和在《时报》上及时发布了甲骨文发现公告等确凿作为而无愧于"甲骨文联合发现人"之一，如今根据新史料中诸如"铁云正在王氏室中坐谈，见即取而检视，内有龙骨一味，纸启翻检，忽见残片上刻有文字，历视数片皆然，惊告廉生"等细节，他更是第一位亲眼注意到"带字龙骨"即甲骨文的中国学人，并且由于"廉生从病床扶起，相对研求，以为古文字"，他无疑还是参与甲骨文最早鉴定行为的两位学人之一。另一方面能够互相印证的，是"廉生染病卧床，刘铁云深知医药，延之诊视"的明确文字，有力佐证了刘鹗当年的医术和医名——关注过刘鹗的学者多只知他早年曾经尝试行医，但因"门可罗雀"告终；殊不知近年来又有《刘鹗年谱长编》收入的数条来自《盛宣怀档案》（下简称《盛档》）的新史料②，证明刘

----

① 口耳流转有意无意产生的讹误，今日回看尚有一个可叹的新疑点：蒋逸雪对王献唐言谈的记载也许难免有误。坊间还有一种观点，认为当年王献唐为维护本家乡贤王懿荣的历史地位，有意隐瞒了此一重要事件中刘鹗的关键贡献。因为王献唐在其后长达 25 年的时间里（王逝于1960 年），从未再将此一重要历史事件的珍贵记载向世人公布（也可能是今人尚未发现），致使这个重要史实几被湮灭。姑妄记下，权作参考（任光宇 2022 年 12 月 31 日于本论文发表后再注）。

② 参见刘德隆、刘瑀《刘鹗年谱长编》，上海交通大学出版社 2019 年版，第 317－318、328－331 页，有多处转引自《盛宣怀档案》的与刘鹗医术相关的原始文献资料。所引刘鹗为盛宣怀讲解中西医高下的信函中，尚有诸如"外国医学自哈斐（哈维）创言回血管而后，形体始烛其微，医学始有要领""中华医理虽优，而学者无人，药物多伪，行之殊欺，似此失尽先圣辩症用药之理，安能与泰西争能？"之类的高见，更有"不必解西医而不言，不必弃华医而不论，中西皆可取也"的明智结论，与百多年后今日中国"中西医结合互补"的方针高度相似。

鹗不但深谙中医，对西医有也相当的知识见解，且医术颇得当时已是朝廷
洋务重臣的盛宣怀（1844—1916）① 的信任。例一，"《盛档》第 078210
号"记录了刘鹗在 1896 年 10 月（九月十八日）因得知盛宣怀"示洋药
可以速效，并欲亲试多时，以较中外优劣"而致函盛氏，分析讲解了中医
和西医各自的优劣特点。该信长达 1400 余字，且多有明察精到之论，如
"医者当学古圣气化、标本之理，操之渐熟，兼看泰西所译之书（如《形
体阐微》《割疮全书》《医学入门》《万国本草》——原注），细究其真，
默会贯通，出医自有把握，不必效欺世术误人误己也"等，最后医嘱盛氏
"大人身任枢机，不惟千万人属望，实为中国千万世风气转移，似不宜身
试未达之药，以较区区医药之所宜"。例二，刘鹗还曾正式出任"津海关"
官医多年（待详考），在上盛宣怀禀中明言："屡奉面谕，谓中国医学日
废，理法尽弛……惟以数年荫庇，教养多方，所诊各衙署、各税关、各公
馆，数年来幸无陨越。从此奋发黾勉，实力实心，或不至有负大人期望。"
并述西方医保经验、建议借鉴："伏念泰西诸国，凡商董诸人，皆有医生
保险，公司又设施医、施药等所，原以备时病、济穷苦；义至详，法至善
也。伏查招商、电报两局，历年筹赈捐各项抚恤亦可谓恩义周至，第
（但?）局中司事、小工、穷苦等人及轮船到岸遇有猝发等病尚无预备。"
（《盛档》第 015117 号）随后并为招商、电报两局提出建议，拟出了可能
是中国最早的机构现代医疗保障条例《施诊章程》七条②。例三，刘鹗于
1897 年 6 月 30 日曾"奉盛宣怀之命"赴汉阳为鄂省铁厂总办郑观应③出
诊，数日后向盛氏详细汇报了"昨呈一禀，谅已赐阅。今晨再诊，郑总办
清恙"，及"兹已拟用温通重大之剂，大约数剂可以病退"等语（《盛档》

---

① 盛宣怀于 1885—1886 年即任招商局督办、山东登莱青兵备道道台兼东海关监督；1892
年开始任直隶津海道兼监督；1896 年督办铁路总公司事务，并被授予"专折奏事特权"，接办
汉阳铁厂、大冶铁矿，奏设南洋公学，授太常寺少卿衔；1897 年 12 月补授大理寺少卿衔。

② 刘鹗所撰《施诊章程》事无巨细，拟"造福并非牟利""施诊不论贫苦远近"，惠及上海
轮船招商局、电报局上下所有员工及眷属，应是中国向西方借鉴职工医疗保障制度的早期尝试。

③ 郑观应（1842—1921），中国近代早期维新思想家、理论家、实业家、教育家，著有
《盛世危言》《易言》等。1873 年参与创办太古轮船公司，同年入股轮船招商局。1881 年后出任
上海电报局总办，轮船招商局帮办、总办，蛰伏著书，后在 1893 年再任招商局帮办，1896 年被
张之洞委任为汉阳铁厂总办，1897 年正月兼任粤汉铁路总董。

第 060437 - 1、063474 号）。①

综上所述，有原始文献证明刘鹗于 1896—1897 年间曾应邀为当朝重臣盛宣怀、能员学者郑观应看病开药，则两年后的 1899 年，王懿荣祭酒"染病卧床"之际因刘鹗"深知医药"邀其诊视，就合情合理、顺理成章了。

在《新论》（2018）中，编著者已运用预设前提的新方法多方论证提出了甲骨文发现的"王刘联合发现说"：

就算王襄 - 孟定生在 1900 年或更早收购了少量甲骨，也无任何原始证据证明他们在 1903 年《铁云藏龟》出版之前及时、正确鉴定出了甲骨文的年代和意义，只有反证。而要确立甲骨文的发现，前述三项现代科学发现必要条件不可或缺。……多项原始证据各自独立，相互印证、互洽，形成了一条完整、坚实的证据链。因此，严格来讲，第一个发现甲骨文并正确将其鉴定诠释为中华文明三千多年前殷商时代古文字，且及时借现代出版媒体多次向世人宣示这一重大发现的人，是刘鹗。……间接证据最多只支持王懿荣最早收藏甲骨文，而不涉及鉴定甲骨文。……将历史、国情、情感因素综合迭加起来，"王懿荣发现说"至今仍被学术界广泛接受和传播，其来有自，情有可原。而联系本文开头所述、即有确凿实物加正确诠释才能获得完整的发现人资格，可见最好的两全其美之法，是把王懿荣的"收藏发现人"与刘铁云的"鉴定传播发现人"合二为一，将二人一起定为"甲骨文联合发现人（co-discoverer）"，将甲骨文发现事件确定为"王懿荣 - 刘鹗联合发现说"。②

现有了李勇慧对《唐记》的发现、甲骨文发现现场目击证人的口述和史学大家王献唐的记载，甲骨文发现新说"王刘联合发现说"又得到了有力可靠的新佐证，"刘鹗应为甲骨文发现人之一"的论据已可说是铁证如山。此新证、新说如可获学术界论证认可，中国甲骨文发现学术史就更可

---

① 来源同上注《刘鹗年谱长编》，第 331 页。刘鹗致盛宣怀相关郑观应的第一函未见；第二函除上文中所引，尚有"惟不能酣睡，闻声即醒云云。细诊脉象，右手稍起，左手尚是细软异常""各友皆有湿病，近日辄发。袁景升更甚……"等。第三函中，还有"入夜实不能寐，皆系白日烦扰之故。伊意中定欲返沪静养一月，……如再发喘嗽，用温恐伤阴分，用清又难驱湿。且脉已经细弱。正气自廿余日病后已觉大亏，似非静养不可"云云（《盛档》第 063474 号）。

② 任光宇《"王刘联合发现说"和甲骨文发现研究新论》，载《广西师范大学学报》2018 年第 6 期，第 4 - 6 页。

以"在国际科学规范上更加严谨完备，华夏早期文字甲骨文之百年公案可得到稳妥的、至少是阶段性解决"，中国学人也"无需再向世界同行费力解释，人类文明重要源头之一甲骨文的发现人"为何"自身并没留下一字证据"。

编著者后来在一个微信公众号上看到了一篇待出新书的书摘，作者殷作斌先生在其中披露了一条前所未见的甲骨文发现过程信息，特摘录如下：

> 笔者曾祖父殷高良（1851—1914）是私塾先生，其从教学馆距名震江淮的兼职中医师刘鹗在淮安的常住地（即今"刘鹗故居"）不远，他认识刘鹗和罗振玉亲家俩……殷高良还常求刘鹗看病。殷高良在留下的一则日记中写道（大意，因原件由当校长的家兄殷作超保管，毁于"文革"，原文和具体日期记不清了）："……予问及藏龟刷龟文事，铁云先生侃侃而谈。言他己亥年惊闻恩师文敏公回乡料理完其弟丧事回京身子不适，急往探望把脉开方，他发现其家人自鹤年堂抓来的中药中，龙骨上有契文，甚觉奇怪，即呈恩师，文敏公亦惊奇。翌日，文敏公备轿亲往药店一探究竟，遂作出向京师药肆广为高价收购'带契文龙骨'的决定。后有范姓估觅得十二版送王府，恩师推断是篆籀之前的殷商占卜文字。庚子岁范姓估、赵姓估又陆续挟千余片，文敏公均厚价留之。详加研究。时义和拳乱起，文敏公怕有失，密运部分宝贝藏淮安，嘱铁云先生代为保管。文敏公殉难后，壬寅年，其哲嗣翰甫（汉辅）售所藏，清公凤债，龟板千余片，铁云先生悉得之，遂据此成《铁云藏龟》，成书过程中，得亲家罗振玉大助。"后来笔者发现笔者曾祖殷高良遗存所记与淮安民间传说甚合。可见，1931 年北平《华北日报·华北画刊》第 89 期汐翁《龟甲文》所记为真。①

---

① 殷作斌《关于定发现甲骨文为四个并列第一人的建议》见"京兰传媒"微信公众号 2022 年 4 月 7 日推送。此文主张"王、刘、孟、王襄"并列发现甲骨文。文末附有说明"本文由作者待出版全一册专著《殷代史·卷一〈考古学揭示的殷代文明〉》第一章'殷代系统的文字——甲骨文'的部分内容节选压缩而成"，及作者简介：殷作斌，1941 年生，江苏省淮安市涟水县南禄乡人。早年毕业于清华大学无线电电子学系，曾任工程师、厂长并任教于淮阴工学院等院校。退休后从事中华殷商传承文化的研究工作，有《殷代史六辨》《胸阳殷氏宗谱》等著作。据《殷代史六辨》导言，其曾祖殷高良，字显祖；"文革"中，高良祖留下的许多手抄本家史研究文稿和书法作品都付之一炬了。

编著者注意到，此文至少又提供了四个新的相关说法，值得继续追究：一是在淮安也有"殷高良常求刘鹗看病"；二是刘鹗主动为王懿荣看病，"己亥年惊闻恩师文敏公回乡料理完其弟丧事回京身子不适，急往探望把脉开方"；三是在王家初见甲骨后，"文敏公备轿亲往药店一探究竟"；四是可能性较小的新说法，"义和拳乱起，文敏公怕有失，密运部分宝贝藏淮安，嘱铁云先生代为保管"。但十分可惜的是，此一珍贵原始文献的原件未能保存下来，经后人忆述的内容可靠性大减，凭回忆写下的内容难免会受到各种近现代甲骨学进展相关信息的影响，否则此"殷高良日记"将可与"王献唐日记文献"并肩而列，成为一项新发现的重要文献证据。然而，它至少仍可作为又一条独立于前述各条史料的新信息，再一次佐证了"王懿荣－刘鹗联合发现甲骨文说"。

三、明义士、方法敛等多处来源史料的相关考析

在以往多篇论文中编著者已反复强调：凡涉及"学术发现"，正确且及时的"学术鉴定"就成为发现的关键前提，不可或缺。"甲骨文发现"和"敦煌遗书发现"正是近代两项典型的重大学术发现，但因事件都发生在中国传统学术向现代学术的转型期，加之证据的缺乏及爱国环境的影响，导致此一"关键前提"被有意无意的忽视、错解，或语焉不详，并由此造成这两个领域中百年以来一系列悬而未决的学术史重大遗案。

如"刘鹗最早准确鉴定并考释甲骨文"这一基于原始确证《铁云藏龟》的事实，至今仍得不到学术界的公认，中国学界主流结论仍然是根据推测的"王懿荣鉴定了甲骨文"。除台湾专家严一萍（1912—1987）曾有诸如"知其所重而定为殷人之物者，刘氏也"[1]、"识甲骨文字，当以刘铁云为第一人"[2] 等明确论断外，在较著名的甲骨学史著作中，笔者仅见《中国甲骨学史》中稍有质疑："说他（王懿荣）那时已知'为商代卜骨'，在未确定出土地点及究明卜辞内容之前，恐难做到，应是溢美之词。"但同时又自相矛盾、语义含混、莫名其妙地断言："王懿荣首先认识甲骨文，这一

---

[1]　严一萍《铁云藏龟新编》，台北艺文印书馆1975年版，"自序"第1页。
[2]　参见严一萍《甲骨学》，艺文印书馆1978年版，第767页。《新论》中的相关引述尚有："严一萍更有明确论断，……在'释字与识字'一章中明确指出：'研究甲骨，首重文字。……识甲骨文字，当以刘铁云为第一人。……刘氏不以甲骨文为业，只是举例而已。'"

点该是无可怀疑的。至于他怎样认出甲骨文的，那是次要的问题。"①

加拿大汉学家明义士（James Mellon Menzies，1885—1957）应是早期收藏甲骨文实物最多的人②，也是最早记载并出版甲骨文发现过程的外籍学者。李学勤在一篇序文中说："在这样丰富的藏品基础上，明义士对甲骨研究创获颇多，对殷商世系的探讨尤有见地，在甲骨学界早有公论。""他手摹的甲骨著录《殷虚卜辞》，1917 年于上海出版，久已成为珍本。只有书的序言，有译文登在 1928 年《东方杂志》上……。"③ 笔者查到了这篇《东方杂志》所载《殷虚卜辞·序》译文（题为《殷墟龟甲文字发掘的经过》），其中的相关文字为："十五年前，有中国考古家王姓者，在北京杂货店买龙骨以为医药之用，于此等龙骨碎片中，其一刻有极精小之文字，其文字与向所藏之古钟鼎文字甚相类，因问其所由来，商人亦不知所以对，王乃独携其宝物以去，秘密察验焉。此可谓发明殷虚骨甲卜辞之第一人也。"④ 在 1933 年写成的《甲骨研究》中，明义士再记："余既找到正处，又屡次向范氏和小屯人打听，又得以下的小史。今按事实略说一下：……按范氏一九一四年所言，一八九九（己亥光绪二十五年），有学者名王懿荣（字廉生谥文敏公）到北京某药店买龙骨，得了一块有字的龟板。见字和金文相似，就问来源，并许再得了有字的龙骨，他要价每字银一两，回家研究所得。王廉生是研究甲骨的第一人。"⑤

---

① 吴浩坤、潘悠《中国甲骨学史》，武汉大学出版社 2017 年版，第 7 页。
② 据王宇信的序言（收入方辉《明义士和他的藏品》，山东大学出版社 2000 年版），相关文字为："明义士以驻安阳传教之便，近水楼台，自 1914 年起就在小屯村收集甲骨文和其他古代文物，先后收集甲骨达 5 万片，成为一位最大的甲骨收藏家。"
③ 李学勤的序言，收入方辉《明义士和他的藏品》，山东大学出版社 2000 年版，第 1 页。
④ 明义士《殷墟龟甲文字发掘的经过》（作于 1917 年），陈柱译，载《东方杂志》1928 年第 25 卷第 3 号第 43 –58 页。
⑤ 明义士《甲骨研究》（1933），齐鲁书社 1996 年誊抄影印本，第 8 页。在本书第 12 及 13 页，尚有明义士对美国宣教士方法廉（敛）1906 年 9 月出版的英文著作《中国初时文字》（又译《中国古代文字考》）第 30 页内容的转引："一八九九年，（河南省）卫辉府附近，古朝歌城故址，有古物出现。（此即潍县范氏。在山东不言正地殷墟，特言朝歌城）据说发掘三千件。商人先到业京，遇义和团之乱，乃带古物到（山东）潍县，将一部分留存城中某贾手中。此人与著者相识，告了他，也借给他看，其余带往上海（或别处，售归刘铁云道台）这位学者用他本国的文字著了一部书，并将他所有的标本墨拓八百片石印插入书中。"虽然方氏将《铁》书所收录的甲骨拓本 1058 片错记为 800 片，但这是笔者所见外国人对《铁云藏龟》最早的文字记录。日本林泰辅自述的初见《铁》书日期为"1909 年 8 月的两三年前"，故推断应比方氏稍晚（详见《新探》）。

以上明氏记录中的"王买药发现甲骨文说",应是范估或其他古董商由王懿荣告知的转述(详后),现已得周汉光亲见过程记载为证;但"可谓发明殷墟骨甲卜辞之第一人"和"王廉生是研究甲骨的第一人"的结论,则缺乏当时没有、其后也未曾出现的确凿证据,仅可能是根据王氏声誉和他高价收购甲骨等信息所做的推断。有着现代土木工程学和神学背景的明义士,由于历史机遇在甲骨考古上颇有创获,但在"甲骨文发现人"的判断上,也有不够严谨、轻信传言之误。

《东方杂志》所载明氏《殷虚卜辞·序》译文的前端,编著者尚发现有一段"记者"关于甲骨文发现的介绍按语,措辞则比较严谨:"河南洹曲一带,在光绪庚子以前,便常有龟甲文碎片发见。当时得之者如下:王懿荣等虽颇引为宝贵,惟尚未能辨其文义。逮后转入丹徒刘氏之手,始有《铁云藏龟》之刊行。未几上虞罗振玉和海宁王国维等出,考释甲文事业乃大盛。"①此"王懿荣等虽颇引为宝贵,惟尚未能辨其文义"一语,应更可反映当时的学界和传媒界尚未受干扰、只以公开出版物为凭的合理看法。

编著者尚在同期《东方杂志》中,查到另一篇著名学者闻宥(1901—1985)所作的甲骨文考证长文②,开篇有更专业的表述:"安阳卜文既出世,为此学者凡数家:丹徒刘氏铁云,瑞安孙氏仲颂,筚路蓝缕,首启山林,犹未能洞悉幽隐也;上虞罗氏叔蕴,海宁王氏静安继之,训释文字,疏证史实,名篇巨制,络释贡世,而后此一学也,卓然成一新天地。"③可见闻宥以学者的严谨,也将首先著录研究甲骨文的刘鹗明确列为第一位"为此学者",而没有列入只字未见的王懿荣。④

除《新论》中提到的"早期只有董作宾、胡厚宣 1937 年的《甲骨年

___

① 明义士《殷墟龟甲文字发掘的经过》,陈柱译,载《东方杂志》1928 年第 25 卷第 3 期,第 43 页。

② 参见闻宥《殷墟文字孳乳研究》,载《东方杂志》1928 年第 25 卷第 3 号,第 53 页。同年闻氏尚在《民铎杂志》第 9 卷第 5 号发表了一篇《甲骨文的过去与将来》,笔者惜未查看到原文。闻宥(1901—1985),字在宥,号野鹤,江苏娄县(今上海松江县)人。先入震旦大学进修,后转入商务印书馆编辑部工作,再后历任中山大学文史科副教授、教授,青岛大学、燕京大学、山东大学、四川大学、云南大学中文系教授、主任,成都华西协合大学中文系教授兼主任,中国文化研究所所长、博物馆馆长等职。1952 年后再任四川大学教授、中央民族学院教授直到逝世。他也是法国远东博古学院通讯院士,联邦德国德意志东方文学会会员。

③ 闻宥《殷墟文字孳乳研究》,载《东方杂志》1928 第 25 卷第 3 号,第 53 页。

④ 本论文在《南都学坛》(2022 年第 6 期)发表时,此句被编辑误改为"而只字未见列入王懿荣"(第 28 页)。

表》"等曾提及"刘鹗发现说"之外，编著者近来又查到一篇刊载于 1950 年《科学通报》、名为《前中央研究院历史语言研究所北京图书史料整理处孝古组赴安阳调查发掘的初步报告》的通讯稿，其中对甲骨文发现和早期研究的表述为："自清季该地（小屯村）滨洹河农田中，即常有甲骨发现。一八九九年（光绪二十五年），甲骨文字始为丹徒刘鹗、福山王懿荣所注意。一九〇三年，刘鹗以所藏甲骨文字选拓千余片为《铁云藏龟》六册。孙诒让、罗振玉、王国维、郭沫若、董作宾、唐兰等，相继都有著作发表，对于考证殷代帝系社会礼制古文字等方面，颇多创获，殷墟甲骨文字遂大显于世。"① 可见 1950 年初的学术报告还把刘鹗与王懿荣并列，甚至将刘鹗放在前，将其作为首先"注意"甲骨文的学人。

但在随后多年受一系列政治运动的影响，对刘鹗的政治批判不断升级，"刘鹗发现甲骨文说"也随之在学界销声匿迹。改革开放 40 多年来，虽学界渐复百家争鸣的气象，但"刘鹗发现说"毕竟被遗忘太久，虽有个别学者偶有再提，但未及深入（详见《新论》）。

另据美国传教士学者方法敛（Frank H. Chalfant，1862—1914）于 1906 年 9 月在美国发表的《中国古代文字考》（*Early Chinese Writing*），以及郗晓娜 2011 年在剑桥大学图书馆发现的方法敛致金璋书信 140 多通②，方氏早于林泰辅、罗振玉、孙诒让（孙诒让《契文举例》虽作于 1904 年，但在 13 年后的 1917 年才公开发表），已在著作中记有"据刘铁云说，公布龟骨刻辞，他实为当今第一人。他认为龟骨文字比现存所有铭文都更古老"和"刘铁云认为'虺父'是卜人的神秘称谓"等甲骨文考释探讨③。在随后 1907—1912 年间的多通书信里，方氏又至少二十余次提及刘鹗，并多次详细讨论了《铁云藏龟》中的甲骨文考释得失，诸如"他怀疑 ⋈ ＝问，而我怀疑假设的'问'的不常见的形式""刘氏还说'复'是'第三次询问'，但我们没有在骨片上发现不断贞问""'巳'的许多形式也是有

---

① 孙德宣《前中央研究院历史语言研究所北京图书史料整理处考古组赴安阳调查发掘的初步报告》，载《科学通报》1950 第 1 期，第 33 页。

② 参见郗晓娜《金璋甲骨的收藏始末》，载《甲骨文与殷商史（新三辑）》，上海古籍出版社 2013 年版，第 364 页。书信内容反映了方氏虽然因缺乏中国古董知识被骗购了不少赝品，但也可看出他对研究甲骨认真执着、竭尽全力的献身精神。

③ 方法敛《中国古代文字考》，任平生译，收入《甲骨文与殷商史（新三辑）》，上海古籍出版社 2013 年版，第 253、255 页。

趣的，很奇怪，他们都被刘铁云忽视了"等等①。这些都可与孙诒让在《契文举例》中多处讨论《铁》书中刘鹗的甲骨文考释的事实相并列，作为第三方原始证据，佐证编著者在前文中提出的另一新说："刘鹗自序全文凡 1467 字，此类探讨具体辨识的考释文字至少有 777 字，占全文的 53％，即一半还多""刘、孙、罗、王、董在研究方法上一脉相承""故笔者认为，谈甲骨文考释研究，言罗不能弃孙，说孙不可忘刘。刘鹗的《铁云藏龟·自序》应被确立为迄今世界上最早考释并成功破译断识甲骨文的论文，并凭借此一开创性工作，刘鹗联袂罗振玉和吴昌绶，一同率先拉开了甲骨学史中考释研究甲骨文的序幕。

四、"王说"中"吃药发现说"和"经估人发现说"的来源辨析

恭借吕伟达先生《王懿荣发现甲骨文始末》一文②（下简称"吕文"）所作的总结罗列，"王懿荣发现甲骨文说"可再分为"王懿荣吃药发现说"和"古董商先送甲骨给王懿荣说"两大类，共有相关近/现/当代文献来源至少 19 条，其中"吃药说"来源 7 条，"估人说"来源 12 条。

所列"吃药说"第一个来源就是著名的汐翁短文《龟甲文》（载 1931 年 7 月 5 日北平《华北日报·华北画刊》），此文加上标点不到 330 字，所描绘的发现场景与王献唐的日记记载情节大致相同。但其明显的转述加传说的随笔性质、内容的多处讹误，已如李学勤教授专文所指出：错别字四五处、将事件日期误说为 1898 年、刘鹗当时并非借住王懿荣宅、北京菜市口无

---

① 参见苗双《方法敛的甲骨收藏和研究》，北京第二外国语学院 2015 年硕士论文，第 73、100、106 页。另值得注意和待考的是，此文的第三部分尚逐一"列出了方法敛讨论研究过的 163 个甲骨文字"，"考释正确"的 107 个，"有误"的 56 个。如考证基本准确，则方法敛作为一位初学中国古文字的外国文字学者，也应被列为与林泰辅至少同时的、在甲骨文研究初期一度对中国学者形成实际挑战的外国学者，虽然当时罗和方二人自己都并不知晓。（详见任光宇《罗振玉等人早期甲骨文研究学术史新探》）笔者还发现，在苗文第 56、67 页的方氏书信中，他不但基本准确记录了《铁》书包含 1058 片甲骨，而且还具体记载了他如何得到《铁》书："关于龟甲刻辞，刘铁云著录的书目全称为《铁云藏龟》，六本，还有四本为《铁云藏陶》。1904—1905 年在上海出版。我是从作者刘铁云的一个朋友那里获取了这本书的，这个朋友以为这部书是不出售的。我认为作者在北京，更适合叫作'Liu Tao T'ai'（"刘道台"的音译——编著者注）。"

② 吕伟达《王懿荣发现甲骨文始末》，载《殷都学刊》2009 年第 3 期，第 7-9 页。

"达仁堂"药店、五千余片甲骨并非都买自药店、外籍研究人只提"法、日",未提"美、英、加"等,故此文此说一直被李学勤等诸多学者专家裁定为"离奇而不符合事实"①。现在从"刘鹗在王宅先从龙骨上看到甲骨文"等主要情节无误来看,笔者推测此文应来自刘鹗的某位间接的、非住京城的朋友,也可能是刘鹗天津密友方若(字药雨,1869—1954)的朋友:方若是参与刘鹗多种收藏(包括甲骨文,更多是古钱币)的多年密友,刘初收甲骨时难免会亲口相告真实的发现过程。而非京城的朋友很容易把刘鹗曾经借住另一位宝熙祭酒的府第②错记为王祭酒府第,更易搞错北京药店的字号和方位。不太可能是刘鹗的直接好友,是因为作者把刘1908遣戍、1909死在新疆(李学勤误为1910年)的史实说成了"戍新疆,遇赦归"再出《铁》书的"齐东野语"。其他的一些错误,也应是这位化名的"汐翁"者对甲骨研究较外行,且是从转述者听来之后再撰述之故。

吕文所列其他支持"吃药说"的第二条(明义士)、第四条(赵汝珍)、第五条(陈重远)和第六条(沈念乐)的所说所记,都可能是王懿荣生前向个别古董商透露(范估、孙秋骊③可能是最早的亲聆者),然后在业内口耳相传的故事。第三条所引的罗振常语,笔者未能在《洹洛访古游记》中查到,如确有,也应是同一来源。第七条中的王宏立先生有云:"公(懿荣)生前与家祖父往来较近,因家伯父与王汉甫(崇烈)亦系良

① 参见前注李学勤《汐翁〈龟甲文〉与甲骨文的发现》第1—3页《龟甲文》全文为:"光绪戊戌年,丹徒刘铁云鹗客游京师,寓福山王文敏懿荣私弟。文敏病痁,服药用龟板。购自菜市口达仁堂。铁云见龟板有契刻篆文,以示文敏。相与惊讶。文敏故治金文,知为古物。到药肆询其来历。言河南汤阴安阳。居民撝地得之。辇载衔粥,取直至廉。以其无用,鲜过问者,惟药肆买之云云。铁云遍历诸肆,择其文字较明者,购以归,计五千余板。文敏于次年殉难。铁云以被戍成新疆,遇赦归。到癸卯岁,乃以龟甲文之完好者千版付石印行世,名曰《铁云藏龟》。此殷虚甲骨文字发见之原由也。藏龟行世,瑞安孙仲客先生,以数月之力,尽为之考释。著《契文举例》一书,甲辰书成。于是学者始加以研治。今则甲骨日出不穷,治之者亦不乏人,法、日二邦皆有专门研究者。为我国古代文化上之一重大事件。世人所当注意也。"

② 参见刘蕙孙《铁云先生年谱长编》,齐鲁书社1982年,第55页,其中引《陆树藩救济日记》:1900年"十月初四日到大甜水井与铁云畅谈(按铁云先生当时在京住东城大甜水井宝熙宅)"。爱新觉罗·宝熙(1871—1942),字瑞臣,号沉盦,清朝宗室。光绪十八年进士。历任编修、侍读、国子监祭酒、内阁学士兼礼部侍郎等职。

③ 孙桂澄(1859—1931),光绪五年(1879)进京参加己卯科顺天乡试而落选。经叔父孙虞臣推荐他进入琉璃厂名店清秘阁学徒。1884年后开始做翰林院、国子监学者藏家的古玩生意,1904开办"式古斋"。曾于民国初期出任第二任京师古玩商会会长,积极运作合资购回国宝重器毛公鼎。

好弟兄。光绪二十五年（1899）夏，因病发现'龙骨'上的文字……"不知此王氏是否与王懿荣同族，如是的话则也可能追溯到前述目睹发现的王懿荣甥孙周汉光。于是可归纳出"吃药说"共三个来源，恰是分别来自刘鹗、王懿荣、周汉光这三位仅有的亲历者，他们早期大致的可能传播路径分别为：刘鹗—方药雨/殷氏/某友—"汐翁"；王懿荣—范/孙/京城古董商—明义士/罗振常；周汉光—王氏亲属/王献唐—蒋逸雪。

吕文所列支持"估人说"的 12 条文献，来源都应可追溯到第二条的刘鹗《铁云藏龟·自序》（第五条的罗振常所述①也应来自范估 + 《铁》书②，一是估人自然要说自己最先"发现"甲骨文，二是《洹洛访古游记》迟至 1936 年才公开发表，故影响小且晚）。因《铁》书是 1903 年最早由发现当事人刘鹗自行编撰、出版印刷，且同时刊有罗振玉、吴昌绶两位学者的序言③，故在当时具有最高的可靠性和权威性，遂被其后至今的几乎所有主流学者采信、引用，其影响之大之广，也已被无数史料和著作所印证（但影响主要来自不包括刘鹗自序的《铁云藏龟》④）。第一条的《潍县志》等地方文献虽也比较可靠，但基本都曾在 20 至 40 年代被各地方志编纂学者，根据包括《铁》书的最新出版资料修改更新。

编著者在《新论》中经过简单论证，曾明确主张多数现当代主流学者认同的"经古董商发现说"：

> 长久以来广泛宣传的"王懿荣生病吃药发现甲骨文说"，其源头实际上只是报刊短文和民初流传于北京琉璃厂的坊间传闻，王家后人

---

①　罗振常《洹洛访古游记》，河南人民出版社 1987 年版，第 5—7 页。

②　罗振常在《洹洛访古游记》中的开头第一天即宣统三年（1911）二月十五日所记的文字中，就有"叔兄（指罗振玉，字叔蕴）……时方治卜文字，初据丹徒刘氏铁云藏龟，继复加搜求"；第二天（十六日）准备开赴安阳，又记有"遂收拾行箧，携《殷商贞卜文字考》一册"；而罗振玉在《殷》书自序中也写有"文敏殉国难，所藏悉归丹徒刘氏。又翌年，始传至江南"。

③　关于《铁云藏龟》最早版本是否同时刊载了刘、罗、吴三序，或只有刘自序等情况，尚难以确定，存疑待考；初步探讨参见任光宇《新论甲骨文的发现、研究与〈铁云藏龟〉》，收入《练祁研古——上海练祁古文字研究中心集刊（第一辑）》，中西书局 2018 年版，第 28 页。吴序提及了"铁云先生获古龟甲刻文逾五千片，精择千品纂为一编，以印本见饷"等，而罗序中的相关文字只有"至光绪己亥而古龟古骨乃出焉"。再则，罗、吴两序内容都可说是"引古籍考证前所未见的甲骨应为周之前占卜所用"的专业论文，并无具体的甲骨文字考释。

④　"很多学者从未见过该（自）序全文或从未仔细通读"，是《铁云藏龟》至今仅被定性为"著录"的重要原因之一，详见《新论》第四部分。

也没有认同,不宜用作信史写入甲骨学正史中,进而在各类媒体中传播。此说最多只可作为一种假说,包括刘鹗是王懿荣门生、先于王氏或在王宅同时发现甲骨文,也仅来自传闻和后辈的口耳相传(自刘蕙孙等),尚未见原始记录确证。……①

然而,由于本文前述李勇慧发现的王献唐记载,可靠的"原始记录确证"现已明确出现,故编著者也必须根据"确凿证据第一"的历史研究原则,改弦更张,转以主张"王刘从中药龙骨中一起发现甲骨文说"。

至于此"吃药发现说"的最大疑点,即"作为甲骨文发现的当事人或当事人之一,刘鹗为何不在《铁云藏龟》自序中直言不讳道出发现的真实过程?容编著者在下文继续探讨。

五、"刘鹗发现说"的线索分析和蠡测推断

如李学勤教授在前述评汐翁专文中所质疑:"如果说王懿荣买龙骨一事尚有可疑的话,汐翁《龟甲文》的叙述就更为离奇了。按该文所说,龟板上的文字是刘鹗首先发现,是刘拿给王懿荣看的。这一过程,完全不见于刘鹗本人1903年的《铁云藏龟·自序》,也没有其他任何材料依据。"② 王宇信也曾断言:"报纸专好猎奇以哗众取宠。一篇满是错误时间和错误地点的小文,本不足训。……虽然刘鹗记王懿荣始购甲骨之年较一八九九年迟后一年,但并没有宣称他本人是甲骨的第一个购藏者。""我们认为,还应以学者早年记载为是。王懿荣收购甲骨,刘铁云《铁云藏龟》自序中曾有言及,恐非'齐东野语'。"③ 这些质疑可以说在甲骨学界和史学界极

---

① 任光宇《"王刘联合发现说"和甲骨文发现研究新论》,载《广西师范大学学报》2018年第6期,第7页。

② 李学勤《汐翁〈龟甲文〉与甲骨文的发现》,载《殷都学刊》2007年第3版,第2页。

③ 王宇信《甲骨学100年》,社会科学文献出版社1999年版,第61页,其中的相关原文为:"刘铁云之孙——刘蕙孙,于1992年2月出版所著《老残游记补编》,认为辨认出甲骨文是商代文字的人,并非王懿荣,而是其祖父刘铁云。并说:'从汉黼家买殷墟甲骨一节系为澄清王懿荣吃中药从龙骨中发现甲骨文字的齐东野语。'这和王襄的后人力主王襄为甲骨文的发现者一样,是可以理解的:但我们认为,还应以学者早年记载为是。王懿荣收购甲骨,刘铁云《铁云藏龟》自序中曾有言及,恐非'齐东野语'。"所引《老残游记补编》是刘蕙孙为尝试续写《老残游记》所作的小说。

具权威代表性，更是百年来"吃中药发现甲骨文说"难以被学术界接受公认的主要原因。从其重要性和复杂性来讲，也可谓是中国甲骨文学术史，乃至中国近代学术史中的重大谜题之一。本文前四章的内容，尤其是对"李勇慧发现王献唐记载周汉光亲见甲骨文发现经过史料"的详细介绍，以及对其珍贵性、可信性、合理性的分析论证，应已基本解决李教授上述质疑中"买龙骨发现说"的"没有其他任何材料依据"部分。但对于如果"文字是刘鹗首先发现，是刘拿给王懿荣看的"，为何"这一过程，完全不见于刘鹗本人 1903 年的《铁云藏龟·自序》"的质疑，编著者的确也未发现可靠的直接证据来解答，只能根据几条相关的线索、加《新论》和另一篇论文《罗振玉等人早期甲骨文研究学术史新探》①（下简称《新探》）中所作的分析，尝试给出初步的蠡测推断。这些已有线索和尚待"小心求证"的"大胆设想"可分为三个方面，即重要线索的考证及推断、隐瞒真相的动机/原因、另外一种可能。分别探讨如下。

（1）重要线索的考证及推断：现存刘鹗日记中的"人为缺页"极可能与"甲骨文发现过程真相"有关。关于这条重要线索笔者已在 2018 年《新论》一文中有简短提及：

> 本来刘鹗初次见到或购藏甲骨文的时间理应（比 1902 年 11 月 5 日）更早，至少要早上几天，但记录恰缺，据刘蕙孙《铁云先生年谱长编》记载，"壬寅十月日记初一至初四日数页，被人扯去，内容不详。但从初五日记刷龟及初七日记王汉甫取款事推测，购让王氏藏龟，即是在十月初几天以内的事"②。这个疑案很值得日后继续追究。③

---

① 任光宇《罗振玉等人早期甲骨文研究学术史新探》，载《南都学坛》2019 年第 3 期，第 22 - 35 页。

② 参见刘蕙孙《铁云先生年谱长编》，齐鲁书社 1982 年版，第 101 页。刘蕙孙（1909—1996）为刘大绅（刘鹗第四子/罗振玉长婿）的长子，早年曾随罗振玉、王国维、刘大绅寓居日本、上海、天津、北平，并曾留学日本。之后考入北京大学研究所国学门师从马衡专攻金石考古，再后任教于北平中国大学、辅仁大学、燕京大学、杭州之江大学。新中国成立后任福建师范学院副教授、教授，系学术委员会主任、校学术委员会委员。出版有《中国文化史稿》《刘蕙孙周易讲义》《铁云先生年谱长编》《铁云诗存》《刘蕙孙论学文集》等。

③ 任光宇《"王刘联合发现说"和甲骨发现研究新论》，载《广西师范大学学报》2018 年第 6 期，第 6 页。

　　近来编著者再查《刘鹗集（上）》中编者刘德隆对《壬寅日记》所作的说明，有"本日记根据刘鹗手书《抱残守缺斋·壬寅日记》原稿过录、标点。……其中多有缺页"，其后列出了七月十四日（农历，下同）、九月初四、十月初一共三处出现的缺页①；笔者又查新出版的影印版刘鹗《抱残守缺斋日记》②，壬寅年十月初一至初四（10 月 30 日—11 月 3 日）四天的日记确实缺失；并且，九月二十九日（1902 年 10 月 30 日）与十月初五日（11 月 4 日）的两页之间，确有明显可见的、被撕去一两页后的残存页根痕迹！③再翻看同年七月、九月的另两处影印缺页之处，却没有类似的痕迹。这说明七、九两月日记中的缺页还有可能是因保存不当、装订不牢而脱落丢失④，但十月初的四天内容缺页，则可肯定是人为有意所致。

　　对此疑案，笔者的分析推断是：刘鹗本来在此四天中的某日从王翰甫处买回了第一批甲骨，于是自然在当天日记里记下此事，并回忆了自己初见甲骨的情形——即三年多前（1899 年夏）在王懿荣府第从中药龙骨中发现甲骨文的过程，具体内容应与前述周汉光所讲基本相同。在之后三五天的十月初六日（1902 年 11 月 5 日）刘鹗第一次得空仔细研究所获甲骨，于是就有了当天日记中的"迄今所见我国甲骨文史上明确记录甲骨文字的第一次文字记录"⑤："晚间刷龟文，释得数

---

①　刘德隆《刘鹗集（上）》，吉林文史出版社 2007 年版，第 714 页。

②　刘鹗《抱残守缺斋日记》，中西书局 2018 年版。

③　参见刘德隆编《抱残守缺斋日记》，中西书局 2018 年版，第 154 页。惜日记上原本没有页码，故无法断定确切的失页页数。（日记手写本原件现存日记编者处。）

④　编著者近日再查影印日记，确认同年七月十四至十七日四天、九月初三至初七五天的全页或部分文字缺失，而此二期间的前后日记都有频繁收购王汉甫大量藏品的记载，故此二处的缺失内容也不能排除是与甲骨的记载相关。

⑤　见任光宇《王刘联合发现说"和甲骨文发现研究新论》，载《广西师范大学学报》2018 年第 6 期，第 6 页。此结论引自刘德隆《试论刘鹗对甲骨学的贡献》，1987 年 11 月提交"首届刘鹗与《老残游记》研讨会"；后刊于《天津师大学报》1989 年第 3 期，第 53 页；再后收入刘德隆《刘鹗散论》，云南人民出版社 1998 年版，第 14 页。诸如"甲骨文发现"的任何重大历史结论，最重要依据应只能是确凿的原始文献，没有的话则只能是推断、假说。刘德隆此文的论证和结论尚有："陈梦家所引刘鹗日记的日期并非 1901，实为 1902 年"，刘鹗"收藏甲骨当在 6490 片以上"，"刘鹗是最早考释甲骨文的学者"，"刘鹗对于甲骨学的贡献应给予充分肯定"等。

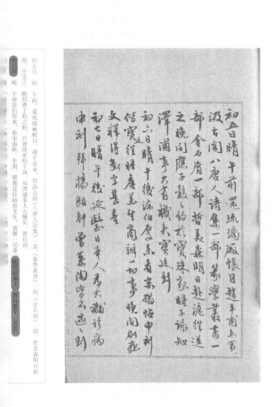

刘鹗日记 1902 年农历九月底与十月初之间的缺页撕痕

（《抱残守缺斋日记》，中西书局 2018 年版，第 154 –155 页）

字，甚喜。"①但在之后，在刘鹗开始墨拓甲骨、准备出版《铁云藏龟》的不到一年的时间里，出于某特定考虑（详后），刘鹗自己做出了一个决定

---

① 　同前注刘德隆编《抱残守缺斋日记》第 155 页，随后一天日记中尚有"夜作《说龟》数则"，见第 156 页。

或在 1903 年初刘鹗携甲骨拓片到上海面晤罗振玉①并专门讨论之后，他们共同决定：隐瞒"刘鹗先于王懿荣见到并一同发现甲骨文"的事实，在今后著作中都共同改持"王懿荣率先经古董商收藏甲骨说"。其后为持续隐瞒"吃药说"真相，在 1908 年刘鹗被捕、发配之前的某日，刘鹗自己特地将有相关记载内容的日记页全部撕去了（也存在刘鹗预先交代或罗振玉在刘鹗去世后交代刘大绅撕去日记的可能）。

（2）隐瞒真相的动机/原因。根据已有的线索，笔者推测刘鹗，或刘、罗一起，如此决定的主要动机和考虑是：为使三千多年"神物"的"古脆骨甲"避免"出土之日即渐灭之期"（罗振玉《前编》序中语），并在当时特定境遇下为使甲骨文发现尽快得到中国学界和社会认同、保护、研究，最好的办法就是公布此一重大学术发现的发现人为当时金石学权威学者加最高学术官员王懿荣。这个当时"特定境遇"的含义，大致包括如下三个重要因素：社会状况、科举出身、学术水平。

如编著者在《新论》和《新探》论文中所指出，虽然刘鹗很早就开始收藏和研究金石，"罗氏于 1917 年对二十年前的回忆，亦明言：'少好古器，贫不能致。三十（1896）客春申江（上海）……亡友丹徒刘君铁云有同好，聚古器数十……每风日晴好，辄往就观，相与摩弄或手自拓墨，不知门外有红尘也。'"②但在"1903 年末出版《铁云藏龟》对甲骨文进行鉴定和初步考释之后，刘鹗自己并没有再接再厉，罗振玉也没能给予及时的学术跟进。除了风雨飘摇、烽烟四起的环境及个人事业、仕途、谋生等因素造成的干扰，另一个重要原因是两人都颇具自知之明，他们在期待有着几千年文化传承的、科举制度培养的传统中国学者中，有卧虎藏龙之'四方君子……有心得释文，以说稿惠教，皆祷祀以求，不胜感激者也'（刘鹗《三代文字》告白中语）"，深信"斯书（《铁》书）既出，必有博识如束广微者为之考释阐明之，故非曾曾小子所敢任也"（罗振玉

① 关于罗振玉何时初见甲骨，笔者已在《新论》第六节"罗振玉'1901 年初见甲骨说'应予更正"中再次论证，结论是罗氏不太可能早于 1902 年尾得到甲骨拓片（除非刘鹗在 1902 年尾得到王懿荣甲骨之前已发现并收藏了甲骨、又曾将拓片邮寄罗氏）。罗琨、刘德隆等学者也早已考证、否定了"罗振玉 1901 年见甲骨说"，究其来源只是罗氏的误忆和刘鹗相关日记在 1936 年《考古学社社刊》第五期上最初发表时错将 1902 年标为了 1901（陈梦家在《殷虚卜辞综述》中也沿用了此日记的错误日期）。但长久以来，仍有不少学者持续相信、引用此误说。

② 任光宇《"王刘联合发现说"和甲骨文发现研究新论》，载《广西师范大学学报》2018 年第 6 期，第 12 页。

《殷虚书契前编·序》中语）。"清朝科举大约三年一科，全国平均每次就能考出满腹经纶的几百个举人、一百来名进士。而刘鹗和罗振玉的出身仅是秀才，没能中举，遑论进士。虽然晚清时的科举出身已不能代表真学问的高低，甚至对新学还有消极影响，但在学术领域里，传统的出身观念给刘鹗、罗振玉的无形压力仍是不容忽视的。回望当年，即使身为新学领军人物的严复（1854—1921），在毕业于福州船政学堂和英国皇家海军学院以后，甚至在就任北洋水师学堂总办的前后，仍执着回乡四次赶考（皆落第），就是一个颇具代表性的佐证。"①

之后发生的历史事实也印证了刘、罗当年如此考虑绝非杞人忧天。《铁》书和罗振玉《殷商贞卜文字考》的自序虽都声明是"王懿荣首先发现了甲骨文"，但发表后仍"被名噪一时的大学者如章太炎、康有为等断然否定；日本汉学界的主力东京学者群、古玩家赵汝珍等也都认为甲骨文是逐利之徒的伪造。章太炎不但有诸如'国土可卖，何有文字'的冷嘲热讽，更有诸如'《周礼》有衅龟之典，未闻铭勒''骸骨入土，未有千年不坏'等学术否定，并贬斥刘鹗、罗振玉为'非贞信之人'"；章太炎甚至还在《与罗振玉书》的公开信檄文中，"不但痛贬保皇派罗振玉的学术水平'固当绝远''延缘远人以为声誉'，捎带表示了对'孙仲容大儒'的不满，更将日本汉学界的新老学者几乎逐个点名训斥、嘲弄，可谓睥睨群雄，气势如虹"。好在罗振玉不为所动择善笃行，"扎实的学术成果源源而出"；后再加王国维的百尺竿头，才在1920年前后确立了"罗王之学"在世界范围的甲骨学上"二骑绝尘"的辉煌。②但在甲骨文发现之初，毋庸置疑王懿荣在声誉地位和学术水上平遥遥领先。如胡适曾经指出的："古书有种种作伪的理由。第一，……恐怕自己的人微言轻，不见信用，故往往借用古人的名字。……康有为称这一种为'托古改制'，极有道理。"③王懿荣虽不是古人，但属学术名人、强人，故可预期如宣称"甲骨文的发现鉴定"始于王懿荣，其公信力、可信度、影响力都会大幅提升。这个预期虽因风雨飘摇的环境在初期未见大的成效，但在其后的百余年

---

① 任光宇《罗振玉等人早期甲骨文研究学术史新探》，载《南都学坛》2019 年第 3 期，第 22 - 23 页。

② 任光宇《罗振玉等人早期甲骨文研究学术史新探》，载《南都学坛》2019 年第 3 期，第 23、31 页。

③ 胡适《中国哲学史大纲》，崇文书局 2015 年版，第 10 页。

里，就不出所料地被几代学者公认王懿荣为"甲骨文之父"的事实所证明。

较具代表性的，如前述吕文①和近年张淑贤的博士论文《晚清国子监祭酒研究》中，都有一段几近相同的表述："在发现鉴定甲骨文前，王懿荣已写有大量金石方面的著作。如《汉石存目》《南北朝存石目》《六朝存石目》《福山金石残稿》《古泉精拓本》《石渠瓦斋藏瓦》等研究金石文字著述达 30 余种。因身处京师，王懿荣与陈介祺、潘祖荫、赵之谦、吴式芬、缪荃孙、翁同龢、盛昱、张之洞、阎敬铭、张荫桓、刘鹗（按：此处且存疑）等人，切磋金石文字之学的书信往来非常频繁，多至 500 余封。"②然张文也提到"山东籍祭酒王懿荣对传统儒家思想的坚守，对戊戌变法的抵制"的史实，不但造成了他对甲骨文发现"命秘其事"（王国维语）的守旧态度和行为，也应是他未及时留下甲骨文相关文字记录的重要原因③。民国名著《清代朴学大师列传》（1925）中未说王懿荣与甲骨文相关，但也肯定了他"与潍县陈编修介祺商订古文书疏往还不绝。潘文勤暨熟翁尚书咸推之为博学多识。于书无所不窥，而于篆籀奇字尤善悟……至购买书画古器，即典衣质物不惜，故官日崇而贫日甚"。然此书中还专门说到了王懿荣的著述："所著率未就，仅《天壤阁杂记》一卷载江氏《灵鹣阁丛书》中。奏稿若干卷，别刊。"④这与前述吕文和上述张文的王生前"已著/写有研究金石字著述达 30 余种"似有不合，实情应是王懿荣仅是"写有"了那些文稿，却仍依旧习未能将它们及时公开出版。⑤

无论如何，可以推断，刘、罗在自己著作里都不提"在王宅药中发现

① 吕伟达《王懿荣发现甲骨文始末》，载《殷都学刊》2009 年第 3 期，第 7 - 9 页。

② 张淑贤《晚清国子监祭酒研究》，黑龙江大学 2017 年博士学位论文，第 130 - 131 页。但编著者尚未见王懿荣与刘鹗交往有任何确切的文字记录，故且存疑待考，也望见者告知。

③ 另据此论文，"原国子监南学肄业生"陈曾佑曾在王懿荣麾下共事。在编著者另一论文《敦煌学术史所涉早期人物整理与评议——兼论敦煌遗书发现人暨敦煌学起始》（见末页注）中，此人在 1906 年任甘肃提学时因未能及时保护抢救敦煌遗书，后被学界责为"可耻甚矣"（第 14 页）。

④ 支伟成《清代朴学大师列传》，夏祖尧校点，岳麓书社 1998 年版，第 282 页。另据该书后的"重印说明"：书中"各家的'生平著作，无论已刊未刊，必尽载其中'""本书（1925 年）出版前，曾经章太炎校订"。

⑤ 另据唐桂艳《王懿荣刻书事迹钩沉》，载《中国典籍与文化》2014 年第 4 期，凤凰出版社 2014 年版，第 106 - 115 页，王懿荣生前尚刻有自著"朱卷"/科举试卷 6 种，1900 年 4 月开刻、殉难后才完成但未能正常印行的《四家馆课》一书，王为四位作者（王懿荣、张之洞、盛昱、樊增祥）之一。

甲骨文"的真相，主要是基于刘、罗科举出身低，学术声誉和水平不够和对当时社会状况的考虑，应是比较合理的推测。且刘鹗既然在《铁》书中隐瞒发现甲骨文的实情，自然也无法道出如何与王懿荣一起鉴定甲骨文的具体情况，只能在自序中用切实的考证作出并宣告了甲骨文为"殷人刀笔文字"的最早学术鉴定。当然也不能完全排除，王懿荣才是甲骨文的最早、真正或主要的准确鉴定者。因此，在这一点上暂不细究（今后如无新资料也仍然难以确定），但"王刘一起发现鉴定甲骨文"暨"王刘联合发现甲骨文"的观点，仍不失为是一个真实、合理、公正，同时比现行推断说法严谨得多的学术结论。

　　刘鹗也可能曾经打算，在"甲骨文发现"被学界认定、引发重视、成为显学之后再公布发现过程真相也不迟。但不料《铁》书出版多年，特别是他的《三代文字》暨"甲骨文发现公告"长篇告白在文化界新锐报纸《时报》刊登了一百多次之后，预期的轰动和研究却迟迟未出现（虽然已知仅有的回应、孙诒让的接力研究《契文举例》也可能及时寄给了刘鹗，但他曾否见到、回应，尚存疑待考①），直至 1909 年他以遣犯之身暴亡于边陲新疆。而可能知道真相的罗振玉，在 1910 年惊悉日本学者做了领先的甲骨研究、随即快马加鞭以"一剑封喉"② 开启罗王之学之际，当事人老友刘鹗已身在黄泉，也就没有很大必要节外生枝再去向公众费力揭示解说历史真相了。

　　（3）尚有线索指向另一种可能："刘鹗早年独自发现甲骨文说"。对此笔者在《新论》中也略有提及："'刘鹗发现说'至少还有两个辅证、同时也是两个不同说法，尚未见学界关注。一是……③。另一种较弱参证，

---

　　① 据陈梦家《殷虚卜辞综述》（中华书局 1988 年版）第 55 页："孙氏卒于 1908 年，他在此以前曾以手稿寄罗氏，又曾寄刘铁云、端方。"又引王国维语：孙"于光绪甲辰撰契文举例，原稿曾寄刘铁云"，均不知何据。但可基本确定王国维在 1917 年上海巧遇并买下转寄罗振玉的《契文举例》书稿并非来自端方，而是来自刘鹗二公子刘大黻。详论见《新探》第一、二部分。

　　② 关于"罗振玉研究甲骨文缘起真相的考辨"和罗振玉"一剑封喉"、王国维"再剑封喉"的论证详情，可参见《新探》第五、六部分。

　　③ 《新论》第二部分提及了另一个"王懿荣去世后刘鹗在王家屋角再发现甲骨文"说，来自刘蕙孙《甲骨聚散琐忆》，收入《刘蕙孙论学文集》（福建教育出版社 2000 年版，第 365 页。全文见本书第二编）。另在刘蕙孙逝世前一年出版的《〈老残游记〉补编》中也重复了同一种说法，仅是将放置甲骨处"墙角"改成了"架上"（载《〈老残游记〉全编》，燕山出版社 1995 年版，第 434 – 435 页）。现因"王刘由龙骨同时发现说"已可坐实，故推测刘蕙孙所记似应为罗振玉/刘大绅为隐瞒真相的另一种说法。

是刘鹗家族三代家仆李贵有刘鹗在河南（1888 至 1893 年——原注；更可能是 1897 至 1898 年——笔者注①）从中药龙骨中发现甲骨文'的说法，由刘氏后人刘德馨转述②。但因讲述者无学识、与后辈闲聊很可能记错年代，更因为没发现刘鹗自己的相关文字记录，故只能将其中一些场景，如刘鹗曾关注龙骨药渣、曾去药店调查收购等，作为一个独立于'汐翁说'的参考资料。"③ 如今有了本文前述的周汉光所述王献唐所记可靠史料，因传闻转述而带有缺陷的"汐翁文"就可成为独立于"王献唐文"的第二方证据，而上述的"刘德馨转述李贵所言"虽也因仆人闲聊的错记而有

---

① 编著者近期注意到，刘鹗于 1888—1893 年在河南山东治河期间发现甲骨文的可能性比较小，较大可能为 1897—1898 年在山西和河南运作英国福公司与晋丰、豫丰公司合作开矿修铁路期间。刘鹗有著名诗句"百年经济起关西"等作于 1897 年夏秋间的山西，而晋抚胡聘之在 10 月 25 日批准的《晋丰公司与福公司办矿合同》中议定的"开办孟平泽潞诸属矿务"中的泽、潞二府（《刘鹗年谱长编》第 335 页），今查处于山西与河南交界地，临近安阳。1898 年 6 月光绪帝又批准刘鹗策划的《豫丰公司与福公司议定的河南开矿制铁以及转运各色矿产章程》，前后他是否亲赴焦作/豫北待考。另据同济大学出版社 2018 年 1 月出版的《民间影像（第八辑）》载《1898，一位美国工程师的山西之行》图文，美国矿师威廉·肖克利（1855—1925）"热衷摄影，……在中国前后有三年，其间到各地勘测和旅游，到过北京、上海、山西、内蒙古、河南"；"1898 年他被任命为英国福公司在山西的总负责人，对山西南部的煤铁矿和冶铁业进行了长达三个半月的细致勘测"；并附有照片"轿中的刘鹗和一旁站着的意大利人萨比奥内"和其他照片二十多张。刘鹗当时任福公司中方经理，与资方英意人交往频繁，但照片中人与刘鹗相貌似相差较大，存疑待考（目前已发现这些照片都应来源于美国杜克大学图书馆的影像资源数据库，https://archives. lib. duke. edu/catalog/shockleywilliamh）。再则，胡厚宣尚在 1950 年的著作中提及何天行、卫聚贤曾转述马衡所言，军人赵守钰在山西离石县造路时挖出过甲骨文并赠送了样品；但胡厚宣之后再向马衡调查核实时，二人都认为赵言甲骨出自山西"并不可信"（详见胡厚宣《五十年甲骨文发现的总结》）。

② 《新论》中的原脚注为：刘德馨在《我的回忆》一文中追忆刘鹗的家仆李贵说："那是在河南的时候，有一天我跟二太爷（李贵对刘云公之称）外出，在街上遇到一家人正向外面倒药渣，边走边倒。他老人家目光锐利，旋即俯下身来检了几片。我正在心里想，这是干什么，岂不晦气？而老人家手持所检之药已追上去问人家：'这是什么药？'人家回答不知道。又追问：'在哪家买的？'人家告诉了他。他马上到这家药店并将所检之片出示问：'请问这叫什么药？'店里人说是龙骨，可以治五痨七伤。老人家笑笑说：'这不是龙骨，而是龟甲，你看上面好像有字，这是个宝贝。'…… 李贵立即说：'这有什么稀奇，过去二太爷多得很，有五六千片呢！除了最初在河南买了不少外，就是淮安东门外也买了不少。当然以买山东王大人家那几千片他老人家最为喜欢。'"引自刘德隆等《刘鹗及老残游记资料》第 347 页。

③ 任光宇《"王刘联合发现说"和甲骨文发现研究新论》，载《广西师范大学学报》2018 年第 6 期，第 5 页。

缺陷，但也有着可作为独立于前两项证据的第三方辅证线索的参考价值。①

　　此一"大胆设想"之说如能在今后被可靠的史料"小心求证"，则甲骨文发现过程就又可能成为：刘鹗因精通医道、不时为患者开方子早已遇到过"龙骨"这味药，且在19世纪末期河南一带药铺出售的"龙骨"上发现了疑似古文字刻画，以他所具备的金石学学识随即判定这应是"史籀以前文字"，并开始注意收集，只是在繁忙洋务中未及细究。随后恰在1899年夏遇到了为王懿荣诊病、开药的机会，便特意在所开药方中包括了这味"龙骨"，于是就发生了在王宅再次"巧遇"带字龙骨，并与王懿荣一起当场鉴定甲骨文，亦即"周汉光忆述王献唐所记"的1899年"王刘联合发现甲骨文"的历史性事件。

　　早于1899年发现甲骨文的线索，还有胡厚宣以专文《关于胡石查提早辨认甲骨文的问题》（1993）讨论的"蒋玄佁发现陈寅生跋记胡石查所拓1894年甲骨文拓片"。可惜原始物证未能面世，蒋文亦未曾发表，故胡厚宣认为陈氏"所记年月可能就不像考据家那样确切。……直到今天，我还没有找到证据，可以证明……（胡石查在）1894年，已经辨认出了甲

---

　　① 本文发表之后，笔者再次注意到了刘大杰《刘铁云轶事》一文（原刊《宇宙风》半月刊第11期/1936年2月，后收入《老残游记资料》，中华书局1962年版）中也提及刘鹗早年关注甲骨文的说法，而且时间居然是在1888年7月自上海去河南之前："他当时最喜欢收藏古版书和那些考古学的材料，他的钱大半耗费在这一方面。当时我有一位老师收集了不少的龟甲文的材料，由我从中介绍，全部卖给他。他那时对于研究龟甲文，正发生着浓厚的兴趣。他后来出了一部书，便是《铁云藏龟》。我同他在上海相熟的时候，慎记书庄已经是不能维持了。后来他把这书庄顶给旁人，只得到两百银子。以后他丢开书生意不做，便摇着串铃做医生。"此说应是"刘鹗发现说"的又一条独立线索，虽然可信度尚存疑：一则此文是刘大杰的转述，并故意隐瞒了这位"刘鹗老友"的姓名，之后几十年作者也再无任何解释说明；二则文里也有一些讹误，如刘鹗"摇铃行医"是在1985年，即在上海开办书局之前而非之后等；三则说刘鹗与洋人交往，"他说是替他们买古董"，说明此友并非刘鹗密友。刘大杰（1904—1977），著名文史学家、作家、翻译家。湖南岳阳人。1930年毕业于日本早稻田大学研究院。之后历任上海大东书局编辑、安徽大学教授、四川大学中文系主任、上海临时大学文法科主任、暨南大学文学院院长等。新中国成立后长期担任复旦大学教授兼中文系主任、中国作家协会上海分会副主席、全国人大代表、全国政协委员等。

骨文字, 并且已有收藏"①。此事也应予以继续追究, 然可能较大的情况应是: 带字甲骨虽然确曾在庚子年前的京城收藏小圈子中秘传, 但旧派文人"秘藏私赏"的传统陋习导致了当事人沉浸于自得其乐, 没能及时研究并留下确切记载、更没能及时出版公之于众, 遂使他们与此一重大的"现代学术发现"失之交臂。

结　语

甲骨文的横空出世已被列为中国 20 世纪重大考古发现之首, 甲骨学的兴起也已成为中国文化史上的一座里程碑。而这一重大发现, 恰巧发生于中国传统学术向现代科学转型的历史节点上, 故在这个脱胎换骨的过程中, 难免混杂着某些传统观念习俗和一些非科学论断。尤其是关于甲骨文发现及早期研究的历史, 不少相关关键环节上的争论由来已久, 至今仍处于悬案状态。②

在不断发展的中国和世界考古学界面前, 在甲骨先驱尽瘁而逝一个世纪之后, 在新时代领导人给予特殊重视、亟待提升民族文化自信的背景下, 这个现状越发滞后于时代, 急需有识之士共同关注, 并齐心协力正本清源。

从另一方面来看, "甲骨学已真正成为中国近代唯一的、从发现创立到发展壮大都由中国人主导并持续领先的、有世界影响的综合性现代学术领域"③, 故对于这一重要领域学术史的任何新说、修正, 也应由中国学者作出慎重讨论、辩证、裁断, 达成共识并公之于世界学林。因此, 综合本文前几部分所述, 笔者在此谨向中国近现代学术史和甲骨学界提出如下初步

---

① 详情参见杨未君《陈寅生与甲骨文——陈寅生收藏过甲骨, 年代不一定比王懿荣晚》, 载《艺术中国》2020 年第 12 期, 第 77 - 83 页。胡厚宣《关于胡石查提早辨认甲骨文的问题》, 收入《第二届国际中国古文字学研讨会论文集》, 香港问学社有限公司 1993 年版; 笔者未能找到全文, 引文转引自杨未君。胡石查(1831—1902), 名义赞, 字叔襄, 1872 年举人, 古钱、金石鉴藏家, 精墨拓, 与潘祖荫、吴大澂、王懿荣等都有交往。陈寅生(1830—1912), 名麟炳, 北京琉璃厂铜刻名家、古董商。

② 任光宇《"王刘联合发现说"和甲骨文发现研究新论》, 载《广西师范大学学报》2018 年第 6 期, 第 1 页。

③ 任光宇《罗振玉等人早期甲骨文研究学术史新探》, 载《南都学坛》2019 年第 3 期, 第 33 页。

建议：

（1）针对前述李勇慧博士发现的、周汉光见证王献唐记载的"甲骨文发现现场情况"文献史料的真实性、可靠性和合理性，尽快组织学者专家及时做出专业验证、鉴定，正式列入中国甲骨文发现学术史。

（2）将《新论》及本论文提出的"王懿荣刘鹗联合发现甲骨文说"，连同"刘鹗开启甲骨文考释暨'甲骨学'说""1904 年《三代文字》告白暨'中国甲骨文发现公告'具有中国近代学术转型的里程碑意义"等相关议题①，作为系列正式研究新课题立项（在此也借机就另一领域的重要学术新说——"敦煌遗书发现人暨敦煌学起始之'叶昌炽裴景福联合发现说'"②一并提出相同的立项建议），在中国近现代史学界展开相关论辩、论证，并对连带的诸多"存疑待考"问题进行深入研究，以求尽早、尽可能彻底解决百年以来留存于"甲骨学""敦煌学"等举世瞩目学术领域中的重大疑题悬案，以期有助于推动中国近现代学术史的相关研究，实质性推进"建设中国特色中国风格中国气派的考古学"。

任光宇 Gary JEN 2021/11—2022/8 起草—修改—定稿于成都恒大绿洲

---

① 《新论》除提出"王刘联合发现甲骨文说"外，其他新说和议题尚有"1904 年多次刊登于《时报》的刘鹗《三代文字》告白应确立为'中国甲骨文发现公告'并具有中国近代学术转型的里程碑意义"（参见任光宇《1904 年中国甲骨文发现公告之再发现》，载《文化与传播》2019 年第 5 期，第 72 - 78 页），"《铁云藏龟·自序》应确立为最早成功鉴定和考释甲骨文的论文暨甲骨学的开端"，"罗振玉'1901 年见甲骨说'应予明确否定"，"对罗振玉'怂恿/墨拓/编辑《铁云藏龟》说'应予质疑"，"建议 1899 至 1928 年的'甲骨学草创期'应更名为'甲骨学的开创奠基期'"等。

② 此新说的提出和完整论证请参见任光宇《敦煌学术史所涉早期人物整理与评议——兼论敦煌遗书发现人暨敦煌学起始》，载《唐都学刊》2021 年第 4 期（特稿），第 5 - 22 页（此文并被中国人民大学主办的《历史学》2022 年第 2 期全文转载）；任光宇《科学方法、学术发现及考古学道德问题——续论敦煌学起始之"叶裴联合发现说"的重要意义》，载《社会科学论坛》2022 年第 1 期，第 56 - 68 页。

罗振玉等人早期甲骨文研究学术史新探①

任光宇

【摘要】早期甲骨文研究学术史，刘鹗、孙诒让、罗振玉、王国维等诸位大家可谓居功至伟。通过用新创的计算方法对刘鹗、孙诒让、罗振玉考释成果进行比较，证明孙诒让的学术成果尤为突出。因一些主客观因素，孙诒让的历史地位和学术功绩长期未能得到客观的评价与认识。孙诒让去世后，罗振玉的学术水平逐步提升，后来居上。林泰辅、内藤湖南两度在学术上形成挑战，激励罗振玉写出力作。王国维更上层楼，以"两剑封喉"确立了甲骨学领域罗、王"二骑绝尘"的格局。罗振玉卓越的学术成就，使甲骨学真正成为中国近代唯一的、从发现创立到发展壮大都由中国人主导并持续领先的、有世界影响的综合性现代学术领域。上述学人为中华文明继绝学和为当代中华民族复兴起到了重要的启蒙、奠基作用。

【关键词】罗振玉；孙诒让；王国维；考释成果对比法；林泰辅；"两剑封喉"

甲骨学在中国的萌芽、建立和兴起，应从刘鹗、孙诒让、罗振玉和王国维为主的中国学人算起，至今已经 120 年。这段历史在中国学术史上成就辉煌，但其实际过程筚路蓝缕，艰苦卓绝。由于它完成于中国传统学术向现代科学脱胎换骨的转型之中，故其中既包含了大量可歌可泣的人物和事迹，也难免遗留不少历史疑案和学术误说。在急需重建民族文化自信的今天，对作为中华早期文字的甲骨文早期研究学术史的清理和更正，不但能够进一步还原历史真相、公平评价前人的学术得失功过，还可为今日和

---

① 本论文与前文《新论》初稿连续写就于 2015—2016 年间，并于 2016 年 1 月即蒙濮茅左先生肯定："大作收悉，可备一说。两文可发表在今年《上海市殷商甲骨文研究院集刊》。"（濮时任该院院长）后因故拖延、改发于《练祁研古——上海练祁古文字研究中心集刊（第一辑）》。然因《知网》等数据库未收此刊，遂继续修改、投稿，得以发表于《南都学坛》2019 年第 3 期。

未来的中国学术研究提供借鉴和指导。

在编著者先前的研究中，已运用较为严谨的"预设前提条件"的论证方法，提出了百年甲骨文发现之争只有"王懿荣－刘鹗联合发现说"既符合现代学术规范又合情合理；提出了甲骨文发现过程新表述，并建议"吃药发现说"尚不宜入正史；揭示 1904 年《时报》上的刘鹗《铁云藏龟》公告具有重大历史意义；辨析《铁云藏龟·自序》应确立为最早正确鉴定和考释甲骨文的学术论文；考辨罗振玉"怂恿／墨拓／编辑《铁云藏龟》说"和"1901 年初见甲骨说"皆难以成立；最后提出了对甲骨学史阶段划分的新建议。① 在本文中，笔者将聚焦有关孙诒让、罗振玉和王国维的甲骨文早期研究学术史，继续探寻孙诒让和《契文举例》的相关情况，尝试新创计算方法应用于刘、孙、罗的考释成果对比，考辨罗振玉研究甲骨文缘起真相，并论述日本学者的早期促进作用，罗、王以"两剑封喉"确立"二骑绝尘"的过程，以及罗振玉历史性功绩的关键性。

一、孙诒让及《契文举例》成书背景

1903 年末出版《铁云藏龟》、对甲骨文进行鉴定和初步考释之后，刘鹗（1857—1909）自己并没有再接再厉，罗振玉（1866—1940）也没能闻鸡起舞。除了风雨飘摇、烽烟四起的环境，以及个人事业、仕途、谋生等因素造成的干扰之外，另一个重要原因是两人都颇具自知之明。他们期待在有着几千年文化传承的、科举制度培养的传统中国学者中，有卧虎藏龙之"四方君子，……有心得释文，以说稿惠教，皆祷祀以求，不胜感激者也"（刘鹗语②）；相信"区宇之大……必将有嗣予而阐明之者"（罗振玉《殷墟书契后编·序》语）。清朝科举大约三年一科，平均全国每年就考出满腹经纶的几百个举人、一百来名进士。而刘鹗和罗振玉的出身仅是秀才级的监生、附生，没能中举，遑论进士。虽然晚清时的科举出身已不能代表真学问的高低，甚至对新学还有所拖累，但在学术领域里，传统出身观念带给刘、罗的无形压力仍是不容忽视的。回望当年，如身为

---

① 任光宇《"王刘联合发现说"和甲骨文发现研究新论》，载《广西师范大学学报》2018 年第 6 期，第 1 页。

② 刘鹗"《铁云藏龟》《铁云藏陶》出版广告"，《时报》1904 年 8 月 26 日，收入《刘鹗集（上）》，吉林文史出版社 2007 年版，第 669 页。

新学领军人物的严复（1854—1921），在毕业于福建船政学堂和英国皇家海军学院以后、就任北洋水师学堂总办的前后，仍执着回乡四次赶考（皆落第），就是一个具代表性的佐证。

况且甲骨文发现之初，即被名噪一时的大学者如章太炎、康有为等断然否定；日本汉学界的主力东京学者群，甚至古玩家赵汝珍等，也都认为甲骨文是逐利之徒的伪造。章氏不但有诸如"国土可卖，何有文字"的冷嘲热讽，更有诸如"《周礼》有衅龟之典，未闻铭勒""骸骨入土，未有千年不坏"等学术否定，并贬斥刘、罗为"非贞信之人"①。

多方面因素叠加造成的严酷历史环境，将包括新萌芽的甲骨学在内的中国学术摧残得奄奄一息；同时也使得《契文举例》作为《铁云藏龟》面世后多年内的仅存硕果，成为学术圈小范围内一闪而过的流星：据编著者考察，迄今发现的资料显示，三个可能及时见到手稿的学者中仅罗振玉读过该书，且他的处置是未予回应、仅存于心。罗振玉1913年初在《殷虚书契前编·序》中所回忆的，应是当时情况和内心的真实写照："彼时年力壮盛，谓岁月方久长，又所学未遂，且三千年之奇迹，当与海内方闻硕学之士共论定之。意斯书（《铁云藏龟》——编著者注）既出，必有博识如束广微（西晋大学者）者为之考释阐明之，故非曾曾小子所敢任也。顾先后数年间，仅孙仲容徵君（诒让）作《契文举例》，此外无闻焉。予至是始有自任意。"②

而在"罗王之学"确立之前，孙诒让（1848—1908）才是当年公认的顶级朴学大家、古文字学宗师。他的《周礼正义》被公认为经学的高峰之作，《契文举例》亦是当时考释甲骨文水平最高的专著。陈梦家评曰"有清一代，关于礼仪注疏与文字考释两事甚为发达，孙氏最后出而贡献最大"（《殷虚卜辞综述》）；顾颉刚说"诒让为晚清最有成绩的学者"（《当代中国史学（上编）》第三章）；梁启超称赞他"有醇无疵，得此后殿，清学有光"（《清代学术概论》第二章）。但在清末民初的大变局中，孙诒让的光芒几乎全被章太炎、康有为遮掩。对这一特定历史现象，自认章氏门生的鲁迅以尖锐眼光做过精彩注脚："广东举人多得很，为什么康

---

① 章太炎《故国论衡》，上海古籍出版社2003年版，第43页。

② 罗振玉《殷虚书契前编·自序》，收入黄爱梅编《雪堂自述》，江苏人民出版社1999年版，第125页。

有为独独那么有名呢，因为他是公车上书的头儿，戊戌政变的主角，趋时；……清末，治朴学的不止太炎先生一个人，而他的声名，远在孙诒让之上者，其实是为了他提倡种族革命，趋时，而且还'造反'。后来'时'也'趋'了过来，他们就成了活的纯正的先贤。"① 此外，孙氏的成就后来还有被罗、王言论遮掩的一面，对此，编著者将在后文中论述。

与以往"学究遗老"的印象不同，编著者近年方知孙诒让在甲午战争后疾呼并致力维新，晚年勉力创办的都是新校、新学，大力鼓吹的是极前卫的双管齐下：殷周国粹，法美民权。在这一点上孙氏与刘鹗同属特立独行的"畸人"：嗜好都很旧，行为都很新——故人未相见却有犀通奇缘②。《铁云藏龟》出版后仅约不到一年，就被孙诒让看到且惊喜异常："蒙治古文大篆之学四十年，所见彝器款识逾二千种，大抵皆出周以后，……每憾未获见真商时文字。顷始得此册，不意衰季睹兹奇迹，爱玩不已。"③遂奋笔疾书，仅用时两月于1904年底写成《契文举例》。

赵诚在其《二十世纪甲骨文研究述要（上）》中，综合前人研究，较完整地介绍了《契文举例》的抄本流传及出版：1904年孙氏初成《契文举例》后，"由李店堂等抄写了几个副本。正本自留，副本分寄他人。陈梦家《殷虚卜辞综述》（第55页）说孙氏'曾以手稿寄罗氏，又曾寄刘铁云、端方'。罗振玉于宣统二年（1910）所写的《殷商贞卜文字考》说：'亡友孙仲容徵君诒让亦考其文字，以手稿见寄。'1916年12月24日，王国维写给罗振玉的信中说：'见孙仲容比部《契文举例》手稿……以五元从蟫隐得之。'……寄给了罗氏……后来，罗振玉将《契文举例》印于《吉石庵丛书》中（日本，1917），用的是王国维寄的那个稿本。孙氏曾寄给端方一抄本。端方死于蜀中，'其家藏书散出，乃入沪肆'（孙

---

① 鲁迅《趋时和复古》，初载1934年8月15日《申报·自由谈》第5版，收入《鲁迅全集》第5卷。

② 笔者迟至2023年初又读到，据郭长海《刘铁云事迹拾零》一文（载《中国近代文学史证（上）》，吉林人民出版社2005年版），1948年4月16日《申报·自由谈》刊有一篇小文《老残墨迹》，作者说他曾下友人出示的孙诒让《古籀拾遗》一书，因为上面有批语"一二十条，皆冠以'铁云案'三字，确系刘铁云（老残）真迹"。郭长海推测"这些批语的写作时间，应当在1904年《铁云藏龟》出版以后到1908年"之前，并介绍说，"撰稿人大成，钱姓，新中国成立前经常在上海的《申报·自由谈》上写文章"。

③ 孙诒让《契文举例·序》（1904），收入《续修四库全书》史部·金石类第906册，上海古籍出版社2002年版，第139页。

孟晋语，转引自楼学礼《契文举例·校点记》）。则端方藏本似即王国维所购而寄给罗氏之本。……孙诒让曾在自留的底本上做过'大幅度的修订'（楼学礼《契文举例·校点记》），即现藏杭州大学图书馆的《孙仲容先生〈契文举例〉稿本》，经楼学礼整理校点，1993 年由齐鲁书社影印出版，书名仍称'契文举例'"①。

据此可以见，孙诒让对于《契文举例》初稿不满意，想看到更多甲骨新资料和同仁反馈而未得，只能面对现在看来十分可怜的一千来片拓片印记（刘氏初收的甲骨既小且碎，与其后罗氏等收藏研究的甲骨在数量和质量上都不可同日而语），一再揣摩、修改，直到去世。由此也可见孙氏对甲骨文之器重，对这部著作之钟爱；但也因没能及时出版，这部甲骨文研究初期水平最高的专著险遭湮灭的命运。博览群书的梁启超在 1920 年所作《清代学术概论》中对孙氏有很高评价（见前述），但讲到当时新发现的甲骨文研究只能列出四部著作：罗振玉的三部，孙氏的只有一部《名原》。这是因为孙辞世后，其家人勉力出版了包含甲骨文在内的古文字研究综合性遗著《名原》，而没有选择更专门的《契文举例》。

二、《契文举例》手写本流转新探

研读这些关于《契文举例》写作的文字时，编著者至少产生了一个质疑加四个疑问。

第一个疑问（高度质疑）：罗振玉 1917 年在日本初印《契文举例》的稿本究竟来自何方？此事在学术界早有上述推断，社科院历史研究所研究员、罗振玉孙女罗琨也认同此说："1904 年《契文举例》成书后，曾以稿本寄罗振玉、刘铁云、端方，1916 年王国维在上海所获，原是寄给端方的一本……罗氏刊印后，1928 年，稿本与部分藏书一起售予燕京大学，今藏北京大学图书馆。"② 但这些说法，都是建立在《契文举例》三个抄本全部下落不明的基础上，而根据下述王国维致罗振玉信，王氏得购那本《契文举例》是因为他碰巧目击了"刘彝仲携来……适在彼处售书"。王国维给罗振玉信（1916 - 12 - 14）的相关原文是：

---

① 赵诚《二十世纪甲骨文研究述要（上）》，书海出版社 2006 年版，第 17 - 19 页。
② 罗琨《甲骨文解谜》，长江文艺出版社 2002 年版，第 23 页。

兹有一事堪告者：旁晚出蟫隐，见孙仲容比部《契文举例》手稿，乃刘彝仲携来者，以五元从蟫隐得之（今日出甚得机会。刘彝仲适在彼处售书，否则蟫隐畏其为人，未必购之）。书连序共九十六页，每半页十二行，行二十三字，其所释之字虽多误，考证亦不尽然，大辂椎轮，此为其始，其用心亦勤矣（𢆉释为贞始于仲老，林博士与其暗合耳）。此书明年如接办《学术丛编》，拟加删节，录其可存者为之一卷，何如？想公知此稿尚存，当为欣喜。①

以往学术界之所以做出"罗印本"来自"端方藏本"的推断，是因为罗、王之外无人知道"刘彝仲"是何人；连罗氏长孙罗继祖在 2000 年审定的《罗振玉王国维往来书信》都错注为："刘彝仲：上海书商。"而据刘鹗曾孙刘德隆先生揭示：刘彝仲（宸仲的变写）就是刘大黼，刘鹗的第二子，其人游手好闲，因"吸食鸦片，不检行止，不为家中人和亲戚朋友所齿"②。这个难言之隐也正是王国维说"蟫隐畏其为人"的缘由。所以，就算《契文举例》的"端方藏本"真的能从端方存书地点流入上海，先一步识货入手的也不会是不着调的刘二公子；而明显更为合理的推断，是刘彝仲在父亲刘鹗去世（1909）多年后的 1916 年末、生活窘迫之时，拿出刘鹗藏书去亲家的旧书店换几元钱花（蟫隐庐为罗振玉之胞弟罗振常主持开办的上海著名古籍书店）。

故笔者认为，此抄本应可确定是来自刘鹗遗存，即孙诒让 1904 年寄赠刘鹗的那个抄本（如果陈梦家所说无误）。另一方面，这也可以反过来作为刘家确曾收到过《契文举例》抄本的一个参证。

第二个疑问：刘鹗是否及时收到了孙诒让的抄本？如是，有无互动？查其年谱和刘鹗的《乙巳日记》《戊申日记》，刘氏在 1905—1908 年间虽然忙于在浦口买地、在上海办织布厂、去日韩运作盐业顺道游览等，在实业经营屡败屡战之余，也进行了不少如续写《老残游记》及其二集、与罗振玉等一起赏帖题跋、拜访收藏大家、刊刻题序琴谱等文史写作、收藏鉴赏相关活动（尤以 1905 年为甚）。在《铁云藏龟》提供了原始资料和作

---

① 王庆祥、萧立文校注，罗继祖审定《罗振玉王国维往来书信》，东方出版社 2000 年版，第 208 页。

② 刘德隆等《刘鹗年谱长编》，上海交通大学出版社 2019 年版，第 522 页。

者初步考释之后，刘鹗无疑大旱望云霓般期待如孙氏这样的大家、《契文举例》这样的专著，如得见，哪怕听说都应记录，但迄今却没有发现任何相关信息。刘鹗可能根本没能见到，或见到了、有过回应但相关记录至今湮灭，只能作为待解之谜。

第三个疑问：罗振玉何时收到孙诒让的抄本？为何没有互动？查其年谱，1905—1910 年间罗氏虽然忙于江苏教育及江苏师范学堂、葬父守制、售上海房屋，举家入京出任学部官员、京师大学堂农科监督，再度赴日考察等公事，但也从事了购藏校勘古籍、编撰多部碑录、抢救和研究敦煌遗书等许多收藏及考古相关活动，且在 1905 年和丧父期间时间更充裕一些。但在 1910 年夏季之前未见罗氏提及《契文举例》，该年较明确的也只有一句话："孙仲容徵君诒让亦考其文字，以手稿见寄，惜亦未能洞析奥隐。"① 罗琨研究员在其《罗振玉评传》一书中，说到罗氏在早年第一次读过《契文举例》之后，"很快就将原稿奉还了"②，但未提及年代，也没有给出根据来源。而在六年后的《甲骨文解谜》（2002）一书中，罗琨再次谈到了这个问题，相关说法是：孙氏将副本分别寄给端方、刘铁云、罗振玉，显然是希望听到批评，但是当时几乎还没有人对甲骨文进行系统研究，是否得了反馈，我们不得而知……罗氏刊行的稿本与 1904 年所见孙诒让寄示的稿本，无疑是一个版本，无须比较异同，也无法比较异同，因为从王国维书信看，孙氏寄示的稿本早已不在罗氏手中了。③

如此看来，罗、端、刘手中稿本之谜并没解开，值得继续搜求。（关于罗氏见到《契文举例》未及时回应的探讨见下节。）

第四个疑问：孙氏为何选择刘、端、罗三人看初稿？是否还寄送了其他学者？可惜陈梦家没有交代。笔者推测，刘是甲骨文的发现和最早研究者，端是当年名气最大的学者型高官（吴大澂已于 1902 年过世），此二人入选的理由较为显见；而罗振玉的入选理由，其一可能是罗、孙有早期的人际或文字交往（笔者未见相关佐证），其二可能就是孙氏在看到《铁云藏龟》及刘序的同时，也看到了罗序，但这个推测在孙书中未见佐证（且与笔者在前文中"罗序可能为后加"的存疑抵牾），也只能存疑。陈梦家

---

① 罗振玉《殷商贞卜文字考·自序》，收入黄爱梅编《雪堂自述》，江苏人民出版社 1999 年版，第 160 页。

② 罗琨、张永山《罗振玉评传》，百花洲文艺出版社 1996 年版，第 111 页。

③ 罗琨《甲骨文解谜》，长江文艺出版社 2002 年版，第 17－23 页。

说初版《铁云藏龟》除附有刘、罗序外还有吴昌绶序，吴氏当时的水准、名气应不在罗氏之下许多，那么，孙氏是否还有抄本送吴氏或其他更多学者？也是待解之谜。

另一个令人好奇的题外疑问是，孙诒让从哪里知道，又如何得到一部《铁云藏龟》的？他自己在《契文举例》序中仅说了："丹徒刘君铁云集得五千版，甄其略明晰者千版，依西法拓印，始传于世。……每憾未获见真商时文字。顷始得此册，不意衰年睹兹奇迹，爱玩不已。辄穷两月力校读之……"没说是怎么知道、如何得来的，其后也不见后人文章对此有所提及。编著者从传播因素推断，孙氏晚年主要活动于家乡浙江瑞安、温州，且正在大力兴办新式学堂，关注报章时事理所应当；而刘鹗刊载《铁云藏龟》告白的上海《时报》覆盖最密的正是江浙两省（其经销商列表中至少明列温州，参见前文。故合理的推测是：孙诒让从《时报》上看到了刘鹗的公告很为所动，亲自或托人专门去寄售处买到了《铁云藏龟》；且完成《契文举例》后，他也可能经过相同的途径，将一个抄本转交刘鹗。

编著者看到的一个相关说法也值得一提，是在名为《末代大儒孙诒让》的传记中，特意翻找孙氏撰写《契文举例》章节所看到的情节：英国牧师、中国通苏慧廉①在温州向孙诒让请教时，故作神秘拿出一本"线装拓本天书"，"诒让一看，惊道：'这不是《铁云藏龟》吗？终于可以一见这本奇书了！'"② 然如此笔法属明显戏说，不知是否有可靠的根据。

三、试析罗王对孙氏及《契文举例》的前后评价

因《契文举例》面世太晚，更因为罗、王对其的评价，一定程度上主导了学术界长久以来对《契文举例》的偏低评价，降低了孙诒让的学术地位。但笔者细看罗振玉早期的相关文字，却显示出他对孙氏的高度尊重。

罗氏对《契文举例》的最早记录，也是出现在孙诒让过世之后，那篇1910年《殷商贞卜文字考·自序》中有"亡友孙仲容徵君诒让亦考其文字，以手稿见寄，惜亦未能洞析奥隐。嗣南朔奔走五六年来，都不复寓目"；但随后自述他"以三阅月之力为考一卷……以诒当世考古之士"

---

① 苏慧廉（1861—1935）为居温州传教26年的著名传教士，回国后曾任牛津大学汉学教授。

② 胡小远、陈小萍《末代大儒孙诒让》，作家出版社2002年版，第367页。

后，特以缅怀孙氏作为该序结尾："惜仲容墓已宿草，不及相与讨论，为憾事也！宣统二年夏。"罗振玉在用自己第一部甲骨文研究专著回敬日本学者、震动学界之时，感到抱憾的是不能与孙氏切磋，可见当初孙诒让在他心中的地位，此其一。其二，笔者发现一个更有力的证明，是罗振玉在其唯一自传《集蓼编》中提到，在他 1907 年初入学部任二等谘议官时，曾建议清朝"优奖海内宿学、经术文章夙著声誉者数人，以示学子俾知国学重要，并非偏重西学。相国首肯，令予略举其人"；于是罗氏推举了三人，第一个就是孙诒让①。虽然因为当时罗人微言轻，三人中后来只有一人获奖（王闿运），但已足见罗振玉当年对孙诒让格外推崇。其三，一个细微处是罗氏一直以"征君"这一古人对具有风骨学识并获皇家征召不仕的高人来尊称孙氏。少见罗用此尊称，只在后期将此称呼用在他十分看重的王国维身上。笔者根据这些推断，罗振玉在 1905—1907 年间及时看到《契文举例》时，其最初感受不是"惜未能洞析"，而是颇感震惊；只是因当年"所学未遂"（《殷墟书契前编·自序》），尚无灵犀，而且预期还有"博识"的更权威学者出手（孙氏虽很有实力，却五考未能中进士），于是耐下性子继续当观众再等等看。这样一放，就是几年。

然而当罗、王在研究甲骨文声名鹊起之后，见到《契文举例》的 1916 年底，却对孙氏做出了不实的偏低评价。如罗氏在日记中所记"得者十一而失者十九，盖此事之难非微君之疏。"② 王国维也在给罗氏信中云："惟其书实无可取""其书却无可采，不如《古籀拾遗》远甚……上卷考殷人制度，亦绝无条理，又多因误释之字立说，遂觉全无是处"。1917 年 10 月罗在与王书中，又有"昨见孙徵君《名原》，讹误甚多"③。

罗王之后的晚辈学者如唐兰、陈梦家、裘锡圭等均曾为孙氏打抱不平，近年更有华东师范大学詹鄞鑫教授在其《孙诒让甲骨文研究的贡献》论文中详加论证，在《契文举例》写出 90 年后指出：

> 孙氏著作本身是否真的"谬误居十之八九""得者十一而失者十九"？……孙氏在《契文举例》中对甲骨文字的考释，其正确与错误

---

① 罗振玉《集蓼编》，收入黄爱梅编《雪堂自述》，江苏人民出版社 1999 年版，第 30 页。

② 罗琨《甲骨文解谜》，长江文艺出版社 2002 年版，第 22 页。

③ 王庆祥、萧立文校注，罗继祖审定《罗振玉王国维往来书信》，东方出版社 2000 年版，第 217、221、305 页。

的比例究竟是多少，这是评价《契文举例》的关键问题，为此笔者特意对全书做了一个调查。……我们统计的结果如下：基本正确：137字，占总数比例41%；基本错误：156字，占总数比例47%，得失参半：24字，占总数比例7%；考释未定：14字，占总数比例4%；释字总数：331字。按照这个统计，如果我们从整体上说《契文举例》的甲骨文字考释"得失参半"，大致是不错的。

詹教授的逐字分析结果表明，罗、王对孙书的评价确实有明显贬低。此文随后进一步公允指出：

　　学术发展的基本规律表明，任何科学研究，后人总是在前人的基础上前进的，所以，作为甲骨研究开创者的孙氏，其研究成果所包含的错误比后来多，这是理所当然的。如果不是这样，倒是不可思议的。……罗氏的文字考释的确参考了孙氏的研究成果，不论采用了多少。……罗氏的甲骨文字考释成果，当然是非常丰富的，这不仅由于罗氏本人具有不凡的古文字研究功底，同时还参考了孙氏的研究成果，还由于作为文物收藏家的罗氏掌握了比孙氏多得多的甲骨文拓本资料，可以见到大量孙氏没有见到的资料。①

　　笔者分析，罗、王对孙书作出偏低评价，主要有三方面的原因：（1）经过几年时间的发奋钻研，罗氏的自身学力已由"曾曾小子"大幅提升至超越孙氏的水平，再看孙氏自然前高而后低；（2）"罗王之学"在1916年初震学界，两人在刚得到学术界推崇之时，不想让尚无外人知道的孙书有所干扰影响，也属人之常情；（3）王国维当时刚被罗振玉引入甲骨学领域不久，高峰之作《先公先王考》还未写出，身为初有所成的后进，对恩师罗振玉的尊敬和揣测迎合，也应是一个合情理的因素。王氏的这方面性格弱点，在他与另一大名家、忘年交沈增植的交往上，也可以看到他内心虽有不以为然，但不得不尊重奉承的相似情况。

　　罗琨研究员对此过程有一个反向的说法及解释。她指出罗氏对《契文举例》评价是前低而后高，且事出有因：

---

① 詹鄞鑫《孙诒让甲骨文研究的贡献》，载《南阳师范学院学报》2003年版，第52页。

1904 年罗振玉见到初稿也感到很不满足，后来他在《殷虚书契前编序》中，……他说孙氏精通《仓颉》《尔雅》《周礼》等古文字学和经学典籍，但他的著作对甲骨文却未能"洞悉奥隐"、"阐发宏旨"。显然这种"苛求"，缘于过高的期盼……有比较才有鉴别，1909 年罗氏收到日本学者林泰辅《清国河南汤阴发现了龟甲兽骨》一书后，对比之下方才感到孙诒让《契文举例》"秩然有条理"……待到 1914 年撰写《殷墟书契考释》，体会到考释甲骨文的艰辛后，更有了进一步的转变。①

对此说法，笔者难以认同，原因如下：其一是时间上，罗氏评价较低的"前编序"虽然说的是早年看到孙书的印象，但此序写于较晚的 1913 年；1910 年对孙评价较好（这点与本人相同），但这是迄今所见罗氏对孙书的最早评价，不是较晚的评价；1914 年的"进一步的转变"在哪里罗琨没有明示；且罗王在 1916 年的评价"失九得一"是低评而不是高评。其二，所举例证"秩然有条理"虽语出罗氏，但根据原前后文"东友林君（泰辅）寄其所为考至，则视孙征君《举例》秩然有条理，并投书质疑"②，"秩然有条理"说的应不是罗自己的看法，而是林泰辅的看法。其三，笔者又找到一个证明，是罗振玉在晚年的 1931 年写的自传《集蓼编》中，对孙书的评价更低，只有一句话："瑞安孙仲容征君据以做《契文举例》，于此学尚未能有所发明。"③

罗氏既然对孙书如此评价，为何在日本得书仅两三天内就迅速决定代为出版？笔者分析有两方面原因：一则罗氏之前很可能告诉王国维只有他见过此书，但至此才知道至少尚有另一本存世，这就带来更多稿本流传、更多人看到的可能；二则他已在之前著作自序中提到看过孙书，以孙氏生前声望难免引起读者关联揣测，而现在他已有足够自信，遂主动将其公开让世人去做内容比较。西南大学的邹渊在 2015 年的一篇文章中给出了一个更明确的推断：

① 罗琨《甲骨文解谜》，长江文艺出版社 2002 年版，第 21 – 22 页。

② 罗振玉《殷墟书契前编·自序》，收入黄爱梅编《雪堂自述》，江苏人民出版社 1999 年版，第 125 页。

③ 罗振玉《集蓼编》，收入黄爱梅编《雪堂自述》，江苏人民出版社 1999 年版，第 42 页。

罗振玉在收到后三日，不顾王国维的反对，将稿本印于吉石盦丛书中。"这固然是由于他对学术具有高度负责精神，但是可能也有表明个人心迹的用意在内"①。因为罗振玉在写《殷商贞卜文字考》和《殷墟书契》时看到过孙氏原稿，而且孙氏"所认的对的以及和罗氏水平相等的共 185 字"（引陈梦家《殷虚卜辞综述》语，据原注），倘若罗氏不公开孙氏书稿，恐有抄袭之嫌。这也许是早年罗氏没有印孙书，而在写成《殷商贞卜文字考》和《殷墟书契》后二次得到书稿又马上影印孙书的原因。②

学术界近些年本着实事求是的原则，正在逐渐恢复孙诒让的历史地位和功绩。较有代表性即如詹鄞鑫教授所言：

孙诒让是中国 20 世纪古文字研究的开创者，其金文成果代表了乾嘉至晚清金文研究的最高峰，同时又是历史上甲骨文研究的第一人。……对孙氏著作的调查发现，尽管孙氏难免开创者的局限，但在甲骨文研究方面不仅有价值的成果比例较大，而且有很多精辟的见解至今还被甲骨学界所沿用；更有甚者，孙氏的考释又有后人所不及者……孙诒让对甲骨文考释的精彩之处很多，绝不是"今天看来，基本已无可取"的状况。③

四、刘、孙、罗早期考释成果的数据对比

如何评判刘鹗、孙诒让、罗振玉在早期考释甲骨文上学术水平的高下，对专家来讲也应是一大难题，也许还是不可能完成的任务。但理工出身的编著者想到，对此可以做一个较为科学的数据统计及推算，将有益于建立一个大致推断。其基本思路与逻辑是，应将所见资料多少、借鉴前人成果多少等数据引入比较，近似计算，才能得出即简明又比较准确、公正的结果。

---

① 邹渊转引自裘锡圭《文史丛稿·谈谈孙诒让的〈契文举例〉》，上海远东出版社 1996 年版。
② 邹渊《甲骨文研究开山之作——孙氏〈契文举例〉》，载《兰台世界》2015 年 10 月下旬，第 130 页。
③ 詹鄞鑫《孙诒让甲骨文研究的贡献》，载《南阳师范学院学报（社会科学版）》2003 年版，第　页。

　　刘鹗在 1903 年最早看到了五千片龟甲，独自考释出 47 字，其中正确的有 34 字（据屈万里、罗琨、刘德隆①等）；孙氏于 1904 年参考了刘的成果，仅见到 1058 片龟甲拓片（初版《铁云藏龟》），即考释出 331 字，其中正确和待定的达 175 字（据詹鄞鑫《孙诒让甲骨文研究的贡献》，见前注）；罗氏于 1910 年参考了前二人的成果，研究了新旧发现的甲骨"数千枚"（估用 6000～10000 片；据《殷商贞卜文字考·自序》），作《殷商贞卜文字考》考释出 473 字，其后自认有误字数为 64，但有几字实为正确②③。将这些数据列表，再增加编著者以简化演算添加的新项"净识别字数""成果/资料比""考释正确率"等（具体计算公式在表中给出），可得到对比结果，了然如表 1 所示：

　　根据如上的简明设定（即"净识别字数"定义为"考释识别总字数"减去"借鉴前人成果字数"等），推算出两项最重要的比率结果"成果/资料比"和"考释正确率"来看，（1）刘鹗对比孙诒让：孙氏看到的资料比刘鹗少很多（1058 VS 5000）、而认出的字却多得多（175 VS 34），表现为孙的"成果/资料比"高出很多（28% VS 0.9%），是刘的约 30 倍；"考释正确率"刘仅略高（72% VS 59%，约 1.2 倍）；综合参考差距（可简单表示为两个倍数差）是 30 − 1 = 29，表明孙氏考释水平远在刘鹗之上（实际隐含原因：孙的考释资料少很多，而难度、成就相对大了很多）。（2）孙诒让对比罗振玉：就指标"成果/资料比"来看，孙氏也高出罗氏很多（28% VS 4.9%，至少是 5.7 倍）；"考释正确率"罗氏略高（79% VS 59%，约 1.3 倍）；综合参考差距 5.7 − 1.3 = 4.4，孙也明显高于罗（隐含因素：罗借鉴的资料较多，降低了其考证的难度）。故编著者据此可推断，孙诒让的古文字学问功力，在 1904—1910 年阶段仍属首屈一指。而罗振玉在 1915 年坐实"小屯"出土地、写作出版《殷墟书契考释》后，能力和成就才全面超越孙氏。

----

　　① 刘德隆《试论刘鹗对甲骨学的贡献》，1987 年 11 月向"首届刘鹗与《老残游记》研讨会"提交，后刊于《天津师大学报》1989 年第 3 期；后收入刘德隆《刘鹗散论》文集，云南人民出版社 1998 年版，第 14 页。

　　② 陈梦家《殷虚卜辞综述》，中华书局 1988 年版，第 57 页。

　　③ 谭飞《〈契文举例〉与〈殷商贞卜文字考〉之比较研究》，载《南阳师范学院报（社会科学版）》2010 年第 1 期，第 47 页。

表 1　刘鹗—孙诒让—罗振玉早期甲骨文考释成果简明推算对比表

人物	考释所用时间	A:借鉴前人成果字数（个）	B:所见甲骨资料数量（片）	C:考释识别总字数（个）	D:净识别字数（=C−A）（个）	E:成果/资料比（=D/B）	F:考释正确字数（个）	G:考释正确率（=F/D）
刘鹗，1903《铁云藏龟》	6个月～1年	0（无）	5000	47	47	0.9%	34	72%
孙诒让，1904《契文举例》	3个月	34	1058	331	297	28%	175	59%
罗振玉，1907—1910《殷商贞卜文字考》	1～3年	175	6000～10000*	473	298	3.0%～4.9%*	234*	78.5%**

注：其中标"*"是估算数字，"**"为估值的再计算结果。

可见这个计算比较方法应可在一定程度上说明问题，结果也可作为对唐兰和裘锡圭等专家相关评判的一个数据支持。早年曾请教于罗王但以"孤学"（王国维语）自成一派的唐兰最早（1939）说过，孙氏考释"颇有精到之说，为罗王之后所不及者"①；裘锡圭教授的看法（1992）更加明确："《举例》释字胜过罗氏之处并不少见……这些例子可以说明孙氏的文字水平高于罗氏……""孙氏在古文字和古文献方面的学力，决不在罗王之下。"② 近年还有论文对罗和孙的甲骨文考释专门作了比较研究，也有着相似的考虑和结论："相对而言，罗氏的研究条件要优越得多。……无可讳言，罗氏古音方面的知识是不及孙氏的。"③

另外还应一提的是，孙诒让还以其博学和敏锐，继吴昌绶在其《铁云藏龟·序》中怀疑古书中"文龟"背负古字即是甲骨文之后，在《契文举例》中明确揭开了中国历史上流传久远的"神龟驮洛书"之谜。他在该书自序中指出："以相推例，雒水龟书殆亦犹是。盖本邃古之遗文，贤达宝传，刻箸龟甲，用代简毕。大禹浮雒，适尔得之，要其事实不过如此。自纬候诡托，以为神龟负书，文瓓天成。后儒矜饰符瑞，若天玺神谶，祥符天书，同兹诬诞。实则契龟削甲，古所恒觏，不足异也。"所以传说中的神龟驮出天书的伪托，其实际原形就是三千年前古人一笔一划刻出的甲骨文。

五、罗振玉研究甲骨文缘起考辨

至此还很有必要回过头来探寻一下罗振玉开始发力研究甲骨文的缘起。颇为流行的说法是当年有日本人写信向罗氏请教甲骨文，罗由此着手研究，一发不可遏止。究此"请教说"源头，笔者发现它同样发源于罗氏的自述。但笔者又注意到，罗氏 20 年前后相关自述的情节有所不同。加上后来日本人提供的另一说，使得此一事过程出现了至少三种版本。

---

① 唐兰《天壤阁甲骨文存考释》，1939 年版。转引自赵诚《二十世纪甲骨文研究述要（上）》，书海出版社 2006 年版，第 46 页。
② 裘锡圭《谈谈孙诒让的〈契文举例〉》，收入《古文字论集》中华书局 1992 年版，第 336 页。
③ 谭飞、程邦雄《罗振玉与孙诒让之甲骨文考释比较研究》，载《语言研究》2009 年第 4 期，第 110 页。

　　早先，罗氏在 1910 年的《殷商贞卜文字考》自序中，不免要交代这部著作的写作缘起。罗氏当时谈到的起因，是上一年（1909）日本学士林泰辅在日本《史学杂志》率先发表了一篇甲骨文研究论文后，寄送通报于罗："去岁东友林学士泰辅始为详考，揭之《史学杂志》，且远道邮示，援据赅博，足补正予曩序之疏略。"且在 1912 年的《殷虚书契前编·自序》中，罗氏又重复了相似说法："宣统改元之二年，东友林君泰辅寄其所为考至……投书质疑。"① 此两次说法相隔两年，内容大致相同，可称为"邮示交流说"。

　　近二十年后，罗振玉在晚年自传《集蓼编》（1931）中的相关说法是："宣统初元，予至海东调查农学，东友林博士（泰辅）方考甲骨，作一文揭之杂志，以所怀疑不能决者质之予。予归，草《殷商贞卜文字考》答之，于此学乃略得门径。"② 相隔二十来年，此描述与旧说相比差别颇大，变为"面呈咨询/请教说"。

　　当年甲骨宗师出言，今日学界择善而信，遂使"邮示＋请教说"流行。但在此事上，说者和听者都很可能有意无意地又一次落入"以后度前"的陷阱：具体在这里是"以同一人多年后之成就和地位，度其之前的言行"。历史研究的常识和通则，是同一人多次描述同一历史事件的情况下，一般以事件发生较近的描述可信度更高。顾颉刚《古史辨》总结出的核心"卓识"（胡适语），即是时间越晚，演绎成分越多。故笔者推断，罗振玉早年描述的"邮示交流说"应该更接近历史真实。

　　但笔者后来又见到了一个新说法。此说来自东瀛学者成家彻郎为 1999 年安阳"纪念殷墟甲骨文发现一百周年国际学术研讨会"提交的论文，名为《日本人研究甲骨的先驱——林泰辅》。文中一处提到：林泰辅的"《关于清国河南省汤阴县发现的龟甲兽骨》在甲骨学的发展史上，占有重要的学术地位。他把该文发表于《史学杂志》，请当时居住在北京的田中庆太郎介绍给罗振玉。这对日本人来说，恐怕谁也难以理解。罗振玉见其著文而为之震惊，并受刺激而写成《殷商贞卜文字考》"③。此"田中介

---

　　① 罗振玉《殷虚书契前编·自序》，收入黄爱梅编《雪堂自述》，江苏人民出版社 1999 年版。

　　② 罗振玉《集蓼编》，收入黄爱梅编《雪堂自述》，江苏人民出版社 1999 年版。

　　③ 成家彻郎《日本人研究甲骨的先驱——林泰辅》，收入王宇信、宋镇豪编《夏商周文明研究 4：纪念殷墟甲骨文发现一百周年国际学术研讨会论文集》，社会科学文献出版社 2003 年版。

绍说"既别于邮示,更非自呈,虽未提出自何据,但人物和地点言之凿凿。

最后看到北大教授严绍璗所著《日本中国学史稿》一书及其更早的论文《甲骨文字与敦煌文献东传纪事》①,于是这一串谜团才得以完全解开。严教授提供了一封非常重要的罗振玉致林泰辅原始信件,该信作于 1910 年罗氏完成新作之后,并附于该作后,其中写道:"去岁在东京,得聆大教,欢慰平生。别后之思,与时具积,……前田中君转到赐书并大着,拜读一通,深佩赡核。觉往者率尔操极,见嗤都雅,愧赧无似。"② 后面介绍并附上了自己的新作《殷商贞卜文字考》。此信足以说明罗振玉确曾于 1909 年在日本与林氏有过面谈,而且林泰辅的新作确是经田中转交而非邮寄。只是罗振玉在其后所写的相关序文中,觉得没必要将这些交往细节都交代给局外的读者,故"田中君转交"不妨化简为"邮示","率尔操极,见嗤都雅,愧赧无似"的貌似谦辞也就更不必提及了。而《集蓼编》中"作一文揭之杂志,以所怀疑不能决者质之予"的说法,应是罗振玉在多年后回忆时,一方面将早年林氏面呈的写作与后一年林氏的"杂志论文"混为一谈,另一方面因罗氏晚年已功成名就,当初的"交流"也就成为"咨询"。

综上所述可基本判定,林泰辅在其甲骨论文发表后,才请内行的田中庆太郎(1880—1951,日本学者型中国古籍书商③)转送,与其说是报告、请教学问,不如说是通知加炫耀其领先成果——以日本当年人文科技学术无不领先的地位,甲午战胜国的自豪,这种意味顺理成章。论新学、西学,中国当时的全面落后自不待言,但在祖宗文字源头研究上也让日本人领先,这在即使是亲日派罗振玉看来,也几近胯下之辱,颇受刺激。无奈那时罗氏学问并无大的优势,还不得不承认对方"援据赅博,足补正予

---

① 严绍璗《甲骨文字与敦煌文献东传纪事》,载《中国文化》1990 年第 3 期,第 196 页。

② 罗振玉致林泰辅信,载《汉学》1910 年第 6 期;转引自严绍璗《日本中国学史稿》,学苑出版社 2009 年版,第 176 页。

③ 据钱婉约《学者型书店老板:田中庆太郎》:"1908 年至 1911 年这三四年间,田中在北京购置了房产,住守北京,一面向当时的中国学者、版本学家请教汉文化知识,研修汉籍版本知识,一面全力发掘、购进善本珍籍。在这一阶段中,通过公开的和不公开的方式,田中购买了包括甲骨片、敦煌经卷、《四库全书》散本在内的众多珍贵古籍。……高罗佩则称赞说:'(他在版本学上的)博识卓见,足够得上大学教授的资格。'载《中华读书报》2011 年 6 月 1 日第 18 版。

曩序之疏略"。但紧随其后，就有了"予乃以退食余晷，尽发所藏拓墨，又从怙人之来自中州者，博观龟甲、兽骨数千枚，选其尤殊者七百，并询知发见之地乃在安阳县西五里之小屯……正史家之违失，考小学之源流，求古代之卜法。爰本是三者，以三阅月之力为考一卷，凡林君之所未达，至是一一剖析明白，乃亟写寄林君，且以诒当世考古之士"（《殷商贞卜文字考·自序》）。罗氏以此力作，不但一举超越日本先驱学者，外加最早出版英文甲骨学著作的美国赴山东传教士方法敛（其《中国原始文字考》于 1906 年出版，但大小谬误甚多），并且一发不可遏止，其后更上层楼的系列著作随之井喷而出。

六、林泰辅的早期挑战与罗振玉之"一剑封喉"

说林泰辅刺激了罗振玉是否夸张？林氏的汉学是何等水平？南京大学童岭副教授在《那珂通世、林泰辅与清末民初的中国学界》① 一文中，对林氏给出了生动的介绍：

> 林泰辅（HAYASHI Taisuke，1854—1922），东京大学古典讲习科毕业②。清末民初，当时中国一流学者对林泰辅大都赞赏有加。对于林泰辅获得"帝国学士院恩赐赏"的名著《周公と其时代》，不轻许人的王国维说道："《周公及其时代》一书，深佩研钻之博与论断之精"。钱穆在感佩之余，取其中第一部分《周公事迹》译为《周公》，并在译序中说此书："排比明备，尤为学人所需。"亡命日本的郭沫若，亦根据林泰辅所编《龟甲兽骨文字》等书而陆续写成《甲骨文字研究》《卜辞通纂》，从而奠定了他"甲骨四堂"的地位。……痛恨日本人的章太炎先生，在给罗振玉的一封信中一路横扫，例数痛骂近代日本学者，唯独对于林泰辅笔下稍微留情，且以为罗振玉学问远不及林泰辅："足下学术虽未周挟，自视过于林泰辅辈，固当绝远。"那珂通世的高足白鸟库吉提出"尧舜禹抹杀论"一说，惊世骇俗，一

---

① 童岭《那珂通世、林泰辅与清末民初的中国学界》，载《文史知识》2009 年第 5 期，第 79 页。

② 据笔者所查资料，还应加上：字浩卿，博士。

时日本学界皆从其风。然而，林泰辅这位向来与世无争的老儒生忽然于此时拍案而起，与白鸟展开了连续四次大论战，翼护儒家学说。日本传统汉学界对于这件事情评价极高："（林泰辅）以专门考证之学，一举摧破白鸟氏学说。以经学家而言，其气概凛然，不容侵犯。"

这里还应该顺带一提，童岭此文还质疑了中国20世纪20年代轰动一时的"疑古派"首领们，有抄袭日本白鸟氏之嫌：

> "古史辨"派的某些做法似乎应该打上问号。如上文所述，国内学者或以为"古史辨"派未见白鸟库吉等人之书，乃师心自造。然从文字学考证"禹"为虫等说，均由那珂弟子白鸟氏先提出，天下断然有此等巧合乎？《古史辨序》洋洋万言鲜有提及那珂通世及白鸟库吉处。而对于那珂通世这一学术体系中故意贬低中国文明的隐含意图（这也是章太炎先生《与罗振玉书》痛骂日本学者的原委之一），"古史辨"派未能读出。无怪乎深察福泽一派学说企图抹杀汉文明隐义的鲁迅一生痛恨鸟头先生。

然童文没有说到的是，这位令人起敬的汉学家研究甲骨文既早且精。根据前述成家彻郎《日本人研究甲骨的先驱——林泰辅》一文，"1900年前后……林泰辅自然也研究了金文、《说文解字》。恰好在这一时期，以往全然不可知的甲骨文字被发现了。当时，对这一新资料持怀疑态度的学者，在中国和日本都存在。然而，林氏一见其实物，立即给予了公正的评价……1909年，《史学杂志》登载了《关于清国河南省汤阴县发现的龟甲兽骨》。此乃日本人有关甲骨方面的最早著述，甚为有名"。（按：另根据该文日本文献索引，"兽骨"似应为"牛骨"。中国学术界有将其译为《清国河南汤阴发现了龟甲兽骨》①，三字之差使之听起来像是一篇报道介绍性文章，应属误译。笔者近日又见北大博导严绍璗教授将其译为《论清国河南省汤阴县发现之龟甲牛骨》，当最为准确。）更重要的是，成家氏在此文中接着说道：

---

① 罗琨《甲骨文解谜》，长江文艺出版社2002年版，第22页。

但该文其中一节里有如下的表述："余于二三年前看到此书（《铁云藏龟》——成家原注），知有关支那①古代文字考究方面，获有极为贵重的材料，想试作一些考证，然而尚未见到其实物，因之今权且不敢发表……"几年前，我有机会发现了林氏于 1907 年写的《关于支那古代史上文字的源流》。此稿是用毛笔所书，外表绢装，计全 5 册的巨作……该著作尚几乎无人所知……才知道他所说"试作一些考证"指的就是这一篇。……第 4 册中有《第六　古文的变迁》一节，在该节中，他对《铁云藏龟》所见有关甲骨文试作了考证。

据此可知，林氏居然很早看到了《铁云藏龟》，并与孙诒让不约而同做了类似的研究，时间上仅比孙氏晚了两三年，却比罗振玉早了两三年②。所以，罗振玉在 1909 年 6 月赴日考察农学与林泰辅会面时，林氏给罗氏看的很可能就是自己的早期著作《源流》的一部分。此手稿后来"无人所知"、没有发表，成家在文中给了一个线索，说林氏当年经济窘迫，为了能到中国安阳进行实地考察，厚着脸傍了一回名叫诸桥辙次的同僚，成行之后，此稿就"归于诸桥辙次"。但笔者推断这应该只是部分原因，如果没有罗振玉及时、凌厉、几近"一剑封喉"的回马枪，这部书晚一些也应会由诸桥或林氏发表。

编著者尚查到，《史学杂志》确为日本政府资助、日本史学会编辑出版的一本权威杂志，1889 年创刊，基本每月出一号，每年合为一编，至 2004 年已出 113 编③。根据成家彻郎此文的文献资料注释，林氏论文的发表信息为"《史学杂志》20～8、9、10，1909"，含义应该就是"总第 20 编，1909 年第 8、9、10 月号连载"。成家此文还转引了神田喜一郎的话，指出由于早期日本学界对中国发现甲骨文普遍质疑，林氏该文其实是发表在该杂志的"杂录栏"而非正式论说栏目，这样被截断为三次连载也就顺

---

①　"支那"作为古代域外对中国的旧称之一，直到清末民初，使用时并无贬义。此后，随着日本军国主义的兴起，"支那"一词演变为近代日本侵略者对中国的蔑称。——编辑注。

②　本论文发表数年后，笔者近期看到厦门大学李无未教授的学术报告《林泰辅〈中国古文字源流〉稿本（1907）发现的意义》，进一步肯定了"林泰辅《中国古文字源流》（稿本）的发现和研究具有重大意义"，"就世界范围内中国古文字研究来说，这是个奇迹。……超越了他所处的时代，代表了当时中国古文字学理论研究的最高水平"。更多内容请见本文尾按语。

③　梁景和《介绍日本几种重要的史学杂志》，载《首都师范大学学报》2004 年增刊，第 172 页。

理成章了。

如此就可断定，当林泰辅的论文刚开始连载之时，根据罗振玉年谱，他已经在日本考察完毕，于当年六月二十六日（公历 1909 年 8 月 11 日）回到了上海①；故罗氏在日本会见林氏之时，看到的只能是"5 册巨作"《关于支那古代史上文字的源流》的部分手稿，或论文《论清国河南省汤阴县发现之龟甲牛骨》的草稿，而不可能是连载后的该论文全文。而且，由于罗振玉在初次会见时对林氏有所轻视，或者是林泰辅有所戒备、保留，没有尽述其正在发表的论文精华，这样才能合理解释这个曲折过程：前有罗氏会面时"率尔操极，见嗤都雅"的低看林氏，后有林氏以"转交发表的论文"回敬，再有罗氏看到正式论文后"深佩赡核""援据赅博"的震惊，最后他才全力以赴，"一剑封喉"。

不论林泰辅在面见罗振玉时是否成心保留，罗氏在看到林氏论文后的震撼和以发奋力作一雪前耻之后的得意，都应是真实的感觉。于是才有上述信中后部"近日沉溺于此考将匝月"的重视，以及"凡尊考之疑窦，一一得以了然判决……兹约略敬陈，先生闻之当为称快也"的释怀，言外之意是让对方也尝尝被震惊之窘、被超越之痛。而林氏和日本学术界也因为看到《殷商贞卜文字考》和附信，才真正对罗振玉刮目相看，不但将此信迅速而郑重地发表于学术刊物，还在标题上错报了罗氏的头衔，称该信为《北京大学校长罗振玉关于殷代遗物新发掘的通信》。而罗振玉当时的职衔，仅是北京大学前身——京师大学堂的农科监督兼学部参事，日后也未能获得提拔。

另一个不很相关的意外，是这封信还惹恼了避难日本的章太炎，并给他提供了一个指桑骂槐、扫荡中日学林的扬名机会，即前面提及的《与罗振玉书》公开信（同年发表于章氏自办的《学林》第一期）。"革命学术大师"章炳麟以此檄文不但痛贬保皇派罗振玉的学术水平"固当绝远""延缘远人以为声誉"，捎带表示了对"孙仲容大儒"的不满，更将日本汉学界的新老学者几乎逐个点名训斥、嘲弄②，可谓睥睨群雄，气势如虹。

然而，真正能使中外学人心服口服、肃然起敬的是学术发现和独到创见。未见遭此莫名一击的罗振玉有何回应，但他宠辱不惊，择善笃行，用

---

① 甘孺（罗继祖）《永丰乡人行年录》，江苏人民出版社 1980 年版，第 364 页。
② 严绍璗《日本中国学史稿》，学苑出版社 2009 年版，第 177 页。

实际行动显示了亮剑之后的自信。他步步为营地在《殷商贞卜文字考》的基础上不断补充、扩展、改进，扎实的学术成果源源而出：《殷虚书契前编》（1911—1912）、《殷虚书契考释》和《殷虚书契精华》（1914）、《铁云藏龟之余》和《五十日梦痕录》（1915）、《殷虚书契后编/待问编》和《殷虚古器物图录》（1916）、《释钥》、《殷文存》、《与林浩卿博士论卜辞王宾书》（1917），等等。其中《殷虚书契考释》系列等著作，很快就被公认为中国甲骨学的经典奠基之作。

七、王国维"再剑封喉"确立"二骑绝尘"

罗振玉的另一历史功绩，是以持续称许和殷切重托将王国维（1877—1927）引入甲骨学阵营，并促成王氏的更上层楼。今日学界对罗氏相关作为和在《王忠悫公遗书序》《海宁王忠悫公传》中的一些文字不能全以为然，但至少没有理由否认罗、王遗存书信这样的原始资料。罗氏在1916年初的信中明白写道：

> 国朝三百年之学术不绝如线，环顾海内外，能继往开来学者，舍公而谁？此不但弟以次望先生，亦先生所当以次自认者。若能如前此海外四年余，则再十年后，公之成就必逾于亭林、戴、段，此固非弟之私言也。[1]

尤其当日本学者、罗王好友内藤湖南（1866—1934）借鉴罗振玉新出版的甲骨著作，参考王国维《三代地理小记》及关于商王卜辞的讨论见解[2]，写出并发表了甲骨文考证论文《王亥》（1916）之后，敏锐的罗振玉看到后马上寄交已回国的王国维，再次激发王氏百尺竿头，以精湛的考证写出名篇《殷卜辞中所见先公先王考》。随即回寄罗振玉，罗氏接到书

---

[1] 王庆祥、萧立文校注，罗继祖审定《罗振玉王国维往来书信》，东方出版社2000年版，第33页。

[2] 王国维在《殷卜辞中所见先公先王考》说："余读《山海经》《竹书纪年》，乃知王亥为殷之先公，并与……之亥，实系一人。尝以此语言参事及日本内藤博士。……博士亦采余说，旁加考证，做《王亥》一篇。"收入《观堂集林》卷第九·史林一，河北教育出版社2003年第2版，第209页。

稿大喜过望，立即回信："灯下读一过，忻快无似。""固知继我有作者，必在先生，不谓捷悟遂至此也。"并及时给予学术肯定、探讨意见及出版打算："上甲之释，无可疑者……""异日当以大着别写印，与拙著同帙。"①王国维在出版论文有后记云："丁巳二月，参事闻余考卜辞中殷先公先王，索稿甚亟。既写定，即以草稿寄之。复书两通，为余证成'上甲'二字之释。……余适以展墓返浙，至沪读此二书，开缄狂喜。"②

在《殷卜辞中所见先公先王考》和《殷卜辞中所见先公先王考续考》中，王国维首开以人脑记忆"缀合"两片关键甲骨并导出重大研究成果之先河："……疑本一骨折为二者。乃以二拓本合之，其断痕若合符节，文辞亦连续可诵，凡殷先公先王自上甲至于大甲，其名皆在焉。"③王国维在此一研究中，凭借深厚的国学功底、天才的想象力，以及逻辑缜密的考据功夫，展现了难得的多方面综合能力（王氏此一考证内容的详解见本文后延伸阅读一）。"卜辞之学至此文出，如漆室忽见明灯"（赵万里语），此篇论文经过学界和历史岁月检验，遂成为中国新史学"二重证据法"的里程碑之作。继林泰辅再次形成挑战的内藤湖南，在读过之后也只能"感叹至极"④，随即就将此一重大成果公布于日本学界。其后的其他外国学者，在这个领域更只能望洋兴叹，再无赶超机会。至此，罗、王以先后出手的"两剑封喉"，稳固确立了二人在甲骨学界"二骑绝尘"的领先格局，同时也为自身奠定了"罗王之学"独领风骚于一时的学术地位和国际声誉。

---

① 王庆祥、萧立文校注，罗继祖审定《罗振玉王国维往来书信》，东方出版社 2000 年版，第 254 页。

② 王国维《殷卜辞中所见先公先王考》后记，收入《观堂集林》卷第九·史林一，河北教育出版社 2003 年第 2 版，第 224 页。

③ 王国维《殷卜辞中所见先公先王续考》，收入《观堂集林》，河北教育出版社 2003 年第 2 版，第 224 页。该论文第二段写道："前考据《书契后编》上第八叶一条，证 🄵、🄲 即报丙、报丁。又据此知卜辞以报丙、报丁为次，与《史记·殷本纪》及《三代世表》不同。比观哈氏拓本中有一片，有 🄳、🄸、示癸等字，而彼片有 🄵、🄲 等字，疑本一骨折为二者。乃以二拓本合之，其断痕若合符节，文辞亦连续可诵，凡殷先公先王自上甲至于大甲，其名皆在焉。"

④ 严绍璗《日本中国学史稿》，学苑出版社 2009 年版，第 184 页。此事另见钱婉约的《罗振玉与内藤湖南的交谊》一文："1916、1917 年，内藤湖南先后发表《王亥》、《续王亥》等论文，即是在罗王考释甲骨文的基础上，作出的利用甲骨文研究殷商历史的杰作。王国维又在内藤湖南这二文的基础上，进而写出更为精湛的古史论文《殷卜辞中所见先公先王考》，这是甲骨文研究史上中日学者交流的一段佳话。"载《中华读书报》2012 年 6 月 6 日。

　　然今日学人应认识到，中国现代考古学建立前夕的考据学、古文字学已是穷途末路，加之清朝覆灭后的兵荒马乱，更使之成为一条近乎绝望的艰辛之路。王国维自身也是在异国漂泊、前途渺茫之时，才决然踏入。这从王氏在日后为其子辈择业安排的取向上，也可见一斑：长子潜明及三、四子从业海关，次子高明从业邮政。

　　这篇《殷卜辞中所见先公先王考》的内容，在后世研究者面前并非无懈可击，但从当年的历史环境和学术意义上来看，其分量和功绩仍然不容小觑。

　　近年有学者指出，对于"二重证据法"和王国维的学术成就，学术界存在盲目夸大的现象。如南开大学史学史专家乔治忠教授，在其《王国维"二重证据法"蕴意与影响的再审视》一文中，提出"必须对'二重证据法'予以严格的剖析"。其着重质疑是"在方法论上这根本算不得'二重证据法'，因为他实际运用的乃是甲骨片上的文字记录。……既是文字记载，就与古籍记载实际属于同一性质，不过更加可信而已。如果从图书馆、档案馆的角落发现可靠的文件，在史料性质上与地下出土的甲骨的文字记载一样，这是很明白的道理。考订清朝历史，若利用清内阁档案算不算'二重证据法'，如果再加以满文资料，算不算'三重证据法'？"①

　　对此，编著者不能苟同，因为依据同样"很明白的道理"，所谓"二重性"信息的关键并不在于是否属于文字，而在于封存地下：甲骨文在被埋藏的千百年间，完全没有被篡改的可能；而典藏古籍无论来自何处，恰无法避免这一点。中国典籍既有立言严谨、秉笔直书的传统，个别典籍会有美祖誉君、藏拙隐丑的弊端；且史书越是重要、古老，被改动的次数和幅度就可能越多、越大。"二重证据法"因其在关键时期的划时代成就——即以东西合璧的研究方法，及时阻击了西学东渐对中国传统史籍的过分否定，使中国的丰富古籍与现代考古学相辅相成、相得益彰，成为中国新史学的特色而独步世界。

　　然如乔治忠在其著作《中国史学史》（2011）中所指出的，后世甲骨学家丁山、陈梦家、周鸿翔等先后都指出了王国维《殷卜辞中所见先公先王考》中的错误部分，这也是现代学术递进发展的事实。本人也赞同乔教

---

　　①　乔治忠《王国维"二重证据法"蕴意与影响的再审视》，载《南开学报》2010 年第 4 期，第 131 页。

授作出的如下结论:"王国维之'而由殷周世系之确实,因之推想夏后氏世系之确实',已属于错误的逻辑……正确的学术态度,应当是以客观的求真、求是态度对待新发现的史料,能够印证原有史料和结论者,固当印证之,而若可以否定原有材料和结论,亦当予以否定之。"① 其实,这也正是胡适之名言所强调的、科学考证的基本原则:"有八九分证据,不要说十分话。"

八、罗振玉历史成就的关键性

传统金石学起源于宋,到清代与朴学中的考据训诂结合后异军渐起,逐步发展成为中国现代考古学的前身。不幸的是,在晚清中国濒临亡国灭种、民不聊生的大背景下,真正有功底、有心力、又具国际眼界的学人菁英,实际上已寥若晨星。而幸运的是,承载着三千年前古文明信息的甲骨文得以重见天日,发现、传布甲骨文的大任降落在了王懿荣和刘鹗的头上;而继续揭示其秘密、创建甲骨学的使命,也在徘徊多年后有幸落到了罗振玉的肩头。

今日看来,罗振玉历史贡献的重要性和关键性,至少可归纳为五点。

(1) 无论当年是"炫耀"还是"请教",林泰辅那篇"援据赅博"的论文形成的挑战,毕竟在 1910 年及时放到了罗振玉面前。这个事实本身,就是中国甲骨学界乃至整体学术界的一大幸:因为当时的国学大师中,孙诒让已逝,章太炎等又热衷革命且在学术上故步自封,故如果罗氏晚几年看到林文,中国甲骨学的突破和起飞就很可能推迟几年。假如当年灾难深重的中国没有罗振玉这样一个关键人物站出来,能够面对、赢得林泰辅的挑战,后果应会更加不堪设想——《铁云藏龟》《契文举例》可能长久陷入尘封,其他"甲骨三堂"的研究、1928 年殷墟科学发掘都将无从谈起,甲骨学将会被受过汉学训练的日本学者长期把持、领先,结果将可能比诸如敦煌、"北京人"研究的境遇还惨,极有可能与埃及和玛雅象形文字的遭遇相当。何其幸哉!甲骨学已真正成为中国近代唯一的从发现创立到发展壮大都由中国人主导并持续领先的、有世界影响的综合性现

---

① 乔治忠《王国维"二重证据法"蕴意与影响的再审视》,载《南开学报》2010 年第 4 期,第 131 页。

代学术领域。

（2）如很多学人已指出，"罗王之学"中甲骨学的首战告捷，激励开启了罗王在其他三个显学领域中的一系列异军突起和后来居上：敦煌遗书、流沙坠简的及时介入研究、明清档案的挽救和研究，以及对殷周史、古器物、明器、西北地理和民族史学等多项学科的开创与深入研究。一系列的相关成就以其"内容之丰富、甄别之谨严、成绩之浩瀚、方法之崭新"，使得子孙后代"欲论中国古学，欲清算中国的古代社会，我们是不能不以罗、王二家之业绩为其出发点了"（郭沫若《中国古代社会研究·自序》）。

（3）梁启超把"清之考证学"列为中国文化后秦"四大思潮"之一，并总结说"其治学根本方法，在'实事求是'、'无征不信'"；"清考证学"以"朴学"为特色，"其学问之中坚，则经学也，经学之附庸则小学"①；王国维指出："我朝学术所以超绝前代者，小学而已。……窃谓我朝三百年之小学，开之者顾（炎武）先生，而成之者（罗振玉）先生也"②。"小学"的突破升华了中国古文字学，打造了甲骨学的核心，加固了中华文明基石，成为人类早期文明研究领域中的重要成就之一。

（4）王国维更有言评价罗振玉的难能可贵："先生独以学术为性命……国家与群力之所不能为者，竟以一流人之力成之。"③ 回眸 1900 年至王国维去世的几十年间，中国进行着愈演愈烈的内外残酷战争，第一次世界大战在此期间发生。在各国、各届、各级政府都很难集中人力、财力来抢救、建设本民族文化之际，在中华民族遭受列强入侵和瓜分危机的年代，更凸显出罗振玉以"一人之力成之"的难能可贵。当年风雨飘摇中的踽踽独行、卓绝苦撑，今日看来几近力挽狂澜，无异于中流砥柱。

（5）更应看到，如梁启超所深刻指出的："凡袭有遗产之国民，必先将其遗产整理一番，再图向上，此乃一定步骤；欧洲文艺复兴之价值，即在此。故当其时，科学亦并未发达也，不过引其机以待将来……故清儒所

---

① 梁启超《清代学术概论》，中国人民大学出版社 2004 年版，第 131、135、174 页。
② 王国维《殷虚书契考释·后序》（1914），收入《王国维文集》第四卷，中国文史出版社 1997 年版，第 376 页。
③ 王国维《雪堂校勘群书叙录·序》（1918），收入《王国维文集》第四卷，中国文史出版社 1997 年版，第 372 页。

尊之途径,实为科学发达之先驱。"①中国今日的科技、经济、文化的再次崛起和复兴于现代文明,印证了任公所言"遗产整理"(亦即胡适所言的"整理国故,再造文明")作为"中国之文艺复兴"的启蒙奠基作用的重要性;而罗、王及稍早的刘鹗、孙诒让等,在此民族复兴大业中所起的关键历史作用,不言而喻。

人类历史证明,真正能让一个民族屹立不倒的,不是王侯,不是军队,不是人口;而是文明,是文化,是学术。

结语:"为往圣继绝学"功勋不朽

一方面来讲,大发现、大学问的造就,需要若干杰出学者相继发力,相辅相成。没有宋元明清千百年金石学和考证学的积累,就不可能有王懿荣的慧眼识珠;没有王懿荣"厚值留之",就没有刘铁云的"予数得之";没有刘鹗"拓付石印、祷祀以求",就没有孙诒让的"衰年睹兹奇迹",则没有孙氏的"略通其文字"及林泰辅的"始为详考、援据赅博",也难有罗振玉的"询知发见之地、以三阅月之力为考一卷"和"发愤为之考释、尝念言学术传布之责⋯⋯今乃幸得之"②;而没有罗振玉长年的关照引导,更难有王国维再上层楼的《先公先王考》《古史新证》、"二重证据法",以及"独立之精神,自由之思想,历千万祀,与天壤而同久,共三光而永光"(陈寅恪语)的身后荣耀。

另一方面,如笔者在前文《"王刘联合发现说"和甲骨文的发现研究新论》中所说,凡涉及学术和寻求历史真相,就应扫除一切政治因素、师承门派、人情避讳等等干扰,以一码归一码的科学原则,将国故整理清楚。天下没有完人,微瑕不掩瑜,先驱们的历史功绩和学术地位不会因存在些许错误、瑕疵而稍减。在民族复兴必须由文化自信和软实力支撑的今日,学术界对于刘鹗、孙诒让、罗振玉等人在中国文化史上的地位不容低估。

自北宋以降,中国传统知识分子菁英就将自身的最高使命归结为"为

---

① 梁启超《清代学术概论》,中国人民大学出版社 2004 年版,第 224 页。

② 罗振玉《殷虚书契后编·自序》,收入黄爱梅编《雪堂自述》,江苏人民出版社 1999 年版,第 127 页。

天地立心，为生民立命，为往圣继绝学，为万世开太平"（张载语）。在笔者看来，王懿荣、刘鹗、孙诒让、罗振玉、王国维无疑都为"往圣继绝学"建立了不朽的历史功勋，不论过去、现在和将来，他们都是中华民族面对西方和世界文明史上的佼佼者。在当年战火硝烟之外的文化学术疆场，成为中华文化继往开来的中流砥柱，为百年后的民族复兴奠定了基础。

人类发展史已经证明，科学发现和学术成就有如灯塔，引领着文明不断进步；相比之下，种种一时之是非、进退、成败，却常常是"古今多少事，都付笑谈中"。

2015 年 11 月—2019 年 4 月任光宇撰写—定稿于成都恒大绿洲蠡云台

延伸阅读一

甲骨文考古的科普作家"三山直文"，曾在其汪洋恣肆的长篇网文中，① 对王国维的《殷卜辞中所见先公先王考》《殷卜辞中所见先公先王考续考》的考证过程、内容和成就，有着如下颇为内行且通俗精彩的解说（节录）：

据说 1905 年爱因斯坦刚提出相对论的时候，全世界只有 6 个人懂。那时候甲骨学更艰涩，只有两个人懂。甲骨学都不叫甲骨学，直接叫"罗王之学"。王是王国维。

嗯，是的，文艺小清新们，王国维不止会"第三重境界是'众里寻他千百度，蓦然回首，那人却在灯火阑珊处'"。相比王国维的其他研究成就的高度，《人间词话》基本就是玩……

王国维坚持"史籍"需要与出土材料两相印证方为可信。……

王国维的脑容量极大，不但记得各片甲骨上的文字，还记得每片甲骨的外形。当时出版的甲骨文拓片书籍很多，各家都没有统一，常常是你印一本我印一本，由于甲骨出土的时候往往是破碎的，所以很可能同一片甲

---

① 该文原载天涯论坛 2015 – 03 – 10。

骨的不同部分，被分别印在两本书上，而王国维可以凭记忆把几本书某几页某几张图给拼起来。这个过程后人叫作"缀合"。

王国维挑司马迁的错是依据这幅拼图（见图1）。这幅拼图的不同部分的原始来源，有一片在罗振玉手上，后来罗振玉编入《殷虚书契后编》的上册，剩下的那部分在上海，为大上海犹太裔房地产大亨哈同（Hardoon）所收藏。

……可以发现甲骨辞中出现了多个人名，包括汤（大乙）、大丁（"大"通"太"）、大甲、大庚。所以很容易想到，这是一份祭祀先代商王的王表，把名字按辈分挨个列出来，不同的人享受的祭品级别不同。汤是十份，他的长子大丁虽然没即位，还是有十份，反而是外丙和中壬没份，然后大甲也是十份，大庚就只有七份了。

……接着翻《史记》。《史记》在汤之前是这么写的：振卒，子微立。微卒，子报丁立。报丁卒，子报乙立。报乙卒，子报丙立。报丙卒，子主壬立。主壬卒，子主癸立。主癸卒，子天乙立，是为成汤。

从汤到后来的国王，王国维称为"先王"，而在汤建立商之前的祖先，王国维称为"先公"。

图1 王国维《先公先王考》所缀合甲骨

……西周金文有"合文"的写法，把两个或多个字写作一个，比如把周武王写作"斌"，作为国王的专属用字。那么假设甲骨文也有合文是很自然的……编写《春秋左传》的鲁国人左丘明还写过一本史书叫《国语》。《国语》当中的《鲁语》有这句话：上甲微，能帅契者也，商人报焉。都不用知道这句话是什么意思，看到"上甲微"就足够了。于是确证，微＝上甲。……

现在这片甲骨的意思已经明确了：

乙未这天，用酒祭祀先公先王。用十份祭品祭祀上甲，三份祭祀报乙，三份祭祀报丙，三份祭祀报丁……以此类推。花了这么大精力，就为考证出一群祖先在分吃的，这精力花得太不值了，等等——《史记》明明记的是：微卒，子报丁立。报丁卒，子报乙立。报乙卒，子报丙立。辈份顺序是上甲—报丁—报乙—报丙。而这片甲骨的顺序却是：上甲—报乙—报丙—报丁。

报乙从上甲的孙子变成了儿子，而报丁从儿子变成了曾孙。然而当时这样隆重的祭祀，从上甲到汤到小甲一路下来，绝对不可能在辈分问题上出错。于是王国维凭小小几片甲骨，不声不响地扔了个炸弹：司马迁抄错了。

……从司马迁的记述中可以看到的是，外壬是中丁的弟弟，河亶甲是外壬的弟弟，祖乙是河亶甲的儿子。换言之祖乙是中丁的侄子。然而王国维又在一堆碎片中找到了这片：虽然前后有一点不全，但是还是可以把整句话恢复出来，又是一群商王鬼魂在分吃的。

对照着王表看一下，一个叫"丁"的王，他的位置要在大庚的后面，又要在祖乙的前面，那第二列头一个王必须只能是中丁了。可是中丁和祖乙是挨着的。反而是没有河亶甲和外壬的位置。和前面的这张对照下，汤的长子大丁虽然没即位，还是享受祭祀，反而是汤的兄弟，曾经当过商王的外丙和中壬没份。

于是王国维再次云淡风轻指出司马迁的错：祖乙是中丁的儿子，而不是河亶甲的儿子。

……就像当年商博良①随便一句"象形文字是拼音"就直接推翻一千年人类的努力。当然人家王国维读书人不会这么说，王国维只是轻描淡写一句"何必是史记而非卜辞耶？"……

王国维一出手这两篇《殷卜辞中所见先公先王考》《殷卜辞中所见先公先王考续考》，最重要的成就还不是理清了谁是谁儿子的问题，而是把甲骨文瞬间提了十个级别，把业界标杆直接立在很高的地方，既反击了"疑古派"的"殷商史是道听途说凑来"的论点，也猛扇了"崇古派"的"司马迁最牛了么么哒"两巴掌。

———————

① 让－弗朗索瓦·商博良（Jean－François Champollion，1790—1832），法国著名历史学家、语言学家、埃及学家。率先破解古埃及象形文字结构并破译罗塞塔石碑的学者，从而成为埃及学的创始人，被后人称为"埃及学之父"。

延伸阅读二

　　在本论文发表数年后，笔者近期又看到一篇报道，详细地介绍了厦门大学李无未教授2021年5月21日在西南大学所作学术报告"林泰辅《中国古文字源流》稿本（1907）发现的意义"（载2021年5月24日西南大学汉语言文献研究所网站"新闻动态"栏目）。李无未在报告中指出："成家彻郎对于林泰辅《中国古文字源流》（稿本）的发现和研究具有重大意义，即第一次揭示了林泰辅研究甲骨文的真相，并将日本甲骨学的研究起始时间由1909年提前到了1907年；此外，成家彻郎力图告诉世人，《中国古文字源流》稿本是世界范围内第一部研究中国古文字源流的博士学位论文，由此，揭开了一段沉寂了一百多年的历史谜题，就世界范围内中国古文字研究来说，这是个奇迹。"报道内容尚有："最后，李无未教授从18个方面总结了林泰辅《中国古文字源流》（稿本）的学术地位及发现的意义。对于如何定位林泰辅《中国古文字源流》（稿本），李教授通过与高田忠周《汉字原理》（1904）、唐兰《古文字学导论》（1935）的比较，认为《中国古文字源流》（稿本）具有自己的独创性，而且得之在先，这在中日两国古文字学通论史上是极为突出的；更为重要的是，以其独创性，超越了他所处的时代，代表了当时中国古文字学理论研究的最高水平。"

附录　"1919 年日本各界送别罗振玉大合影"及说明

一幅珍贵的历史照片，留下了当年罗振玉获得罕见国际声誉的佐证。从日本归国前夕的 1919 年春，罗氏已独步那个时代的中国学人（甚至包括当年的中国政要、名人），获得了包括日本大学校长及汉学家的学界、当朝内阁大臣及后任首相的政界，加媒体报人、收藏家、金石书画艺术家等，至少 35 位学人、名人参加的京都送别聚会的荣誉。会后，罗振玉还被数位友人一路送别至神户港登船。

此事证明，一位手无任何权柄和寸铁的传统中国学人，可以凭借个人渊博学问赢得以日本精英为代表的现代文化界的尊敬；此事也可谓中国近代对外民间交流史上一段难得的、尘封已久的佳话。

1919 年日本各界于京都圆山公园送别罗振玉合影（日本大正八年六月二十一日）

此照下方题有三排共 38 人人名的手写标注，应是上图的原始照片的背面。

该照翻拍自《大师第一罗雪堂》①，原照印刷尺寸较小、清晰度较低，

附有人名、无身份职称。

编著者参照张璞《文史淮安》的专文②，参考照片背面的人名标注及网络查询，得到合影中的主要人物身份信息如下：

第一排：正中执圆扇者为罗振玉，他右侧是前文部大臣、后日本首相犬养毅③（左五），左七是文人画耆宿富冈铁斋。其他送别者包括：《朝日新闻》创始人、社长上野理一（左四），京都大学校长荒木寅三郎（左八），外务大臣、农林大臣山本悌二郎（左三），书法家、收藏家小川为次郎（左二），汉学家高田忠周（左一），书法家（高僧?④）畠山八洲（左九），收藏家、维新功勋榊原铁砚（左十），书画家江上琼山（左十一）；

第二排：史学家、汉学家内藤湖南（右四），狩野直喜（右九），东

① 萧文立《大师第一罗雪堂》，见《风雅斯文》壹·香兰卷，大连青年书学研究会主办，2013 年 2 月，第 13 页。

② 张璞《一杯飞天敬大师》，载《文史淮安》2016 年专题增刊，第 121 页。

③ 犬养毅，中国文化爱好者，早年支持中国兴中会、同盟会和孙中山的民主革命。九一八事变后，日本首相犬养毅认为应该归还东北主权给中国，采用蚕食的办法逐渐扩大对中国的侵略。由于主张非战，1932 年犬养毅被日本下层右翼军官杀死。

④ 仅在网络查到如下相关信息：松坂归庵（1892—1959），真言宗僧人，14 岁出家，是昭和年间三位著名大僧正之一。向畠山八洲学习书法，后自己探究慈云·寂严流茶道。天资典雅、高洁，被称为当代良宽。存疑。

京美术大学创办人、西泠印社早期会员长尾雨山（右一），汉学家、楚辞专家西村时彦（右十），哲学家高濑武次郎（右三），哲学家、佛学家松本文三郎（右六），医学史家佐伯理一郎（右五），地理学家、汉学家小川琢治（右十一），"博文堂"书画店主原田大观（右十三），罗振玉长子罗福成（右八）和四子罗福保（右七）；

　　第三排：帝国大学校长、汉学家滨田耕作（左五），汉学家铃木虎雄（左三），汉诗诗人高野竹隐（左六），史学家桑原骘藏（左十二），书法家（《铁云藏龟》题签者）山本竟山（左八），书法篆刻家河井荃庐（左七），书画家滑川淡如（左九），画家柚木梶雄（左四），冶金化学史家近重真澄（左十一），书法家、汉学家黑木钦堂（左十三），出版人矶野秋渚（左十四），"文求堂"汉籍书画店主田中庆太郎（左十）等。

第二编
早期甲骨学研究资料
及论文选辑

一、孙诒让《契文举例·叙》

孙诒让（1848—1908），字仲容，号籀庼

梁启超："有醇元疵，得此后殿，清学有光。"（《清代学术概论》，1925）

陈梦家："有清一代，关于礼仪注疏与文字考释两事甚为发达，孙氏最后出而贡献最大。"（《殷虚卜辞综述》，1956、1988）

郭沫若："甲骨文字之学创始于孙仲容，继之者为王观堂。饮水思源，二君殊可纪念。"（《玉海楼题字》，1964）

（一）《契文举例·叙》书影[①]

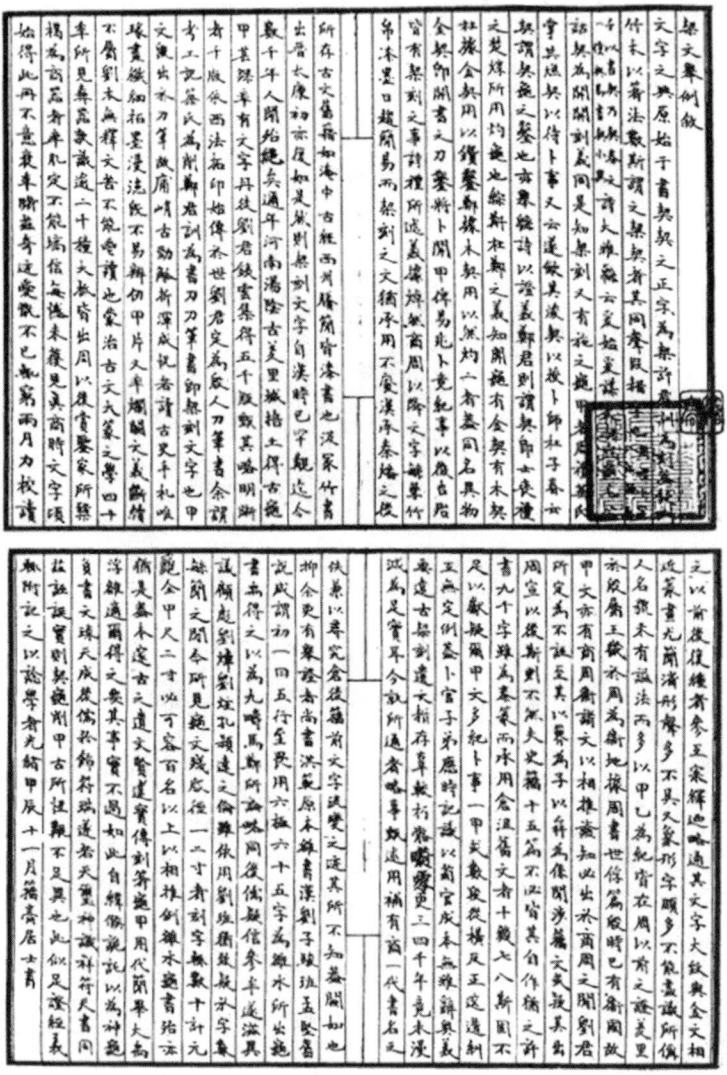

① 孙诒让《契文举例·叙》影印，《续修四库全书》第 906 册，上海古籍出版社 2002 年版，第 139 页。

（二）《契文举例·叙》释文①

文字之兴，原始于书契。契之正字为栔。许君训为"刻"。盖锲竹木以箸法数，斯谓之栔。契者其同声叚借字也。（《周礼·小宰》"八成""听取予以书契。乃契券之一种，与《易》"书契"小异。）《诗·大雅·绵》云"爰始爰谋，爰契我龟。"毛公诂契为开。开、刻义同，是知契刻又有施之龟甲者。《周礼·菙氏》："掌其燋契，以待卜事。"又云："遂吹其焌，以授卜师。"杜子春云："契，谓契龟之凿也。"亦举《绵》诗以证义。郑君则谓契即《士丧礼》之楚焞所用龟也。综斠杜、郑之义，知开龟有金契、有木契。杜据金契，用以钻凿；郑据木契，用以然灼，二者盖同名异物。金契即开书之刀凿，将卜，开甲俾易兆，卜竟纪事。以征吉殆，皆有契刻之事。《诗》《礼》述义据焯。然商周以降，文字繁孳，竹帛漆墨，日趋简易，而契刻之文，犹承用不废。汉承秦燔之后所存古文旧籍，如"淹中古经""西州膡简"，皆漆书也。《汲冢竹书》出晋太康初，亦复如是。然则契刻文字，自汉时已罕靓，迄今数千年，人间殆绝矣。

迩年，河南汤阴古羑里城，掊土得古龟甲甚夥，率有文字。丹徒刘君铁云集得五千版，甄其略明晰者千版，依西法拓印，始传于世。刘君定为殷人刀笔书。余谓《考工记》筑氏为削，郑君训为书刀。刀笔书，即契刻文字也。甲文既出于刀笔，故庸峭古劲，觚折浑成，怳若读古史手札。唯璆画纤细，拓墨漫漶，既不易辨仞，甲片又率烂阙，文义断续不属，刘本无释文，苦不能邑读也。蒙治古文大篆之学四十季，所见彝器款识逾二千种，大抵皆出周以后，赏鉴家所橥楬为商器者，率臆定不能塙信，每憾未获见真商时文字。顷始得此册，不意衰季睹兹奇迹，爰玩不已。辄穷两月力校读之，以前后复重者参互采绎，乃略通其文字，大致与金文相近。篆画尤简渻，形声多不具，又象形字颇多，不能尽识。所称人名号未有谥法，而多以甲乙为纪，皆在周以前之证。羑里于殷属王畿，于周为卫地。据《周书·世俘》篇，殷时已有卫国，故甲文亦有商周卫诸文，以相推

① 据刘德隆、刘瑀《刘鹗年谱长编》，上海交通大学出版社2019年版，第564—565页；任光宇参校。

讅，知必出于商周之间。刘君所定为不诬。至其以 🦏 为子，以 🦏 为系，间涉籀文，或疑其出周宣以后，斯则不然。夫史籀十五篇，不必皆其自作。犹之许书九千字，虽为秦篆，而承用仓、沮旧文者十几七八，斯固不足以献疑尔。甲文多纪卜事，一甲或数段，从横反正，交错，纠互无定例。盖卜官子弟应时记识，以备官成，本无雅辞奥义。要远古契刻遗文楮存辜较，朽骼畸零更三四千年竟未漫灭，为足宝耳。

今就所通者，略事甄述，用补有商一代书名之佚，兼以寻究仓后籀前文字流变之迹。其所不知，盖阙如也。抑余更有举证者，《尚书·洪范》原本《雒书》，汉刘子骏、班孟坚旧说咸谓："初一曰五行"，至"畏用六极"，六十五字为雒水所出龟书，禹得之以为九畴。马、郑所论略同。后儒疑信参半，遂滋异议。顾彪、刘焯、刘炫、孔颖达之论，虽用刘、班，犹致疑于字数繁简之间。今所见龟文残版，径一二寸者，刻字辄数十计。元龟全甲尺二寸，必可容百名以上。以相推例，雒水龟书殆亦犹是。盖本邃古之遗文，贤达宝传，刻著龟甲，用代简毕。大禹浮雒，适尔得之，要其事实不过如此。自纬候诡托，以为神龟负书，文璱天成。后儒矜饰符瑞，遂若天玺神谶，祥符天书，同兹诬诞。实则契龟削甲，古所恒觏，不足异也。此似足证经义，辄附记之，以谂学者。光绪甲辰十一月籀顾居士书

【编著者按】笔者在论文《罗振玉等人早期甲骨文研究学术史新探》第二部分中，对《契文举例》做了若干探讨："研读这些关于《契文举例》写作的文字时，笔者产生至少一个质疑加三个疑问。第一个应是高度质疑……故笔者认为，此（王国维发现的）抄本应可确定是来自刘鹗遗存，即孙诒让 1904 年寄赠刘鹗的那个抄本（如果陈梦家所说无误）。这也可以反过来作为刘家确曾收到过《契文举例》抄本的一个参证。第二个疑问是刘鹗是否及时收到了孙诒让的抄本？……只能作为待解之谜。第三个疑问是罗振玉何时收到孙诒让的抄本？为何没有互动？……罗、端、刘手中稿本之谜并没解开，值得继续搜求。第四个疑问，孙氏为何选择刘、端、罗三人看初稿？是否还寄送了其他学者？……也是待解之谜。另一个令人好奇的题外疑问，是孙诒让是从哪里知道、又如何得到一部《铁云藏龟》的？……合理的推测是：孙诒让从《时报》上看到了刘鹗的公告很为所动，亲自或托人专门去寄售处买到了《铁云藏龟》；且完成《契文举

例》后，他也可能经过相同的途径，将一个抄本转交刘鹗。"论文也对罗王关于孙书的评价情况作了分析，认为"罗、王对孙书作出偏低评价，主要应有三方面原因……。"（《新探》全文请见本书第一编）

二、 罗振玉甲骨学相关序跋选录

罗振玉（1866—1940），字叔韫，号雪堂，永丰乡人

王国维："先生独以学术为性命，以此古器古籍为性命所寄之躯体，思所以寿此躯体者，与常人之视养其口腹无以异。辛亥以后，流寓海外，鬻长物以自给，而殷虚甲骨，与敦煌古简佚书先后印行。国家与群力之所不能为者，竟以一流人之力成之。"（《雪堂校刊群书叙录》序，1918）

郭沫若："罗振玉的功劳即在为我们提供出了无数的真实的史料。他的殷代甲骨的搜集、保藏、流传、考释，实是中国近三十年来文化史上所应该大书特书的一项事件。"（《中国古代社会研究》，1929）

（一）《殷商贞卜文字考》序（1910）①

光绪己亥，予闻河南之汤阴发见古龟甲、兽骨，其上皆有刻辞，为福山王文敏公所得，恨不得遽见也。翌年，拳匪起京师，文敏殉国难，所藏悉归丹徒刘氏。又翌年，始传至江南。予一见②，诧为奇宝，怂恿刘君亟拓墨，为选千纸付影印，并为制序。顾行箧无藏书，第就《周礼》《史记》所载略加考证而已。亡友孙仲容徵君（诒让）亦考究其文字，以手稿见寄，惜亦未能洞析奥隐。嗣南朔奔走五六年来，都不复寓目。去岁东友林学士泰辅始为详考，揭之《史学杂志》，且远道邮示，援据赅博，足补正予曩序之疏略。顾尚有怀疑不能决者，予乃以退食余暑，尽发所藏拓墨，又从估人之来自中州者，博观龟甲、兽骨数千枚，选其尤殊者七百，并询知发见之地乃在安阳县西五里之小屯，而非汤阴，其地为武乙之墟。又于刻辞中得殷帝王名谥十余，乃恍然悟此卜辞者，实为殷王朝之遗物，太卜之所掌。其文字虽简略，然可正史家之违失，考小学之源流，求古代之卜法。爰本是三者，以三阅月之力为考一卷，凡林君之所未达，至是乃一一剖析明白，乃亟写寄林君，且以诒当世考古之士。惜仲容墓已宿草，不及相与讨论，为憾事也。宣统二年夏。

【编著者按】关于"怂恿刘君亟拓墨，为选千纸付影印，并为制序"，刘蕙孙先生在《甲骨聚散琐忆》一文中有如下相关文字："《铁云藏龟》的类次和拓墨有无请罗振玉参与？是没有。其时罗正在湖北张之洞幕中办

---

① 据黄爱梅编《雪堂自述》，江苏人民出版社1999年版，第160页。
② 罗振玉初见甲骨拓片的时间应在1903年，1901、1902年仅存极小的可能。对此本书第一编《"王刘联合发现说"和甲骨文发现研究新论》第六部分"罗振玉'1901年初见甲骨说'应予更正"中有专门论证，并指出："旧时代培育的学者，缺陷之一就是没有现代科学研究所极其注重的时间观念。也因为老一代在相关文字记录上常常没有记下确切时间的习惯，他们在其后相关题跋、记叙、回忆时，就常常难免或有意无意记错年月。现代的研究者只要认真、独立思考，对此并不难明察，如台湾的莫荣宗在编过《罗雪堂先生著述年表》后即直言不讳：'先生记事，颇缺乏时间观念，是编所述诸事，间有先后倒置数年者。必须与先生所撰之序跋及……互相对比，始能得其真相。'刘德隆也在《刘鹗年谱长编》1901年编末尾有相关如下▲编著者按："现在所知刘鹗1902年得龟甲兽骨，1903年拓印后印制《铁云藏龟》。罗振玉《铁云藏龟叙》述'癸卯夏，拓墨付景印既讫，为援据经史，缀辞于后，以质海内方闻之士。秋八月上虞罗振玉叔耘父书于海上寓居之怀新小筑'也记录的是1903年，与此相差两年。原因待考。"

农校并到日本考察教育，并未在北京。铁云所藏的数千片甲骨，也是到 1908 年家难前才由北京南运，旋即散失。罗也未见过全藏，并无参与类似之事。拓墨则《藏龟》中说得很明白，是直隶王瑞卿，也就是北京琉璃厂的一位拓手。此外听说铁云先生的门客，我五叔涵九（大经）先生的业师淮安人汪剑农是参与过一点。"①更完整的相关论述，还请参见本书第一编《"王刘联合发现说"和甲骨文发现研究新论》第五部分"对罗振玉'怂恿/墨拓/编辑说'的质疑"。

另，关于罗振玉为《铁云藏龟》所作序的存疑，请参见本书"导论：《铁云藏龟》的版本及内容述考"中关于邵子风所言"罗氏之序，原书多不载"的注释。关于罗振玉对孙诒让《契文举例》的评价变化分析，请参见本书第一编《罗振玉等人早期甲骨文研究学术史新探》第三部分"试析罗振玉、王国维对孙诒让及《契文举例》的前后评价"。关于罗振玉因林泰辅论文形成挑战而开始研究甲骨文的新说论证，请参见本书第一编《罗振玉等人早期甲骨文研究学术史新探》第五部分"罗振玉研究甲骨文缘起考辨"、第六部分"林泰辅的早期挑战与罗振玉之'一剑封喉'"。

（二）《殷商贞卜文字考》跋（1910）②

予之考证贞卜文字，盖始于今年二月，牵于人事，或作或辍。己自念言，古物之出，不先不后，而适当我之生，且沉埋三千年，键予之巾笥者，亦且十年，每一展观，辄有损坏，倘再数十百年，恐千百不复存一，用是惕然自励。乃以长夏，屏绝人事，闭户兼旬，草稿甫就，不及审定，亟付写官。盖其中有将恐将惧者存焉。噫！天下之事，应恐惧急图，盖有千百倍于此者，而予力之所隶，则仅此而已。当世之君子，倘有以我为今之杨子云者，书此谢之。六月二十四日，振玉又识。

【校记】据单行本。

---

① 刘蕙孙《刘蕙孙论学文集》，福建教育出版社 2000 年版，第 370 页。
② 据萧文立编校《雪堂类稿·乙 图籍序跋》，辽宁教育出版社 2003 年版，第 53 页。

（三）《殷虚书契前编》序（1912）[①]

　　光绪二十有五年，岁在己亥，实为洹阳出龟之年，予时春秋三十有四。越岁辛丑，始于丹徒刘君许见墨本，作而叹曰：此刻辞中文字，与传世古文或异，固汉以来小学家若张、杜、杨、许[1]诸儒所不得见者也！今幸山川效灵，三千年而一泄其秘，且适当我之生。则所以谋流传而攸远之者，其我之责也夫！于是尽墨刘氏所藏千余为编印之，而未遑考索其文字。盖彼时年力壮盛，谓岁月方久长又所学未邃，且三千年之奇迹，当与海内方闻硕学共论定之：意斯书既出，必有博识如束广微者为之考释阐明之，固非曾曾小子所敢任也。顾先后数年间，仅孙仲容徵君诒让作《契文举例》，此外无闻焉。仲容固深于《仓》[2]《雅》[3]《周官》之学者，然所为《举例》，则未能阐发宏旨，予至是始有自任意。岁丁未，备官中朝，曹务清简，退食之暇，辄披览墨本及予所藏龟，于向之蓄疑不能遽通者，谛审既久，渐能寻绎其义。顾性复懒散，未及笔记。宣统改元之二年，东友林君泰辅寄其所为考至，则视孙徵君《举例》秩然有条理，并投书质疑。爰就予所已知者为《贞卜文字考》以答之。已而渐觉其一二违失，于旧所知外，亦别有启发，则以所见较博于畴昔故，于是始恍然。宝物之幸存者有尽，又骨甲古脆，文字易灭，今出世逾十年，世人尚未知贵重，不汲汲搜求，则出土之日即渐灭之期。矧所见未博，考释亦讵可自信？由此观之，则搜求之视考释，为尤急矣。因遣山左及厂肆估人至中州，瘁吾力以购之，一岁所获殆逾万。意不自歉，复遣人至洹阳采掘之，所得又再倍焉。寒夜拥炉，手加毡墨，拟先编墨本为《殷虚书契前编》，考释为《后编》。并谋投劾去官，买地洹阳，终我天年，以竟此志。乃逾年冬而国难作，避地浮海，将辛苦累蓄之三千年骨与甲者，郑重载入行笈，而展转运输及税吏检察，损坏者十已五、六。幸其尤殊者，墨本尚存。乃以一岁之力，编为《前编》八卷，付工精印。其未及施墨者，异日当辑为《续编》，而《后编》亦将次写定，呜呼！丧乱以来，忽已匝岁，神州荒翳，文献荡然。天既出神物于斯文垂丧之时，而予又以偷生忍死之余仓皇编辑，须鬓日改，犬马之齿，亦既四十有七，上距己亥已阅十有四年。买地

　　① 正文及注释据黄爱梅编《雪堂自述》，江苏人民出版社 1999 年版，第 125 – 126 页。

洹阳之愿既虚，茫茫斯世谁复有读吾书者？亦且抱此遗文以自慰藉而已。穷冬濡豪，万感百忧，一时交集。岁在壬子十二月。

【注释】

[1] 指汉代小学家张敞、杜林、扬雄和许慎。

[2] 《仓颉篇》，古字书。

[3] 《尔雅》，古辞书。

（四）《铁云藏龟之余》序（1915）①

予之知有贞卜文字也，因亡友刘君铁云。刘君所藏，予既为之编辑为《铁云藏龟》。逾十年，予始考订其文字，为《殷商贞卜文字考》。时君则以事流西陲死矣。又二年，予所蓄手自拓墨以成《殷虚书契》八卷。又二年成《考释》一卷，则距君之死且数年矣。居恒辄叹，殷虚遗宝由君得传于斯世，而君竟不及见予书之成也。欲揭君流传之功以告当世，乃搜得君曩日诒予之墨本选《藏龟》所未载者得数十纸，为《铁云藏龟之余》，以旌君之绩，以告君于九泉。呜呼，君遂将藉此书留姓名于人间矣。岂不哀哉！乙卯春正月上虞罗振玉记于日本寓居之殷礼在斯堂

（五）《殷虚书契后编》序（1916）②

宣统壬子，予既类次所藏殷虚文字为《书契前编》八卷，书既出，群苦其不可读也。越二岁，予乃发愤为之考释。私意区宇之大，圆颅方趾之众，必将有嗣予而阐明之者，乃久而阒然。复意并世之士，或不乐为此寂寞之学，当有会最殷虚文字以续我书者，久亦阒然，无所闻也。一若发潜阐幽，为区区一人之责者。至是予乃益自厉，曰：天不出神物于我生之前，我生之后，是天以畀予也！举世不之顾而以委之予，此人之召我也！天与之，人与之，敢不勉夫？爰以乙卯仲春渡海涉洹，吊武乙氏之故虚，履发掘之遗迹，恍然如见殷大史藏书之故府。归而发箧，尽出所藏骨甲数

---

① 据刘德隆、刘瑀编《刘鹗年谱长编》，上海交通大学出版社 2019 年版，第 519 页。

② 据黄爱梅编《雪堂自述》，江苏人民出版社 1999 年版，第 126－127 页。

万，遴选《前编》中文字所未备者，复得千余品，手施毡墨百日而竣。方谋所以流传之，家人闻，匿笑曰：往以印书故，灶几不黔，今行见釜鱼矣！乃亦一笑而罢。然固未尝恝置也。今年春游沪渎，有欧人某君者闻予为此书，请而刊焉。乃以十日之力亟厘为二卷付之，俾与《前编》共传当世。往尝念言学术传布之责，天下有力者当共肩之，顾久无所遇也，今乃幸得之。异日者，当更就箧中所藏并再至殷虚搜求其孑遗，以补此两编之所未备。不知尚有好古如某君者，为我任剞劂之事者乎？爰书以召之。岁次丙辰上巳。

（六）《殷虚古器物图录》序（1916）①

光绪戊申，予既访知贞卜文字出土之地，为洹滨之小屯，是语实得之山左估人范厶。予复咨以彝器法物，有同出于是者乎？范估言无之。予疑其言非实也。嗣读宋人《博古图》，于古器下，每有注"出河亶甲城"者，河亶甲城，其地盖即今之小屯，知曩疑为不虚。

盖宋以来，殷虚所出古器已伙，今不应无之，特未寓予目耳。宣统庚戌，乃遣家弟子敬诣洹曲构之，往反者数四，初得古兽骨骼、齿、角及蠃甲数十，而卒得犀象、雕器、石磬、匏镞等物。雕器至精雅，与彝器雕文同，顾彼出模法，而此出手工。又得古彝器，断耳，精巧无与伦匹，而嵌以宝石，亦手工所成。念吾人生于今日，得观三千余年前良工手迹，洵为人世之奇遇，宇内无二之重宝矣。欲以暇日，为之考究，并写影精抚，以饷当世。又疑殷虚遗宝，或不止此，欲再往以求益，然后著之录。用是荏苒，不觉数岁。乃甲寅春，游洛涉洹，仅得珧璧一，而它物不复遇，盖宝藏空矣。顷既成《殷虚书契后编》，私念言殷虚遗物，虽残阙断烂之余，而可窥见古代良工制作，兼可考见古器之状，收多识之益。今秘予箧中垂十年，世莫得而见也，其存其亡，惟予是系，不即今著录，后且无复知是者，遗憾将不可弭。乃亲督工写影，成书一卷，计古器物五十有五。于曩之不能名者，若疏匕，若笲，若栖，乃渐得其名。而卒不能名者，尚什二三，将以俟之博雅君子。器物之大小长短，一如其形，大者析之，合观焉可得其原状，其尤大，幅中不能容者，始缩之而详注其尺寸。考证所得，

---

① 据萧文立编校《雪堂类稿·乙 图籍序跋》，辽宁教育出版社2003年版，第67–68页。

为录一卷，附于图后。当世博雅，幸裁正焉。丙辰四月，永丰乡人罗振玉书于海外寓居之殷礼在斯堂。

【校记】据单行本。又载《雪堂校刊群书叙录》，"范估言无之"作"云无之"，"特未寓予目耳"无"予"，"乃遣家弟子敬诣洹曲构之""家弟子敬"作"人"，"又得古彝器，断耳"作"又得古琱戈之残者"，"而嵌以宝石""嵌"作"饰"，"宇内无二之重宝矣"无"矣"，"乃乙卯春""乙卯"作"甲寅"，"盖宝藏空矣""藏"后有"亦几"，"私念言殷虚遗物"无"言"，"今秘予箧中垂十年"作"秘予箧中且将十年"，"始缩之而详注其尺寸"无"之"。

（七）《梦郭草堂吉金图》序（1917）①

古之私家藏蓄古器者，莫先于刘之遴，史称其在荆州聚古器数百十种。厥后宋之刘原父，在长安得先秦古器数十，着《先蔡古器记》，此又私家藏器著录之所自始。我朝藏器之风，至道咸而寖盛，美富殆什百倍于前人。若潍之陈氏，吴之潘氏，轮指不可计也。顾陈氏所藏，仅有簿目，潘著录，未及什一。其私家所藏，有成书者，曰诸城刘氏清爱堂，曰吴中曹氏怀米山房，浭阳端忠敏公匋斋，三家而已。而匋斋所录，颇杂赝器，益精鉴之难也。

予少好古器，贫不能致，三十客春申江，故家所藏，偶获一二，辄玩赏穷日夕。亡友丹徒刘君铁云有同好，聚古器数十，所居距予寓斋才数十步，每风日晴好，辄往就观，相与摩弄，或手自拓墨，不知门外红尘十丈也。已而刘君以逋负故，质所藏于人，则又相与太息，伤聚之之难，而失之之易也。又十年，予始备官中朝，京师人海，万方百物之所萃，世家所储，齐鲁郑卫燕秦古物新出者时时于肆中遇之，遂如穷子之入宝山，尽倾俸钱不能偿。乃私叹有力者不必好古，好古者又绌于力，无力而好古，鲜有不致累如予者。然是时所得古物，已充物左右，书室方丈，殆无措足地。在京师六年，三移居，长物多于家具，每值迁徙，躬自监护，惟恐有所损失。顾是时政纲日替，冷官未由报称，思谢病退居江湖，顾此累累者，不忍弃去，欲一一携取，则陈箧数十，归装益不办。于是曩昔爱之如

护头目者，至此益增吾累矣。

及盗起武汉，元凶柄国，不忍坐视宗社之变，乃亟斥鬻服用之物，以充行资，携孥浮海。图书长物百余箧，运之逾月乃竟，又弃其重大不易致者。既至海东，无所仰给，此古器者，稍稍出以易米。寻复悔之，更图聚积。时丁桑海之变，士夫所藏乃大出，北则盛伯希祭酒意园所藏，端忠敏公匋斋所蓄，陈寿卿京卿斋所储，南则吴陆诸家故物，及铁云藏器，质于人者，往往充斥肆廛。予先后共得数十品，曩之所失，乃得复偿。

去年冬，病胃不能有所造述，鉴于前人著录未成，而器已星散，乃课儿子辈拓墨，编为《梦郼草堂吉金图》三卷，虽所藏不及诸家之宏富，然如商之勾兵、秦之虎符、镂金之雕戈、异文之短剑、鸡鸣之戟、夜雨之镈，或为并世所希遘，或为天水之旧藏，艺院珍琦，不忍终秘，付之影印，以广流传。惟念余以忍死余生，殊方遁迹，抱器徘徊，辛苦著录，意园匋斋所藏且不能保，此编所载，异日将何所归？揽素缀言，为之长喟！丁巳十月罗振玉书。

【校记】据单行本。又载《雪堂校刊群书叙录》，“吴之潘氏”后有“诸家”，“轮指不可计也”“计”作“竟”，“不知门外红尘十丈也”作“欣赏竟日夕”，“乃亟斥鬻服用之物”无“斥”，“异日将何所归”后有“仰思畴昔，俯念方来”。

【编著者按】本书第一编《“王刘联合发现说”和甲骨文发现研究新论》第五部分论及“学术界不该忽略，刘鹗和罗振玉的学识都是渐进的”，引用了罗氏此段回忆加以说明：“刘、罗各自的早期学识积累、嗜古程度至少是不相上下，但刘鹗毕竟比罗振玉大 9 岁（1903 年刘 46、罗 37），更因为刘氏家境较好、交游较广、办矿后又有了来自英国福公司的高收入，故刘鹗的前期收藏、见识都要比罗氏高出一筹。刘、罗二人虽然早就在故乡被目为‘二狂’，然罗氏于 1917 年对十年前的回忆，亦明言：‘少好古器，贫不能致。三十（1896 年——编著者注，下同）客春申江（上海）……亡友丹徒刘君铁云有同好，聚古器数十……每风日晴好，辄往就观，相与摩弄或手自拓墨，不知门外有红尘也。已而刘君以逋负故（因旧怨而死），质（变卖）所藏于人，则又相与叹息，伤聚之之难，而失之之易也。又十年（1906）予始备官中朝京师……遂如穷子之入宝山，尽倾俸钱不能偿。'直到 1906 年前后罗氏依然常随刘氏同访高人、共赏奇物，一条刘鹗 1905 年日记"去后为罗叔耘甄别宋、元册子"即是一个原始旁证。"

三、王国维甲骨学相关序跋、讲义选辑

王国维（1877—1927），字静安、静庵，号观堂

郭沫若："王国维一生的学业结晶……虽然穿的是一件旧式的花衣补褂，然而所包含的却多是近代的科学内容。""他遗留给我们的是他知识的产品，那好像一座崔巍的楼阁，在几千年来的旧学的城垒上，灿然放出了一段异样的光辉。"（《中国古代社会研究》，1929）

陈寅恪："先生以一死见其独立自由之意志，非所论于一人之恩怨，一姓之兴亡。……惟此独立之精神，自由之思想，历千万祀，与天壤而同久，共三光而永光。"（《王静安先生纪念碑铭》，1929）

（一）《殷虚书契考释》后序（1914）①

余为商遗先生书《殷虚（书契）考释》竟，作而叹曰：此三百年来小学之一结束也！夫先生之于书契文字，其搜集流通之功，盖不在考释下。即以考释言，其有功于经史诸学者盖不让于小学。以小学言，其有功于篆文者亦不让于古文。然以考释之根柢在文字，书契之文字为古文，故姑就古文言之。

我朝学术所以超绝前代者，小学而已。顺康之间，昆山顾亭林先生实始为《说文》、音韵之学。《说文》之学至金坛段氏而洞其奥；古韵之学经江、戴诸氏至曲阜孔氏、高邮王氏而尽其微。而王氏父子与栖霞郝氏复运用之，于是诂训之学大明。使世无所谓古文者，谓小学至此观止焉可矣。古文之学萌芽于乾嘉之际，其时大师宿儒或殂谢，或笃老，未遑从事斯业。仪征一书亦第祖述宋人，略加铨次而已。而俗儒鄙夫不通字例、未习旧艺者，辄以古文所托者高，知之者鲜，利荆棘之未开，谓鬼魅之易画，遂乃肆其私臆，无所忌惮。至庄葆琛、龚定庵、陈颂南之徒，而古文之厄极矣！近惟瑞安孙氏颇守矩矱，吴县吴氏独具县解。顾未有创通条例，开发奥窔，如段君之于《说文》，戴、段、王、郝诸君之于声音训诂者。余尝恨以段君之邃于文字，而不及多见古文；以吴君之才识不后于段君，而累于一官，不获如段君之优游寿考以竟其学；遂使我朝古文之学不能与诂训、《说文》、古韵三者方驾，岂不惜哉？

先生早岁即治文字故训，继乃博综群籍，多识古器，其才与识固段吴二君之俦。至于从容问学，厌饫坟典，则吴君之所有志而未逮者也。而此书契文字者又段、吴二君之所不及见也。物既需人，人亦需物。书契之出，适当先生之世，天其欲昌我朝古文之学，使与诂训、《说文》、古韵匹，抑又可知也。余从先生游久，时时得闻绪论，比草此书，又承写官之乏，颇得窥知大体，扬榷细目。窃叹先生此书，诠释文字，恒得之于意言之表，而根源脉络一一可寻，其择思也至审，而收效也至宏，盖于此事自有神诣。至于分别部目，创立义例，使后人治古文者于此得其指归，而治《说文》之学者亦不能不探源于此。窃谓我朝三百年之小学，开之者顾先

---

① 据文明国编《王国维自述》，安徽文艺出版社 2014 年版，第 50－51 页。

生，而成之者先生也。①昔顾先生音学书成，山阳张力臣为之校写。余今者亦得写先生之书，作书拙劣，何敢方力臣；而先生之书足以弥缝旧阙，津逮来学者，固不在顾书下也。甲寅冬。

（二）《殷卜辞中所见先公先王考》序②

甲寅岁暮，上虞罗叔言参事撰《殷虚书契考释》，始于卜辞中发见王亥之名。嗣余读《山海经》《竹书纪年》，乃知王亥为殷之先公，并与《世本·作篇》之胲、《帝系篇》之核、《楚辞·天问》之该、《吕氏春秋》之王冰、《史记·殷本纪》及《三代世表》之振、《汉书·古今人表》之垓，实系一人。尝以此语参事及日本内藤博士（虎次郎）。参事复博搜甲骨中之纪王亥事者，得七八条，载之《殷虚书契后编》。博士亦采余说，旁加考证，作《王亥》一篇，载诸《艺文杂志》。并谓自契以降诸先公之名，苟后此尚得于卜辞中发见之，则有裨于古史学者当尤钜。

余感博士言，乃复就卜辞有所攻究，复于王亥之外得王恒一人。案，《楚辞·天问》云："该秉季德，厥父是臧。"又云："恒秉季德。"王亥即该，则王恒即恒，而卜辞之季之即冥。（罗参事说）至是，始得其证矣。又观卜辞中数十见之田字，从甲在囗中（十，古甲字），及通观诸卜辞，而知田即上甲微。于是参事前疑卜辞之乙丙丁（即乙、丙、丁三字之在匚中或匸中者，与田字甲在囗中同意），即报乙、报丙、报丁者，至是亦得其证矣。又卜辞自上甲以降，皆称曰示，则参事谓卜辞之示壬、示癸，即主壬、主癸，亦信而有征。又观卜辞，王恒之祀与王亥同，太丁之祀与太乙、太甲同，孝己之祀与祖庚同，知商人兄弟，无论长幼与已立未立，其名号、典礼盖无差别。于是卜辞中人物，其名与礼皆类先王而史无其人者，与夫父甲兄乙等名称之浩繁求诸帝系而不可通者，至是亦理顺冰释，

---

① 本书第一编《罗振玉等人早期甲骨文研究学术史新探》第八部分"罗振玉历史成就的关键性"中，言及梁启超曾总结"清考证学"以"朴学"为特色，"其学问之中坚，则经学也，经学之附庸则小学"。随后引用王氏此序："王国维也指出：'我朝学术所以超绝前代者，小学而已……窃谓我朝三百年之小学，开之者顾（炎武）先生，而成之者（罗振玉）先生也。''小学'的突破升华了中国古文字学，打造了甲骨学的核心，加固了中华文明基石，成为人类早期文明研究领域中的重要成就之一。"

② 据文明国编《王国维自述》，安徽文艺出版社 2014 年版，第 52－53 页。

而《世本》《史记》之为实录，且得于今日证之。又卜辞人名中有 字，疑即帝喾之名。又有土字，或亦相土之略。此二事虽未能遽定，然容有证明之日。由是有商一代先公先王之名，不见于卜辞者殆鲜。乃为此考以质诸博士及参事，并使世人知殷虚遗物之有裨于经、史二学者，如斯也。丁巳二月。

（三）《殷卜辞中所见先公先王续考》序（1917）[①]

丁巳二月，余作《殷卜辞中所见先公先王考》，时所据者《铁云藏龟》及《殷虚书契》前后编诸书耳。逾月，得见英伦哈同氏《戬寿堂所藏殷虚文字拓本》凡八百纸。又逾月，上虞罗叔言参事以养疴来海上，行装中有新拓之书契文字约千纸。余尽得见之。二家拓本中足以补证余前说者颇多，乃复写一编，以质世之治古文及古史者。闰二月下旬，海宁王国维。

（四）《戬寿堂所藏殷虚文字考释》序（1917）[②]

殷世书契文字，出于河南安阳县西北五里之小屯。其地在洹水之南，史记项羽本纪所谓"洹水南殷虚上"者也。光绪戊戌、己亥间，洹曲崖岸为水所啮，土人得龟甲牛骨，上有古文字。估客携至京师，为福山王文敏公懿荣所得。庚子秋，文敏殉国难，其所藏悉归丹徒刘铁云观察。而洹水之虚土人于农隙掘地仍岁有得，亦多归于刘氏。刘氏曾选拓千余片影印传世，所谓《铁云藏龟》是也。[③]嗣是洹曲所出，多归上虞罗叔言参事振玉。

---

① 据千春松、孟彦弘编《王国维学术经典集（下卷）》，江西人民出版社1997年版，第124页。

② 据李朝远、沃兴华编《王国维全集（第五卷）》，浙江教育人民出版社2009年版，第321页。

③ 本书第一编《"王刘联合发现说"和甲骨文发现研究新论》第五部分"对罗振玉'丛悳/墨拓/编辑说'的质疑"中，笔者误将此序当作罗振玉所作引用："在1917年为王国维《戬寿堂所藏殷墟文字考释》所作序中却未持此说，而且只是说'刘氏曾选拓千余片影印传世，所谓《铁云藏龟》是也'，不知是否特意为之。"此序实为王国维以"罗诗氏"名义所作。罗诗氏真名罗迦陵［1864—1941，本名 Liza R.（俪蕤）；笃信佛教，法名太隆。法中混血儿，父名路易·罗诗］，是上海房地产大亨哈同的夫人。她虽然颇有才干、能说英语和法语，但出身低微。1916年偕哈同创办了仓圣明智大学并成立了广仓学会，聘请中国学者王国维、邹安、章一山、费恕皆、邹景叔等任教，同时编辑出版《学术丛编》和《艺术丛编》。

参事既印行《殷虚书契前编》八卷，《殷虚书契菁华》一卷。其书契后编二卷，余亦介人乞得印行之。于是，殷虚文字略备矣。余夙嗜古文字，与王、刘诸君具有同好。丙辰冬，得甲骨千片于海上，乃丹徒刘氏故物。其中见于铁云藏龟者什一二，而未见者什八九。乃复选其尤者，影印以传于世。此编所辑，其数较罗氏书不过什之三，视刘氏书亦仅什之七。然如第一叶之第十片，与书契后编上第八叶之第十四片，乃本一骨折为二者。海宁王静安征君国维据此以定殷先公之世系。又如中宗、祖乙、小祖乙等，亦仅见此编中。其余单文只字，足以补刘、罗二家书者，亦往往而有。虽区区数十叶书，其有裨于经史文字之学者，要非浅鲜也。丁巳五月太隆罗诗氏叙于上海爱俪园之戬寿堂。

（五）《雪堂校刊群书叙录》序（1918）①

　　近世学术之盛，不得不归诸刊书者之功。刊书之家，约分二等：一曰好事，二曰笃古。若近世吴县之黄，长塘之鲍，虞山之张，金山之钱，可谓好事者矣。若阳湖孙氏，钱唐卢氏，可谓笃古者矣。然此诸氏者，皆生国家全盛之日，物力饶裕。士大夫又崇尚学术，诸氏或席丰厚，或居官师之位，有所凭藉，其事业未可云卓绝也，若夫生无妄之世。《小雅》尽废之后，而以学术之存亡为己责，搜集之、考订之、流通之，举天下之物不足以易其尚，极天下之至艰而卒有以达其志，此于古之刊书者未之前闻，始于吾雪堂先生见之。尝譬之为人臣者，当无事之世，事圣明之主，虽有贤者，当官守法而已。至于奇节独行，与宏济之略，往往出于衰乱之世，则以一代兴亡，与万世人纪之所系，天固不惜生一二人者以维之也。学术亦然。孙、卢诸氏之于刊书，譬之人臣当官守法而已。至于神物之出，不与世相应，天既出之，固不忍听其存亡，而如先生之奇节宏略，乃出于其间，亦以学术存亡之所系，等于人纪之存亡，故天不惜生一二人者以维之也。

　　先生校刊之书，多至数百种，于其殊尤者，皆有叙录。戊午夏日，集为二卷，别行于世。案先生之书，其有功学术最大者，曰《殷虚书契前后编》、曰《流沙坠简》、曰《鸣沙石室古佚书》，及《鸣沙石室古籍丛残》。

---

　　①　据文明国编《王国维自述》，安徽文艺出版社 2014 年版，第 78 - 79 页。

此四者之一，已足敌孔壁汲冢之所出，其余所集之古器古籍，亦皆间世之神物，而大都出于先生之世。顾其初出，举世莫之知，知亦莫之重也。其或重之者，搜集一二以供秘玩，斯已耳。其欲保存之、流传之者，鉴于事之艰巨，辄中道而废，即有其愿与力矣，而非有博识毅力如先生者，其书未必能成，成亦未必能多且速，而此间世而出之神物，或有时而毁，是虽出犹不出也。

先生独以学术为性命，以此古器古籍为性命所寄之躯体，思所以寿此躯体者，与常人之视养其口腹无以异。辛亥以后，流寓海外，鬻长物以自给，而殷虚甲骨，与敦煌古简佚书，先后印行。国家与群力之所不能为者，竟以一流人之力成之。他所印书籍，亦略称是。旅食八年，印书之资以巨万计，家无旬月之蓄，而先生安之。自编次、校写、选工、监役，下至装潢之款式，纸墨之料量，诸凌杂烦辱之事，为古学人所不屑为者，而先生亲之，举力之所及，而惟传古之是务。知天生神物，复生先生于是时，固有非偶然者。《书》有之曰："功崇惟志，业广惟勤。"先生之功业，可谓崇且广矣，而其志与勤，世殆鲜知之，故书以为之序，使世人知先生所以成就此业者，固天之所启，而非好事者，及寻常笃古者所能比也。戊午六月。

（六）《随庵所藏甲骨文字》序（1920）①

甲骨文字出于安阳之小屯，福山王文敏公首得之。文敏殉国，悉归丹徒刘铁云观察（鹗）。铁云又续有所得，选其精者，印行为《铁云藏龟》一书。嗣后安阳所出，多归上虞罗叔言参事，参事所藏凡二三万片，印于《殷虚书契前后编》者，皆其选也。顾甲骨阅时既久，其质颇脆，非如吉金乐石可把玩摩挲者。余于刘、罗二君皆至稔，然于其所藏，除《藏龟》、《书契》二书所载及罗氏选拓数十册外，固未能尽览焉。丙辰丁巳间，铁云所藏，一部归于英人哈同氏，余为编次考释之，始知铁云所藏之佳者，《藏龟》一书固未能尽之。又鄞县马君叔平赠余以京师大学及其所藏甲骨拓本千余片，其中文字颇有出于《藏龟》、《书契》二书外者，益知殷虚遗物片骨只字皆足资考证。而刘、罗二家选印之举，盖出于不得已也。庚

---

① 据文明国编《王国维自述》，安徽文艺出版社 2014 年版，第 60 – 61 页。

申秋日，积余先生复出所藏甲骨拓本见示，其中小半，参事已选印入《殷虚书契后编》，然其中文字异体及卜辞之可资考证，而为参事所遗者，亦尚有之，此研究古文字及制度者，所不可肄业及之也。且甲骨一经摹拓，便有损坏，先生此拓，其与实物同宝之。庚申七月廿七日。

（七）最近二三十年中中国新发见之学问（1925）①

古来新学问起，大都由于新发见。有孔子壁中书出，而后有汉以来古文家之学；有赵宋古器出，而后有宋以来古器物、古文字之学。惟晋时汲冢竹简出土后，即继以永嘉之乱，故其结果不甚着。然同时杜元凯注《左传》，稍后郭璞注《山海经》，已用其说；而《纪年》所记禹、益、伊尹事，至今成为历史上之问题。然则中国纸上之学问赖于地下之学问者，固不自今日始矣。自汉以来，中国学问上之最大发见有三：一为孔子壁中书；二为汲冢书；三则今之殷虚甲骨文字，敦煌塞上及西域各处之汉晋木简，敦煌千佛洞之六朝及唐人写本书卷，内阁大库之元明以来书籍档册。此四者之一已足当孔壁、汲冢所出，而各地零星发见之金石书籍，于学术有大关系者，尚不与焉。故今日之时代可谓之"发见时代"，自来未有能比者也。

今将此二三十年发见之材料，并学者研究之结果，分五项说之。

1. 殷虚甲骨文字

此殷代卜时命龟之辞，刊于龟甲及牛骨上。光绪戊戌乙亥间，始出于河南彰德府西北五里之小屯。其地在洹水之南，水三面环之。《史记·项羽本纪》所谓"洹水南，殷虚上"者也。初出土后，潍县估人得其数片，以售之福山王文敏（懿荣）。文敏命秘其事，一时所出，先后皆归之。庚子，文敏殉难，其所藏皆归丹徒刘铁云（鹗）。铁云复命估人搜之河南，所藏至三四千片。光绪壬寅，刘氏选千余片影印传世，所谓《铁云藏龟》是也。丙午，上虞罗叔言参事始官京师，复令估人大搜之，于是丙丁以后所出，多归罗氏。自丙午至辛亥，所得约二三万片。而彰德长老会牧师明

---

① 据王国维《王国维考古学文辑》，凤凰出版社 2008 年版，第 87－88 页。"……"处有删减。

义士（T. M. Menzies）所得亦五六千片。其余散在各家者尚近万片。近十年中乃不复出。其著录此类文字之书，则《铁云藏龟》外，有罗氏之《殷虚书契前编》《殷虚书契后编》《殷虚书契菁华》《铁云藏龟之余》，日本林泰辅博士之《龟甲兽骨文字》，明义士之《殷虚卜辞》（*The Oracle Records of the Waste of Yin*），哈同氏之《戬寿堂所藏殷虚文字》，凡八种。而研究其文字者，则瑞安孙仲容比部始于光绪甲辰撰《契文举例》。罗氏于宣统庚戌撰《殷商贞卜文字考》，嗣撰《殷虚书契考释》、《殷虚书契待问编》等。商承祚氏之《殷虚文字类编》，复取材于罗氏改定之稿。而《戬寿堂所藏殷虚文字》，余亦有考释。此外，孙氏之《名原》亦颇审释骨甲文字，然与其《契文举例》皆仅据《铁云藏龟》为之，故其说不无武断。审释文字自以罗氏为第一，其考定小屯之为故殷虚，及审释殷帝王名号，皆由罗氏发之。余复据此种材料作《殷卜辞中所见先公先王考》，以证《世本》《史记》之为实录；作《殷周制度论》以比较二代之文化。然此学中所可研究发明之处尚多，不能不有待于后世之努力也。

2. 敦煌塞上及西域各地之简牍

汉人木简，宋徽宗时已于陕右发见之，靖康之祸，为金人索之而去。当光绪中叶，英印度政府所派遣之匈牙利人斯坦因博士（M. AurelStein），访古于我和阗（Khotan），于尼雅河下流废址，得魏晋间人所书木简数十枚。嗣于光绪季年，先后于罗布淖尔东北故城，得晋初人书木简百余枚，于敦煌汉长城故址得两汉人所书木简数百枚，皆经法人沙畹教授（Ed. Chavannes）考释。其第一次所得，印于斯氏《和阗故迹》（*Sand-buried Ruins of Khotan*）中。第二次所得，别为专书，于癸丑甲寅间出版。此项木简中有古书、历日、方书，而其大半皆屯戍簿录，于史地二学关系极大。癸丑冬日，沙畹教授寄其校订未印成之本于罗叔言参事，罗氏与余重加考订，并斯氏在和阗所得者景印行世，所谓《流沙坠简》是也。

3. 敦煌千佛洞之六朝唐人所书卷轴

汉晋牍简，斯氏均由人工发掘得之，然同时又有无尽之宝藏于无意中出世，而为斯氏及法国之伯希和教授携去大半者，则千佛洞之六朝及唐五代宋初人所书之卷子本是也。千佛洞本为佛寺，今为道士所居。当光绪中叶，道观壁坏，始发见古代藏书之窟室。其中书籍居大半，而画幅及佛家所用幡幢等亦杂其中。余见浭阳端氏所藏敦煌出开宝八年灵修寺尼画观音像，乃光绪乙亥所得。又，乌程蒋氏所藏沙州曹氏二画像，乃光绪甲辰以前叶鞠裳学使（昌炽）视学甘肃时所收。然中州人皆不知。至光绪丁未，斯坦因氏与伯希和氏（Paul Pelliot）先后至敦煌，各得六朝人及唐人所写卷子本书数千卷，及古梵文、古波斯文及突厥、回鹘诸国文字无算。我国人始稍稍知之，乃取其余约万卷，置诸学部所立之京师图书馆。前后复经盗窃，散归私家者亦当不下数千卷。……己酉冬日，上虞罗氏就伯氏所寄景本为《敦煌石室遗书》，排印行世。越一年，复印其景本为《石室秘宝》十五种。又五年癸丑，复刊行《鸣沙石室逸书》十八种。又五年戊午，刊行《鸣沙石室古籍丛残》三十种，皆巴黎国民图书馆之物。而英伦所藏，则武进董授经（康）、日本狩野博士（直喜）、羽田博士（亨）、内藤博士（虎次郎），虽各抄录景照若干种，然未有出版之日也。

4. 内阁大库之书籍档案

内阁大库在旧内阁衙门之东，临东华门内通路，素为典籍厅所掌。其所藏，书籍居十之三，档案居十之七。其书籍多明文渊阁之遗，其档案则有历朝政府所奉之殊谕、臣工缴进之敕谕、批折、黄本、题本、奏本、外藩属国之表章、历科殿试之大卷。宣统元年，大库屋坏，有司缮完，乃暂移于文华殿之两庑，然露积库垣内尚半。时南皮张文襄（之洞）管学部事，乃奏请以阁中所藏四朝书籍设京师图书馆，其档案则置诸国子监之南学，试卷等置诸学部大堂之后楼。辛壬以后，学部及南学之藏复移于午门楼上之历史博物馆。越十年，馆中复以档案四之三售诸故纸商，其数凡九千麻袋，将以造还魂纸。为罗叔言所闻，三倍其价购之商人，移贮于彰义门之善果寺。而历史博物馆之剩余，亦为北京大学取去，渐行整理，其目在大学日刊中。罗氏所得，以分量太多，仅整理其十分之一，取其要者，汇刊为《史料丛刊》十册，其余今归德化李氏。

5. 中国境内之古外族遗文

中国境内古今所居外族甚多。古代匈奴、鲜卑、突厥、回纥、契丹、西夏诸国，均立国于中国北陲，其遗物颇有存者，然世罕知之。惟元时耶律铸见突厥阙特勤碑及辽太祖碑。当光绪己丑，俄人拉特禄夫访古于蒙古，于元和林故城北，访得突厥阙特勤碑、苾伽可汗碑、回鹘九姓可汗三碑。突厥二碑皆有中国突厥二种文字，回鹘碑并有粟特文字。及光绪之季，英法德俄四国探险队入新疆，所得外族文字写本尤伙。其中除梵文、怯卢文、回鹘文外，更有三种不可识之文字，旋发见其一种为粟特语，而他二种则西人假名之曰"第一言语""第二言语"，后亦渐知为吐火罗语及东伊兰语。此正与玄奘《西域记》所记三种语言相合……

此外，近三十年中，中国古金石、古器物之发见，殆无岁无之。其于学术上之关系亦未必让于上五项，然以零星分散故，不能一一缕举。惟此五者分量最多，又为近三十年中特有之发见，故比而述之。然此等发见物，合世界学者之全力研究之，其所阐发尚未及其半，况后此之发见亦正自无穷，此不能不有待少年之努力也。

四、甲骨学早期学术史相关论文选载

（一）甲骨聚散琐忆[①]

刘蕙孙[②]

刘蕙孙（1909—1996）

　　在书店中看到王宇信先生《建国以来甲骨文研究》一书，买来翻阅一遍，觉得内容颇为丰富，只惜草草劳人，平时能够自己读书学习的时间不

　　① 据《刘蕙孙论学文集》，福建教育出版社 2000 年版，第 365 – 371 页。原载《明报月刊》1985 年 6 月总 234 期。

　　② 刘蕙孙（1909—1996），原名厚滋，字佩韦。室名双燕庐、水心草堂、莫愁精舍，1909 年 7 月出生，江苏镇江人。刘鹗之孙，罗振玉之外孙。民盟成员，中国文化史专家、教授。

多而未能细读。研究生徐六符君研究先秦史，正在写有关殷商史的论文，对王书不但从头至尾仔细读过，而且还就孟世凯先生《殷虚甲骨文简述》、萧艾先生《甲骨文史话》以及陈梦家先生的《殷虚卜辞综述》中有关问题的记载比较研究后，向我提出了几个疑问。当据所知予以解答，因为有的与上开著作有些出入，他劝我写出来发表。我让他写，他说："我们转述，就削减了权威性，还是你抓时间写一写好。"我想：也对。现在斯业一面虽然是方兴未艾，后来居上；另一方面确也老成凋谢，往事说不清楚。既然有所见闻，就写出来作为商讨也好。

所提的问题：第一件是罗振玉自己究竟曾否到过安阳小屯？孟世凯先生说罗 1915 年到过安阳，萧艾先生说在 1916 年。陈、王则均未说亲自去过，只说遣其妇弟范恒斋与弟罗子经去过。实际罗是亲自去过安阳的，事在民国四年乙卯，公元 1915 年夏历 3 月 30 日。据罗振玉自订平生大事《集蓼编》：

> 予自寓海东，壬癸二岁足迹未尝莅中土，甲寅春乃返国，拟至淮安展视先茔。以漕渠水涸乃留沪上与朋旧相见。话隔世事，如在梦寐。明年春再返国……至安阳之小屯，访殷虚遗址，往返五十余日。①

甘孺《永丰乡人行年录》也说：

> 民国四年乙卯（一九一五）三月……三十日抵彰德，寓人和栈。货车至小屯，其地在郡城之西北五里，东、西、北三面洹水环之。彰德府以为河亶甲城，宋人考古图载古礼器出于河亶甲城者不少，近十数年龟甲兽骨悉出于此。土人云：出甲骨之地，约四十亩。因往其地，则甲骨无字者，田中累累皆是，拾得古兽角一，甲骨盈数筥。土人每刈棉后，即事发掘，深者两丈许，填土后复种如初。所出之物，尚有蜃壳，多与甲骨等，以前未知也。古骨角亦至多，非今世所有，土人目为龙角。②

---

① 《贞松老人遗稿》甲编第六册《集蓼编》，第 33 页。
② 甘孺《永丰乡人行年录》，江苏人民出版社 1980 年版，第 55 页。

记载当时情况更为详细。甘孺是吉林大学历史系教授罗继祖先生的笔名。继祖是罗振玉的长孙，在罗氏诸孙中，继祖最为年长，今年已七十周岁，也是最能守楹书的一人。他不但见闻多，手中还保存有罗振玉的残稿手迹日记材料，所记也差不多等于罗氏的自述。

我的记忆，则那年春天罗振玉来上海是住在旧租界白尔路他妻弟范兆经家。兆经字纬君又字子文，是范恒斋的长兄。罗从日本回来，先去淮安故乡扫墓。从淮安回上海后，听说他要和王先生（即王国维，当时我们都那样称王）同去安阳，王病了，罗拟自己一人去。我父母，特别是我母亲的外祖母范老太太亦即罗的岳母，范恒斋的母亲，因罗年亦半百，而且在民国以后他还留有辫发，怕路上不方便，就商量由我家一位老伴当王少庵的儿子王占鳌陪同前往。王占鳌当时才二十多岁，是个身长力大的小伙子。此人很是得力。也就因此，回到上海后，是他先来我家汇报怎样随老爷（指罗振玉）拜山东的孔圣人，怎样到彰德府找龟板，怎样游龙门，说得口沫乱飞。还记得他捡来大把的甲骨送给我玩。所以虽然还是孩子，对此印象很深。后来罗也来我家看我们，给了两个作为凉枕用的大瓷娃娃。其时我家住上海旧法租界打铁滨南阳桥合兴里六号，后改为祥瑞里，又改为"祥云"里，我父母住的是二楼二底楼上的长房间。记得罗来就在这长房间里和他们谈去山东、河南的事，当然，我是听不懂。只记得罗说他去给后周的韩通修坟。我因我母亲讲《飞龙传》小说赵匡胤打韩通的故事，就搭讪说韩通是坏人。罗就笑着将我叫到身边，爱抚着说韩通是忠臣，不是坏人。事情还好像昨天一样，已经过去将七十年了。

根据以上材料，罗曾去过小屯事无可疑。萧、孟二书是有所根据。陈、王二书未谈，此事没有找到材料，故没有谈，也不等于说没有去过。

按说王宇信先生和罗福颐先生的女儿罗琨在工作上是有关的，此事应可知道。也许尚未问及，也许罗琨年纪小，也说不清楚。故为补述如上。

至于罗振玉所收甲骨，除在上海市上所收外，主要是派人去安阳收购。《永丰乡人行年录》清宣统二年庚戌（1910年）载：

　　二月，作《殷商贞卜文字考》一卷答孙氏，于所未达者，一一加以剖析。五月所付石印为乡人考究甲骨文字之始。继念：宝物之幸存者有尽，而骨甲古脆，易就澌灭，出世十年，世人尚不知贵重。不亟亟搜求则出土之日即澌灭之期，且考释之事，有待多见，时见才数千，巾笥所储才七八百枚耳。于是遣厂官祝继先、秋良臣大索于洹水之阳，一岁之间，数达两万。汰其应作，得优异者三千余，弟子经、妇弟范恒斋兆昌，相助拓墨，几案充斥，积尘满襟，以类考其文字，为《殷虚书契前编》，考释则为后编。①

道当时罗去安阳收购的主力是祝继先和秋良臣。祝继先我不清楚，秋良臣是浙江绍兴人，鉴湖女侠秋瑾的侄子。1934 年其人尚在，是北京古玩公会负责人之一。范兆昌字子恒，又作紫蘅，号恒斋。为民国前期董康为北洋政府大理院长、司法总长时的秘书。北洋政府垮台后失业多年，后随董康的儿子在江西吉安一处矿山工作，解放之初在吉安旅馆悬壶为中医。后来不通消息，大概是客死于吉安了。有二子二女。二子一女先死，只剩有一个小女儿范淑君，嫁江西艾华；因为是表亲，小时叫他小姨娘。倘尚在人间，今年已七十岁了。子经即罗振常，是一位版本目录学家，一直在上海汉口路开设蟫隐庐书店，著有《洹上访古记》《颓楯词》《古道堂集》和《宋元版本经眼录》。后两种是其子婿周子美教授辑其遗著而成。这几人都是在旧中央研究院科学发掘小屯以前访求甲骨出过力的人，附带也谈一谈他们的身世。

除他们外，我父亲季英先生刘大绅也为罗去过安阳，还到过汤阴、禹县。曾收到多少甲骨我不清楚，只记带回三个泥制的铃铛，说是商器，从禹县买回一些仿均窑的茶杯茶盘。又说在汤阴旅店说起我家是宋将刘光世之后，店主人岳姓还来认世交约往岳祠招待。

第二，关于我祖父铁云先生刘鹗从王懿荣家收买甲骨情况，王懿荣是否已经知道是殷商文字，还有说王出高价，每有一新字给予一元的传说，有无根据？

听罗振玉和我父亲说，铁云先生是王懿荣的门生，王殉国后，因平日负债，其子王汉甫等斥卖他的古物偿债，很大一部分长物都归了铁云。有一天又去王家见墙角放着一堆碎骨，取视，上有刻字，认为奇宝，悉数取归，是为发现甲骨之始。王懿荣的少子王汉章《古董录》说：

> 回忆先者己亥庚子间，潍县估人陈姓闻河南……出有大宗商代铜

---

① 《贞松老人遗稿》甲编第六册《集蓼编》，第 39 页。

器，至则已为他估席载以去……惟见古代牛骨龟板山积其间……取其一稍大者，则文字行列整齐，非篆非籀，携归京师，为先公述之。先公乃畀以重金，嘱以悉数购归，仅至一批而庚子难作，先公殉国，后此类卜骨悉归刘氏铁云。

和我所听说的情况差不多。铁云先生《抱残守缺斋日记》壬寅十月初七日：

> 昨日汉辅三四百金取去。二十日己刻，潍县赵执斋，携龟板、汉印各一匣。……龟板颇有大者。……晚点甲骨，共千二百件，可谓富矣。二十八日至王孝禹处畅谈，并访龟板原委，与赵说相孚。今早王端士来，其说亦与赵孚。端士云：文敏计买两次，第一次二百元，第二次一百元。孝禹云：文敏处最大者不过二寸径而已，并未有整龟也。德宝云有整龟十余片，其价十七两，皆无稽之谈矣。①

看以上记载，王懿荣甲骨方拿到北京就殉国了，并未暇进行研究，既和商代铜器同出，大致认为是三代古文字是会的，不然也不会以三百多银子来购买。说王曾确定是殷商卜辞，则文献无征，他的两个儿子也未说有此事。直到 1902 年《铁云藏龟》出版，才有书面的定论。至于一字一元之说，则王懿荣所得千余片，共价不过三百余金，其为齐东野语，不言而喻。

第三，第一位解释甲骨文字的是谁？是王懿荣是刘鹗？是罗振玉还是其他的人？《铁云藏龟》有无罗振玉帮忙整理？据《抱残守缺斋壬寅日记》十月初五日："晚间刷龟文，释得数字，甚喜。"又初十日："夜作说龟数则。"② 说明铁云先生得到甲骨后，即边买边研究。据家中老辈说是写在《抱残守缺斋》格纸上，积有不少，后因家难，南运的书籍古物失散，这本子也没有了。现在看来估计写时是时断时续，没有系统性。时在 1902 年，从时间来说应为最早的试释。继铁云先生而研究的是浙江瑞安人孙贻让。他不但在所著《名原》中应用了个别甲骨文字，在 1904 年还

---

① 《铁云先生年谱长编》，第 101 页。
② 《铁云先生年谱长编》，第 101 页。

著有《契文举例》一个小册子。《契文举例》是我国第一部研究甲骨文字的书，但其书在孙氏生前并未刊布，直到本世纪二十年代为罗振玉发现才为他印了出来。我记得是六十四开本薄薄的一小册，是石印的，好像是以孙诒让的手稿影印。因为其时不但罗振玉的《殷虚书契考释》行印已久，商承祚的《殷虚书契类编》也梓行了。后来居上，大家对孙书就不大注意。

至于大规模和系统地对甲骨文字进行考订解释，则是 1910 年罗振玉作《殷商贞卜文字考》和《殷虚书契考释》，甲骨文字研究的奠基人还是罗振玉。

《铁云藏龟》的类次和拓墨有无请罗振玉参与？是没有。其时罗正在湖北张之洞幕中办农校并到日本考察教育，并未在北京。铁云先生所藏的数千片甲骨，也是到 1908 年家难前才由北京南运，旋即散失。罗也未见过全藏，并无参与类似之事。拓墨则《藏龟》序中说得很明白，是直棣王瑞卿，也就是北京琉璃厂的一位拓手。此外听说铁云先生的门客，我五叔父涵九（大经）先生的业师、淮安人汪剑农是参与过一点。

附带再谈两个问题。

其一是铁云先生所藏甲骨何时散失？及在何地散失？去年乡人柳曾符先生，即柳诒征先生的公孙曾写信问我此事。他说听说是由他祖父柳诒征先生介绍卖给叶玉森的。我未听说过此事，只知铁云先生的甲骨本来都放在北京寓所，是用大抽屉的楠木箱装置。1908 年，北京东西分三批装箱南运。第一批据门客徐月楼说已运到苏州我姑丈黄仲素家。第二批半途听到凶信，连东西带押运的人均皆失踪。第三批也是听到凶信，没有运到南京，就寄存在我大伯母的父亲镇江招商分局总理王星北家。后来第一批东西黄姑丈说并未收到。民国二三年我生祖母和父、叔从日本回苏州分家时，就是分的镇江这一批。我小时在上海见我父、叔一人分有一个大楠木箱，家人叫它为龟板箱。当时龟寓没有条桌，经常将两个箱子并起来作条案，抽屉里放些杂七杂八的什物。铁云先生《东游草》抄本就是我小时从这抽屉中找出来的。既有龟板箱，当然有龟板。既然兄弟六人，每人皆分得一箱，估计甲骨全藏是第三批运出存在镇江。但我小时常听范兆经先生和父亲说，这几天又出来几盒龟板，也是你们家的，看来是从家人亲友手中陆续散出，并非在镇江一次由柳诒征先生介绍给叶。其中某一些有此经过，也有可能。

　　其二是《殷虚书契考释》是谁写的问题。年来颇有蜚语，说是罗振玉买了王国维的稿子。由陈梦家买到罗的原稿，商承祚先生将此情况在一篇文章中发表了，疑团已经打破，我还可以说得更清楚一点。即《考释》的初版（日本印本）是由王缮写的，罗送王润笔二百元。为什么这样做呢？是辛亥年去日本侨居的共五家，罗振玉、董康、王国维、罗振常和我家。其中罗、董两家经济上都无问题。其他三家则每月都由罗振玉送给一百元维持生活。所以《永丰乡人行年录》说："三家比舍……乡人月致饩各百元。"（第44页）三家之中罗振常先生家中淮安还有田地，有些接济。我家虽然已遭家难，毕竟百足之虫死而不僵，而且经过分家，手中还有些长物，可以斥卖。只王家最为困难。本来只是个小土地出租者，基本靠工资收入，又不肯无故多受罗钱。罗就请他清缮，厚致润笔。我家和王家隔壁，王的第四子季明和我同岁，整天跑来跑去地玩，亲眼看见王先生（在罗、王未结亲前，我们这样称呼王国维；结亲后，当面叫王太姻伯，背后还是这样叫）伏在案上抄书，尤如昨日。当时也知道王先生替外祖父抄书二百元，十分心动。其时王尚未致力于金石文字之学。在罗属稿时或抄写时，提出一些意见，以两人的关系，应该是可能的。

　　以上均系据所知及回忆提供参考。毕竟年纪还小，也许有记忆失真之处，应该说明。

　　【编著者注】本书第一编《"王刘联合发现说"和甲骨文发现研究新论》的第二部分"'刘鹗发现说''王懿荣发现说'和'王刘联合发现说'"和第五部分"对罗振玉'怂恿/墨拓/编辑说'的质疑"中，都对刘蕙孙此文做了引用。第二部分的引用如下："刘鹗之孙、罗振玉外孙刘蕙孙教授曾在1985年的《甲骨聚散琐忆》中说：'关于我祖父铁云先生从王懿荣家收买甲骨情况……据我听罗振玉和我父亲都说，铁云先生是王懿荣的门生，王殉国后，因平日负债，其子王汉甫等斥卖他的古物偿债，很大一部分长物都归了铁云。有一天又去王家见墙角放着一堆碎骨，取视，上有刻字，认为奇宝，悉数取归，是为发现甲骨之始。'据此说推断，在这之前除王懿荣外，还没有任何具学识者，包括其子和刘鹗知道这个发现，所以那天在王家的'取视''认为奇宝'，就至少应是刘鹗再发现甲骨之始。刘鹗可能在那几页至今失踪的日记中记下了此事（根据见后），更可能后来在上海向罗振玉口头描述过，罗再转告王（如果不是王国维碰巧在场的话），日后成为王国维能够说出'文敏命密其事，一时所出先后皆归之'的根据来源。刘蕙孙少时曾随罗振玉、王国维在日本居住，后来的学历和专业领域也是金石考古，故此说虽是当事人后代在多年后的转述，也应作为一项次级辅证和一种'刘鹗再发现说'。"第五部分的引用如下："在两位当事人都作古之后，还应退而求其次诉诸其他辅证，包括看他们的后代怎么说。这一辅证事实上早已存在，只是迄今少为人知：前面已经提到的刘鹗孙、罗振玉外孙的刘蕙孙教授，早在80年代就专门写过《甲骨聚散琐忆》一文，就罗振玉是否亲历安阳小屯、罗如何收购甲骨、刘鹗如何从王懿荣处购买甲骨、谁先解释甲骨文字、辑录《铁云藏龟》有无罗振玉帮忙、铁云甲骨后来如何散失、《殷墟书契考释》作者是罗还是王等重要问题作出了回答，同时针对罗振玉与拓编《铁云藏龟》的关系等问题做出了明确澄清。刘蕙孙在开头交代了作文原委：'在书店中看到王信宇先生《建国以来甲骨文研究》一书……研究生徐六符君研究先秦史……向我提出了几个问题。当据所知，予以解答，因为有的与上开著作有些出入，他劝我写出来发表……我想，也对。现在斯业一面虽然是方兴未艾，后来居上；另一方面确也老成凋谢，往事说不清楚。既然有所见闻，就写出来作为商讨也好。'然后明白写道：'《铁云藏龟》的类次和拓墨有无请罗振玉参与？是没有。其时罗正在湖北张之洞幕中办农校并到日本考察教育，并未在北京。铁云所藏的数千片甲骨，也是到1908年家难前才由北京南运，旋即散失。罗也未见过全藏，并无参与类似之事。拓墨则《藏龟》中说得很明白，是直隶王瑞卿，也就是北京琉璃厂的一位拓手。此外听说铁云先生的门客，我五叔涵九（大经）先生的业师淮安人汪剑农是参与过一点。'"

（二）试论刘鹗对甲骨学的贡献①

刘德隆

刘德隆

在中国近代史上，"刘鹗是个畸人"②。他以《老残游记》一书著称于世，因此凡对中国文学史稍有了解的人都知道刘鹗是个文学家。但是有人说刘鹗是对"中国传统文化的继承和西方知识的介绍均有所贡献的小说家、诗人、哲学家、音乐家、医生、企业家、数学家、藏书家、古董收藏家、水利专家和慈善家"③。这一说法是否有溢美之词尚可考虑，但从中我们不难看出刘鹗学识之渊博。

---

① 本文系 1987 年 11 月向"首届刘鹗与《老残游记》研讨会"提交的论文。先发表于《杨浦教研》（内部刊物）1987 年第 2 期，其后发表于《联合学报》（内部刊物）1988 年第 1 期。再发表于《天津师范大学学报》1989 年第 3 期。本次出版据《刘鹗散论》，云南人民出版社 1998 年版，第 3 – 31 页。"……"处略有删减。

② 千家驹《铁云藏货·序》。

③ ［美］马幼垣《刘鹗及老残游记资料》，第 315 页。

刘鹗一生给人们的贡献究竟是什么呢？"刘鹗的主要贡献，不在于政治或文学方面，而在于学术方面。""他在中国学术史上是大有贡献的人物"①。就这一点来说，对中国学术史有所了解的人亦都应是熟悉的。对甲骨文——中华民族的瑰宝的发现、整理、研究，刘鹗是有特殊贡献的。凡是谈到甲骨学史，就不能不提到刘鹗，但是专门讨论刘鹗对甲骨文的贡献的著作则极为鲜见。笔者对甲骨文几乎一无所知，但由于近年来搜集刘鹗的资料中往往要遇到这一问题，因此对甲骨文的发现、考释、传播时有涉猎。为对刘鹗作出全面、客观的评价，为探讨刘鹗对甲骨学的贡献，所以试写此文。谨向专家学者们请教，望不吝指正。

1. 本文的主要依据

可供研究甲骨学的历史材料并不多见，因为对它的认识有一个发展过程，而最初并无人有意识地进行记录。从王懿荣开始，虽然对龟甲兽骨上的契刻有所重视，但至今并未发现王懿荣关于甲骨文的只词片语的记载。他的儿子王翰甫、王汉章虽然曾写过一些当时的有关情况，但都是三十年代的追记。王襄是又一个最早收集龟甲兽骨的人，但他早期的著作亦是二十年代、三十年代才公之于世的。端方也曾搜集过甲骨，但他的收藏在王懿荣、刘鹗之后，并且本人也并无文字记录。因此，人们所能见到的关于甲骨文的最早文字记录是刘鹗的《铁云藏龟·自序》。就是这一篇文字也只能见到光绪二十九年的拓印本，无法见到刘鹗的手稿。

笔者有幸在近年得到了刘鹗抱残守缺斋的几册日记。这些日记五十年代分别保存在刘蕙孙、刘厚泽先生处。"文化大革命"中刘厚泽先生家被抄得片纸无存，这些日记自然也无法幸免。七十年代末落实政策，刘厚泽先生生前工作过的上海建筑工程学校的领导对此极为重视，派专人多次与市有关部门联系，查找这些日记。上海图书馆馆长顾廷龙先生、上海博物馆馆长沈之瑜先生都亲自问此事，这些日记终于在八十年代初被重新发现。在这些日记中，光绪二十八年及光绪三十一年两册中，有刘鹗亲笔记录的关于龟甲兽骨收集及对其文字考释的记录。这些记录虽然为数不多，但是它们是最原始的记录，又系刘鹗亲笔所书，其真实程度显然胜于事后的追记。倘今后可以肯定王懿荣生前无文字记录，那么这些日记就可以说

---

① 千家驹《铁云藏货·序》。

是有关甲骨文的最早记录，也是最为珍贵的记录。

刘鹗光绪二十八年的日记共为两册，均高 25.4 厘米、宽 17.2 厘米。上册封面，刘鹗自题为"壬寅正月起，抱残守缺斋日记"，下册封面，刘鹗自题为"壬寅七月起，抱残守缺斋日记"。每页十行，绿色框，版心中缝下有"五十瓦登斋杂著"字样。

刘鹗的光绪三十一年日记一册，宽 18.5 厘米，封面自题"日记，光绪乙巳年正月元旦"日记封面上盖有"天下第一江山渔樵"印。每页十行，红色框，版心中缝下有"九华堂"字样。

本文即以上日记中有关甲骨文的记录为主要依据，试从刘鹗对甲骨的收藏、刘鹗对甲骨文字的考释、刘鹗对甲骨学的传播来探讨他对甲骨学的贡献。

2. 刘鹗对于甲骨的收藏

研究甲骨学的历史，必然要探讨最早收藏甲骨的人是谁，以及他收藏的时间和数量。

刘鹗是早期收藏甲骨的人之一，对此学术界并无争论，至于他在何时开始收藏，收藏的数量是多少，历来似有定论，至今也并无人提出疑问。

陈梦家在《殷虚卜辞综述》一书中对此记载比较详细。按照他的记载，刘鹗的收藏情况是：

（1）辛丑年，赵执斋为刘鹗收集甲骨 3000 余片，其中有 1890 片刘鹗记于日记之中。

（2）壬寅年，刘鹗获得王懿荣的 1000 余片。

（3）壬寅年，刘鹗得方若的 300 余片。

（4）癸卯年，刘鹗得范估的 1000 片。①

这一数字，正与刘鹗《铁云藏龟·自序》中所说"总计予之所藏，约过五千片"相吻合。

确实世人所见的《抱残守缺斋日记》中明确记录了这一数字。这一日记刊于《考古社刊》第五期上。可是，无独有偶，笔者保存的《抱残守缺斋壬寅日记》中有与其几乎完全相同的记载，现不妨将其原文作一对照：

---

① 刘蕙孙《抱残守缺斋日记》，载北京考古学社《考古社刊》第 5 期，1936 年 12 月，第 296 页。

《考古社刊》日记	《壬寅年》日记
辛丑十月二十日巳刻，潍县赵执斋来：携龟板、汉印各一匣。印计七百余方、龟板颇有大者。晚点龟骨，共千三百件，可谓富矣。	（十月）二十日晴。连梦惺来取抄件。巳刻潍县赵执斋来，携龟板、汉印各一匣。印计七百余方，又太和大造象一区，秦权一枚。龟板颇有大者。申刻，拜荣、陆二君，俱未见。归寓筱斋来，与商汇款事。晚，点龟骨共千三百件，可谓富矣。
十月二十八申刻至王孝禹处鬯谈，并访"龟板"原委，与赵说相孚。今早王端士来，其说亦与赵孚。端士云：文敏（王懿荣）计买两次，第一次二百金，第二次一百余金。孝禹云文敏处极大者不过二寸径而已，并未有整龟也。德宝云有整龟十余片，共价十七两，皆无稽之谈矣。	（十月）廿八日。午刻，往晤子谷，知曾折现在军机处，而西山事，顾拟往查各国，问有该国洋股否，可谓拙矣。刘少泉送一月琴来，音极响亮，至可宝玩，据云系唐琴也。申刻至王孝禹处鬯谈，并访龟板原委，与赵说相孚。今早王端士来，其说亦与赵孚。端士云，文敏计买两次，第一次二百金，第二次一百余金。孝禹云，文敏处极大者不过二寸径而已，并未有整龟也。德宝云有整龟十余片，共价十七两，皆无稽之谈矣。本日大风。
十一月初五日，大雪。查龟板、牛骨统共一千八百九十片。	（十一月）初五日，大雪。查龟板、牛骨统共一千八百九十片。夜梦作诗钟，子明先生为宗师，予得句云："惟有如来能伏虎，可知老子本犹龙。"取第一。共作三联，其二联不能记忆矣。

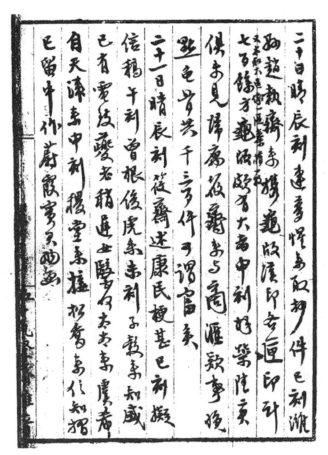

刘鹗《抱残守缺斋壬寅日记》十月二十、二十一日

由此，我们不难看出：《考古社刊》第五期所载的《抱残守缺斋日记》与现存《抱残守缺斋壬寅日记》的区别仅在于前者的内容限于有关甲骨的事件，而后者是一日生活的记录。因此不难得出，前者的内容是从后者中有意摘录的。而时间正好相差一年。一个人在相隔一年的时间，写出数则完全相同的日记是不可思议的，那么究竟确认哪一年的时间为正确的呢？会不会是日记封面的年代写错了呢？对此亦有两点可以证明：

（1）《考古社刊》中抱残守缺斋日记的提供者是刘蕙孙先生。刘蕙孙先生曾著有《铁云先生年谱长编》一书。在此书中刘蕙孙先生亦将此三则日记列于光绪壬寅年中。①

（2）《铁云藏龟·自序》："壬寅年，其哲嗣翰甫观察售所藏，清公凤债，龟板最后出。"综观《抱残守缺斋壬寅日记》刘鹗收购王翰甫所售钟鼎古玩、泥封瓦当、汉印钱货、碑帖字画、龟甲兽骨是有月日记载的。从壬寅六月六日第一次去看王翰甫的瓦头始，购买王翰甫所藏记录是详细的。虽然令人感到遗憾的是日记十月初一至十月初四日残缺，但在十月之前的日记对甲骨只字未提。自十月十六日之后，多次记录与甲骨有关事宜，而对其他古玩、碑帖、泉货等九月之前几乎每天都有，而九月之后则很少提及。这些记录与"龟板最后出"这句话是相符的。由此我们也可以得出如下结论，目前研究者以《考古社刊》为依据的日记，确实并非辛丑年日记，而是壬寅年日记了。

由此可以推断，刘鹗在《铁云藏龟·自序》中所说的"凡一年，前后收得三千余片"中的三千余片，并不包括所谓辛丑年日记中的 1890 片。而所谓辛丑年的 1890 片，正是壬寅九月底、十月初收购王翰甫的龟甲始到癸卯年九月既望，刘鹗写《铁云藏龟·自序》止的十二个月时间。

这样，从刘鹗收藏甲骨始到拓印《铁云藏龟》一书止，收藏情况应是：

（1）壬寅年十月初刘鹗从王翰甫处购得龟骨 1890 片。

（2）壬寅年九月至癸卯年九月，刘鹗得赵执斋龟骨 3000 片。

（3）壬寅年或癸卯年，刘鹗得方若龟骨 300 余片。

（4）癸卯年，刘鹗得范估 1000 余片。

将前三项相加，刘鹗已得龟骨 5000 余片，如将第四项加上，刘鹗已得 6000 余片。所以刘鹗得范估 1000 余片，则应在癸卯年九月既望之后，或至少这 1000 片中，有部分在癸卯年九月既望之后。从刘鹗收藏甲骨的时间，笔者推算，刘鹗收藏甲骨不会少于 1890 + 3000 + 300 + 1000 = 6190 片。但这一时间仅到癸卯年底。自癸卯年底至刘鹗被捕的戊申年六月，中间尚有五年的时间。在这五年时间中，他在收藏方面是否又有新的进展呢？至少有一则记录是可以肯定的。在《抱残守缺斋乙巳日记》中"十月十七日又买范姓龟骨三百余片"是确凿无疑的。

那么可以得出如下结论，刘鹗自光绪壬寅年十月始，至光绪乙巳年十

---

① 刘蕙孙《铁云先生年谱长编》，第 101 页。

月止，这四年中，最少收藏甲骨 6490 片。这一数字与目前研究者所引用的数字相去甚远。那么也就可以想见，关于刘鹗流死新疆之后，其甲骨分散数字的统计均是不准确的。刘鹗收集甲骨的时代，并非甲骨已得到普遍重视的时代。

刘鹗本人的财力是有限的，早在开始收购王翰甫的碑帖、泉货的十月，他已是"连日债务丛集""翰甫之债本日（到）期乃由子谷暂挪千金付之"[①]，但他仍不遗余力地收购，以使中国这批最早被人们辨识的甲骨得以保存。这是刘鹗对甲骨学的第一个贡献。

3. 刘鹗对甲骨文字的考释

刘鹗在收藏甲骨以后是否对这些文字进行了考释呢？

一种意见认为刘鹗识了一些甲骨上的文字。"但就识字一端而言，刘鹗之印《铁云藏龟》也，自谓能识四十余字。然今日见之，彼所释而不误者，实仅三十四字。其中且有数目字二、干支字一十有九，凡此皆最易辨认者也。"[②]"识甲骨字，当以刘铁云为第一人。他在《铁云藏龟·自序》中记可识字四十余。其正确不误者得三十四字，然其中尚多干支及数目字。"[③] 这些文字是根据《铁云藏龟·自序》推算出来的。这四十余字是甲、申、乙、酉、寅、丁、卯、戊、午、己、亥、庚、戌、辛、丑、壬、辰、癸、未、卜、大、向、角、彤、曰、哉、雨、帝、我、不、厌、归、好、之、子、兄、于、母、今、巳、月、虹、父、祖、十、五、牢。

另一种看法是："治契文之学以瑞安孙氏为最早，所著的《契文举例》一取材于《铁云藏龟》。事属创始，其考释又不免较后起者为疏。"[④] 对甲骨文试行考析的，是皖南经学后劲瑞安孙诒让（仲容）。[⑤]

那么，究竟应以刘鹗为最早考释甲骨文字的人，还是以孙诒让为最早考释甲骨文字的人呢？

众所周知，甲骨学在经历了识文字、断句读这两个阶段之后，才进入历史研究的领域。因此，识文字、断句读是甲骨研究的基础，而识文字又

① 刘鹗《抱残守缺斋壬寅日记》七月初四、七月初五。
② 屈万里《甲骨文字集释·序》。
③ 严一萍《甲骨学》，第 767 页。
④ 鲍鼎《铁云藏龟释文凡例》，辛丑、蟫隐庐印行。
⑤ 戴稼样《王静安先生与甲骨文字学的发展》，收入《王国维学术研究论集》（第一辑）。

是最基本的工作。

辨识甲骨文字最早的应是刘鹗。

首先，从《铁云藏龟·自序》中，我们能看到，刘鹗并非单纯地把甲骨上的线条当作一种不可知的符号，而是肯定这是一种文字，"二千余年后转得睹殷人刀笔文字"。其后他又肯定"龟板虽皆残破，幸其卜之繇辞文本甚简，往往可得其概"。在这里，我们已经可以看到刘鹗第一肯定了这是文字，第二肯定了这是卜之繇辞。不能识文字，又如何敢断定其为"文字"？不能断句读，又怎敢称其谓"卜之繇辞"呢？尽管他释的字可能有误，但他是去辨识文字，并力求理解其含意了。就如同第一个吃螃蟹的人，尽管他被扎破了嘴，连螃蟹壳也一并吞下去了，但是你能因此而否定他在吃螃蟹么？

那么，在识文字上刘鹗是否单纯地望文生义在猜测呢？回答也是否定的。在《铁云藏龟·自序》中刘鹗引出了四十余字，是否猜测呢？不是！"钟鼎凡有象形者，世皆定为商器""𠆢，雨字象形，𢇅，角字象形"。在这里他不是已经将其与"钟鼎文字"联系起来进行考释了么？"孙氏的考释方法，绝大部分是比较金文所得的"[1]。那么，刘鹗与孙诒让的考释有共同之处，孰先孰后不是一目了然了么？

更有说服力的是刘鹗壬寅十月十三日的一则日记："晚，圈《说文古籀》，悟龟文二字，恐"𝈊"是功字。"𤮻"，恐是"晋"字。《说文》：晋，告也。"[2] ……

从以上五个考释看，罗振玉、鲍鼎所释与刘鹗相同。孙诒让、于省吾各有所见，李孝定未做结论。从考释方法而言，各有不同侧重。最简的是鲍鼎，最细的为于省吾，吸收各种不同方法的是李孝定。而刘鹗，是从《说文》的音、形两方面加以释定的。

孙诒让是"比较金文所得"，那么刘鹗对"丩"字的考释也与其相近。"丩"字，见杞伯每父敦𝈼字，疑其象"㞓"形，以与鼎彝㞓文相近也。[3] 对此孙诒让不但表示同意，而且加以补充，做出"刘说自可通"[4]

---

① 严一萍《甲骨学》，第767页。
② 孙诒让《契文举例·文字第九》。
③ 刘鹗《铁云藏龟·自序》。
④ 孙诒让《契文举例·卜人第五》。

的结论。那么承认孙诒让是考释甲骨文字，也就应该承认刘鹗是在考释甲骨文字。

从刘鹗对"🐛"和"夕"两个字的辨识、释定，（无论这两个字的辨识正确与否）笔者以为说刘鹗是第一个考释甲骨文字的人是正确的。

孙诒让在《契文举例》中就不断出现对刘鹗考释的评价。如："刘云，凡称问者有四种，曰哉问、曰厌问、曰复问、曰中问。哉、厌两问最多，疑哉为初问、厌为再问。故诗曰：我龟既厌，不我告。犹言我已再问，而龟不我告也。案：刘所谓'问'，皆当为贝、实贞之省……"① 再如"八命七日雨：龟文云雨者亦多，其字皆作最为奇古（详刘述）……"② 或否定、或肯定都先将刘鹗所释录出，然后再进一步考释。由此亦可想见，孙诒让本人也承认刘鹗是对甲骨文字进行过考释的。

刘鹗本人也自称对甲骨文进行了"释"的。《抱残守缺斋壬寅日记》十月初六日记有："晚间，刷龟文，释得数字，甚喜。"由此，可以肯定在光绪二十八年十月初，也就是刘鹗得到王懿荣的龟甲七天以内，他已经肯定龟甲上的纹路是一种文字，并且已在力求识别、考释。而且可以进一步了解到，此时他已经能够初步对这些字进行辨识。也就从这短短的日记中我们可以了解到，他所得的甲骨，必须经过自己的"加工"——刷，才能够得以辨认。这则日记，早于《铁云藏龟》约350天，因此我们可以确定，中国人辨认出甲骨文字最迟不过光绪二十八年十月初六日——1902年11月5日。

那么关于甲骨文字最早的有关论述能不能定以是《铁云藏龟·自序》呢？不能，因为就在壬寅年十月初七日记中刘鹗记有"夜作《说龟》数则"。笔者以为"说龟"，或解释为对甲骨学历史的记述，或解释为对甲骨文字的考释。"数则"就更明确地告诉人们刘鹗已将有关甲骨问题逐条形诸文字。因此说，我国最早有关甲骨文字的论述，应是刘鹗的《说龟》。

遗憾的是刘鹗的这数则《说龟》至今还没有人见到。但是未见到不代表不存在。刘鹗的《老残游记·外编》手稿写于1905年左右，但并无人知晓，直到1927年才被刘蕙孙先生发现。刘鹗的《铁云藏货》约成书于1904年，1984年郭若愚先生方将其公布于众。刘鹗的医学著作手稿、《抱

---

① 孙诒让《契文举例·贞卜第二》。
② 孙诒让《契文举例·卜事第三》。

残守缺斋书画碑帖目录》亦都是八十年代才陆续被发现的。那么虽说《说龟》今仅存目，但或许有一日会出现于人们面前也未必可知。

总之，刘鹗不但是最早收藏保存了甲骨，为甲骨学作出了贡献；而且他是最早对甲骨文字进行考释的人，并且曾写出了《说龟》数则。这是我国最早记述、考释甲骨文的著述。

4. 刘鹗对于甲骨学的传播

《铁云藏龟》的拓印传世，为甲骨学的传播作出了重要的贡献。这一点，历来被人们所称道。

刘鹗生活在动乱的清末，在这一时代，仁人志士在为国家的存亡而担忧，纷纷寻找救国之路。在甲骨被发现之前，刘鹗曾因开发山西煤矿、筑芦汉铁路而屡遭挫折，庚子年间为赴京赈济而不顾个人安危，但他的作为并不为顽固派所理解，而被斥为"汉奸"。

然而他却不顾自己的财力，将一些尚无定论的龟甲兽骨收于家中，并费尽时日，将其考释、拓印出来究竟为什么呢？在《铁云藏龟·自序》中他写出了拓印龟甲文字的原因："龟板文字极浅细又脆薄易碎，拓墨极难。友人闻予获此异品，多向索拓本，苦无以应。然斯三代真古文，亟当广谋其传。故竭半载之力，精拓千片，付诸石印，以公同好。"这是刘鹗的自述，其言、其行是一致的。《铁云藏龟》的印行就是明证。

相比较而言，在同一时代，对同一龟甲文字，王懿荣却采取了相反的态度："村人得骨，均以售范，范亦仅售于王文敏公，他人无知者。"[1] "初出土后，潍县估人得其数片，以售之福山王文敏懿荣（闻每字银四两）。文敏命秘其事，一时所出，先后皆归之。"[2] 王懿荣是一个伟大的爱国者，他最先懂得了甲骨存在的价值，因此亦不惜财力而将其收藏，无疑这是他对甲骨学的贡献，但是他在收藏之后"秘其事"，又无疑对甲骨学的传播是极为不利的。刘鹗在《铁云藏龟·自序》中说"龟板最后出"恐是有其根源的，一是王翰甫以为奇货可居，希望能卖得高价，二是王懿荣对龟板公诸于世可能有过什么嘱咐。无论如何，笔者以为，倘若这首批甲骨不是归于刘鹗，那么，我国甲骨文字的公诸于世将不知向后推移多少

---

① 罗振常《洹洛访古录》，收入《殷虚卜辞综述》，第647页。
② 王国维《二三十年中中国新发明之学问》，收入《殷虚卜辞综述》，第647页。

年。而正是刘鹗竭尽财力收购了它们并在收购后的数日之内便加以考释，收购后半年就决定拓印，收购后的一年便将其公布于世。这就使后人看到了他是中国传统文化的传播者。

正因为如此，后人充分地肯定了刘鹗在这一方面的贡献。远者如罗振玉说"予之知有贞卜文字也，因亡友刘君铁云""殷墟遗宝由君得传于斯"①；近者如严一萍"知其所重而定为殷人之物者刘氏也，拓墨付印以广其传者亦刘氏也"②。屈万里称之为"甲骨学的开山""肩之辞之，以导先路，其功实不可没也"③。萧艾称《铁云藏龟》的问世为"这是甲骨文字的第一次著录成为专书，是中国文化史上一件大事"④。孟世凯说"为研究的人提供了第一手材料，在甲骨学中作了开创性的贡献"⑤。因此可以肯定《铁云藏龟》的拓印行世，是刘鹗对甲骨学继收藏、考释两个贡献之后在甲骨学的传播上所作的更大的贡献。

在甲骨学的传播中，刘鹗还第一个把甲骨文字介绍给外国学者。外国人与甲骨发生关系最早的是美国传教士方法敛和英国浸礼会驻青州的传教士库寿令，其后是日本人西村博、三井源右卫门、林泰辅等，但最先知晓甲骨文存世的，并非以上诸人，而应是日本人内藤湖南。内藤湖南本名虎次郎，字炳卿。他的祖父和父亲都是有名的文人。他本人 12 岁能作汉诗。这就为他后来与中国学者交流奠定了基础。1899 年 2 月他"首次来到中国，在此后又九次来中国，遂与方若、刘铁云、罗振玉、王国维等许多名人学者成为厚交""还见到了刘铁云收藏的龟板兽骨，始知甲骨文字的存在（这是在明治三十五年至 1902 年）"⑥。日本神田喜一郎在《敦煌学五十年》中记载了内藤湖南初次见到甲骨的情况："1902 年朝日新闻社派我到中国去。我在北京认识了刘铁云。那时候，他在桌子上摆着一些奇怪东西正在做拓本。我问了他那是什么？他回答是最近在河南出土的龟甲，上面刻着文字。"⑦

---

① 罗振玉《铁云藏龟之余·序》。
② 严一萍《铁云藏龟新编·序》。
③ 屈万里《甲骨文字集释·序》。
④ 萧艾《甲骨文史话》。
⑤ 孟世凯《甲骨文字简述》。
⑥ ［日］中村忠行：《明治汉文诗集·略历·内藤湖南》，第 427 页。
⑦ ［日］内藤湖南《内藤湖南全集》第 14 卷，第 207 页。

内藤湖南是奠定日本敦煌学史研究基础的人之一，对中国文化的研究是有一定成就的。因此在他的略历中写明他最早见到甲骨是可信的。

刘鹗在得到王懿荣的甲骨后一个月中，最少有三次与内藤见面。第一次是壬寅十月十一日"牧卷次朗偕内藤虎君来。内藤系《朝日新闻》主笔，人极博雅"。第二次"十月二五日辰起，回拜内藤"。第三次是十月廿七日"本日请牧卷夫妇及内藤氏"。这一个月正是刘鹗初得甲骨之时，他们谈论的内容虽无记载，但是这三则日记恰好为略历所述做了证明。也是在同年十一月，内藤湖南给刘鹗的信中这样写道："前蒙宠招，趋拜奉教。口饱旨酒嘉肴，眼饱古书珍器，真为入京以来第一福分也。"① 此中"珍器"，未指明具体何物，笔者以为其中便应包括有甲骨在内。

内藤湖南是日本早期研究甲骨的学者之一。他在 1916 年发表了考释甲骨文的《王亥》《续王亥》两文，次年王国维在《殷卜辞所见先公先王考》中专门谈到了"王亥""王恒"所引用材料出自《铁云藏龟》。由此可见，内藤湖南是研究甲骨，而又与中国学者交往甚密的学者之一，亦是第一个见到甲骨的外国人。而将甲骨介绍给内藤湖南的又是刘鹗。

总之，将甲骨文字公诸于世，为后来人的研究奠定基础的人是刘鹗，将甲骨文介绍给外国人，使甲骨学成为世界各国学者共同研究的一门学问的第一人也是刘鹗。这是刘鹗对甲骨学传播的重要贡献。

5. 结论

综上所述，笔者可以作如下结论：

（1）刘鹗是早期甲骨收藏者之一。他计收藏甲骨当在 6490 片以上。以前所述 5000 余片的说法与此相去甚远。因此而统计的甲骨数字均应重新讨论。

（2）刘鹗最早收集甲骨是光绪壬寅年十月初，而非光绪辛丑年十月。

（3）刘鹗是最早考释甲骨文的学者，而孙诒让是第一个作有甲骨文专著的学者。

（4）最早的有关甲骨文的著作是刘鹗的《说龟》。

（5）刘鹗拓印《铁云藏龟》是第一部有关甲骨文的著作，其拓印目的是给世人以研究资料。

---

① 转引自日本学者樽本照雄撰《刘铁云与日本人》。

（6）刘鹗是第一个将甲骨文向外国人介绍的学者。内藤湖南是最早接触甲骨文字的外国学者。

由此，可以进一步得到刘鹗对于甲骨学的贡献应是三个方面：①刘鹗收藏了中国最早的甲骨，为研究者提供了研究的实物。②刘鹗首先肯定了甲骨文字，率先进行了考释，并取得了成就。③刘鹗是向国内和国外学者传播甲骨学的第一人。

刘鹗对于甲骨学的贡献应给予充分肯定。

1987 年 9 月草成于杨浦教育学院

【编著者按】在笔者论文《"王刘联合发现说"和甲骨文发现研究新论》和《王献唐日记等文献佐证甲骨文发现新说——再论"王刘联合发现说"及"刘鹗发现说"》中都对刘德隆此文做了引用。《新论》引用如下："刘德隆先生在《试论刘鹗对甲骨学的贡献》一文中认为，'《说龟》，或解释为对甲骨学历史的记述，或解释为对甲骨文字的考释……遗憾的是刘鹗的这数则《说龟》至今并没有人能见到'。（编著者个人推测，刘鹗日记中提到的"说龟数则"确是研究考释记录，但很可能因积累不很多故没有独立成书，其相关文字后来都已誊写纳入了《铁云藏龟·自序》中的考释内容）刘德隆该文除详细论述刘鹗对甲骨的发现鉴定、甲骨文的研究考释、甲骨学的公示传播三个方面的重大贡献，还特别举出多项例证，强调了在甲骨文考释上刘鹗为最早，并逐个列出了他在'自序'中认出的47 个字。但这些提法都未得到学界专家的足够关注和赞同。"《再论》引用如下："（1902 年 11 月 5 日）刘鹗第一次得空仔细研究所获甲骨，于是就有了当天日记中的'迄今所见我国甲骨文史上明确记录甲骨文字的第一次文字记录'。（刘德隆语）……刘德隆此文的论证和结论尚有：'陈梦家所引刘鹗日记的日期并非 1901、实为 1902 年'，刘鹗'收藏甲骨当在6490 片以上'，'刘鹗是最早考释甲骨文的学者'，'刘鹗对于甲骨学的贡献应给予充分肯定'等。"

（三）日本人研究甲骨的先驱——林泰辅①

［日］成家彻郎②著　赵丛苍译

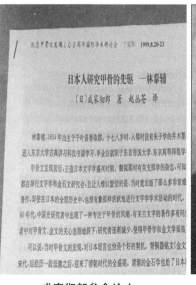

成家彻郎参会论文

林泰辅（1854—1922）③

　　林泰辅①，1854 年出生于千叶县香取郡。十七八岁时，入邻村设有朱子学的并木要水私塾。之后进入东京大学古典讲习科汉书课学习，毕业后就职于东京帝国大学、东京高等师范学校等。

　　甲骨文发现前后，正值日本文字学盛兴时期。翻阅那时有关支那学的杂志，可知那个时期到处都在举行文字学和金石文研究会，且让人难以置信的是，当时竟出版了那么多非常难解的古文字学著作，即使在日本的全部历史中，也没有像那样活跃地进行文字学学术活动的时代。其后至 20 世纪 60 年代，中国史研究者中出现了一种专注于甲骨的风潮，有关古文字的著作多有问世。但此后，学者中对甲骨文、金文的关心急剧地跌下，研究者逐渐减少，使得甲骨学和金文学面临严峻的形势。

　　可以说，当时甲骨文的发现，对日本而言也恰是个好的契机。青铜器铭文（金文）在中国兴盛于宋代，后经历一段低潮之后，迎来了清朝时代的全盛期。清朝的金石学也给日本以影响，1900 年前后，日本的古文字研究者，对古文字有很好的研究。林泰辅自然也研究了金文、《说文解字》。恰好在这一时期，以往全然不知的甲骨文被发现了。当时，对这一新资料持怀疑态度的学者，在中国和日本都存在。然而，林氏一见其实物，立即给予了公正的评价。现在想来，对其采取怀疑态度者，皆属是对金石学缺乏素养的人。

　　1909 年，《史学杂志》登载了《关于清国河南省汤阴县发现的龟甲兽骨》。此乃日本人有关甲骨方面的最早著述，甚为有名。但该文其中一节里有如下的表述：

――――――――――――

　　① 　林泰辅（1854—1922），字浩卿。日本汉学经史学家、甲骨学家，对甲骨学、中国上古社会的研究具有开拓性的贡献。1887 年从东京大学古典讲习科汉书课毕业后，历任第一高中、山口高中教师，东京高等师范学校教授。1913 年获文学博士学位。主攻朝鲜历史、经学、金石文字，著有《上代汉字的研究》《周公及其时代》《支那上代之研究》等。林泰辅对尧、舜、禹抹杀论的反驳，对甲骨文的先驱性研究等也导致对他的疑古批判观、甲骨文研究等的探讨比较多；而与此相比，他的周公研究、经学思想等却鲜有人问津。比如面对白鸟库吉的尧舜禹抹杀论，林泰辅连续发表了《论尧舜禹抹杀论》《再论尧舜禹抹杀论》（均收录于《支那上代之研究》）等四篇论文，以深厚的汉学素养进行反驳，而这也正是林泰辅学术的中心。林泰辅的大作《周公及其时代》，以孔子尊重的理想圣人周公的思想为研究对象，也可以看出林泰辅的学术性格。而其倾注后半生研究的甲骨文，与上述领域也有着千丝万缕的联系。（摘自刘思婷《林泰辅史学研究》，广东外语外贸大学 2015 年硕士论文）

余于二三年前看到此书（《铁云藏龟》），知有关支那古代文字考究方面，获有极为贵重的材料，想试作一些考证，然而尚未见到其实物，因之今权且不敢发表……

几年前，我有机会发现了林氏于1907年写的《关于支那古代史上文字的源流》。此稿是用毛笔所书，外表绢装，计全5册的巨作，现藏都立中央图书馆的诸桥文库。这里我之所以说"发现"，是因为该著作尚几乎无人所知。譬如，被收入他去世后出版的论文集《支那上代之研究》中的《著作目录》以及镰田正《林泰辅》（《东洋学的系谱》所收）等，均未见对该著作的记录。囿于见识，此前笔者未曾见到过。

我发现《关于文字的源流》才知道他所说的"试作一些考证"指的就是这一篇。《关于文字的源流》第4册中有"第六　古文的变迁"一节，在该节中，他对《铁云藏龟》所见有关甲骨文试作了考证。该著作未写明年月，但根据他的著述情况分析，我以为可能是写作于1907年。我不懂这篇《关于文字的源流》为什么归于诸桥辙次。

在日本，一提起甲骨学，大概马上会想到林泰辅之名。不过在当时所谓支那学者中，一当论及他的学术位置，其不被指为亚流，也会被看作异端。这方面的情况，神田喜一郎的《由贝塚教授制作甲骨文图版篇回忆林泰辅博士》一文中，有详细的说明。今对其中有关内容略引述如下：

我觉得，博士的苦心非一般人能够与之相比。尤其在我们日本，当时对于甲骨相信其为真品的学者甚少。即使直到后来，出现了如东京的饭岛忠夫、桥本增吉博士等支那古代史的专门学者，他们对甲骨也是报以不信任，态度十分明朗。特别是东京的许多学者，好像从开始就宁可视其为伪物。林博士于大正8年（1919），也只是尝试性地以《关于殷墟的遗物研究》为题作了讲演，他颇有感触地回忆说："我的友人有持以十分怀疑者，不断有人说，那样的东西是靠不住的吧"。《史学杂志》则登载了林博士的论文，只是未收入论说栏而被置于杂录栏中，可见个中之微妙。

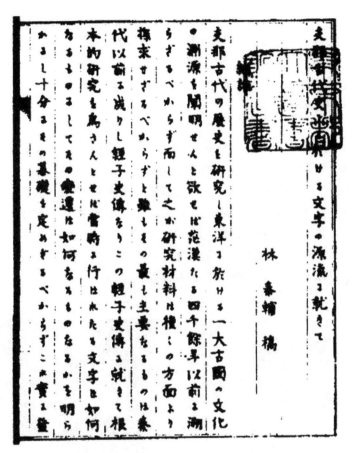

林泰辅《支那古代史上文字的源流》手写稿

这样在东京，作甲骨研究的林氏处于被冷漠的境遇。但是，他的《关于清国河南省汤阴县发现的龟甲兽骨》，在甲骨学的发展史上，占有重要的学术地位。他把该文发表于《史学杂志》，请当时居住在北京的田中庆太郎介绍给罗振玉。这对日本人来说，恐怕谁也难以理解。罗振玉见其著文而为之震惊，并受其刺激而写成《殷商贞卜文字考》。他于序文中这样写道："该博士所引证据，足可补正予之先序（罗氏为《铁云藏龟》所作序）。"

日本最早的甲骨拓本集《龟甲兽骨文字》

林泰辅搜集自己藏甲骨以外所知他人收藏的甲骨，出版了拓本集，此即《龟甲兽骨文字》。但这个拓本集，一般所知是1921年发行的2册2卷书。事实上在此前，1册1卷书已经出来。对此，林氏在《关于殷墟的遗物研究》中有如下记载：

> 关于这批刻有文字的龟甲兽骨，其文字拓印、照片拍摄以及印刷诸事，京都的罗振玉君付出了巨大的努力。其称为《殷虚书契》，具有前、后编共5册之规模，是内容非常丰富的著作。然而对于东京的资料，如三井先生处和我这里以及其他地方的甲骨，有许多尚未收入罗振玉君的著书中。因此我们二三人稍作磋商，从藏品中挑出有特点者，作了照相。印刷，即成《龟甲兽骨文字》之书，于去年（1918）之暮好容易出版了一册。计划再出版一二册。

《龟甲兽骨文字》初版首页　　　　　　《龟甲兽骨文字》封面

尽管有这样清楚的说明，然而，最早的1册1卷书几乎无人所知。究其原因，恐怕是发行数量少的缘故吧。该1册1卷书由法书会出版部发行，西东书房发售，时间为1918年9月。

林泰辅在甲骨学方面还有一个出色的工作，那就是《龟甲兽骨文字表》。其把甲骨文中各种字形进行了搜集、整理，与1934年孙海波的《甲骨文编》具有同样的性质。但遗憾的是，该《龟甲兽骨文字表》未能正式出版，现被庆应大学斯道文库所保管。仅其中的两页，在《书道全集》（平凡社）第1卷中有图版介绍。

作为日本人的甲骨研究者，林泰辅还首次访问了安阳殷墟。林氏在刊载于1919年《东亚之光》的《关于殷墟的遗物研究》中，有这样的记述：

> 我于去年四五月间去支那旅行六十余日。一般说来，凡日本人去支那旅行者，能去的地方定会前往，只有一处不去者，那就是河南省的安阳。安阳即被称为所谓"殷墟"的地方。当然，不能够说迄今去过此处的日本人仅有一二人之少，但作为学者、政治家或知名人士而访问安阳者，我想还没有吧。

林氏在这里根本没有提到，事实上他是与诸桥辙次一起去中国的。诸桥氏做了一个工作得到原没有想到的巨款八百元（这相当于当时的年收入），他即作出了实现他夙愿的去中国旅行之决定。作为同僚（两人同于东京高等师范供职）的林氏听到此消息，表示盼望务必一起同行。诸桥氏在回想此事时这样记述说："我本来想采取自由行动而一人前往，但被博士的企望所感染，因而未及思索就一同去了。"（诸桥辙次：《中国旅行和中国留学（一）》。）

文献资料

林泰辅：《支那古代史に于ける文字の源流に就きて》（稿本），1907。

林泰辅：《清国河南省汤阴县発见の龟甲牛骨に就て》（一）（二），《史学杂志》20～8、9、10，1909。

林泰辅：《殷墟の遗物研究に就て》，《东亚之光》14～5，1919。

林泰辅：《龟甲兽骨文字》（1册），法书会出版部，西东书房，1918。

林泰辅：《龟甲兽骨文字》（2册），商周遗文会，1921。

林泰辅：《支那上代之研究》，光风馆书店，1927（1944年再版）。

富冈谦藏：《古羑里城出土龟骨の说明》，《史学研究会讲演集》第3

册，富山房，1910 年。

刘鹗：《铁云藏龟》抱残守缺斋石印本（6 册），1903 年。

神田喜一郎：《贝塚教授の〈甲骨文字〉图版篇を手にして（林泰辅博士左忆）》，《敦煌学五十年》，筑摩书房，1970。

鎌田正：《林泰辅》，《东洋学の系谱》，大修馆书店，1992。

诸桥辄次：《中国旅行と中国留学（一）》，《诸桥辙次著作集》第 6 卷，大修馆书店，1976。

贝冢茂树：《甲骨文と金文の书体》，《书道全集》第 1 卷，平凡社，1954。

成家彻郎：《甲骨文発见の史实》，《修美》，1999 年春季号。

成家彻郎：《日本人の甲骨研究一先驱者：富冈谦藏と林泰辅》，《月刊しにか》，1999 年 11 月号。

【编著者按】编著者论文《罗振玉等人早期甲骨文研究学术史新探》（全文参见本书第一编）第五部分"罗振玉研究甲骨文缘起考辨"和第六部分"林泰辅的早期挑战与罗振玉之'一剑封喉'"中，对成家此篇论文多有引用：顾颉刚"古史辨"总结出的核心"卓识"（胡适语），即是时间越晚，演绎成分越多。故编著者推断，罗振玉早年描述的"邮示交流说"应该（比"请教说"）更接近历史真实。

但编著者后来又见到了一个新说法。此说来自东瀛学者成家彻郎为1999 年在安阳举办的"纪念殷墟甲骨文发现一百周年国际学术研讨会"提交的论文《日本人研究甲骨的先驱——林泰辅》。文中一处提道：林泰辅的"《关于清国河南省汤阴县发现的龟甲兽骨》在甲骨学的发展史上占有重要的学术地位。他把该文发表于《史学杂志》，请当时居住在北京的田中庆太郎介绍给罗振玉。这对日本人来说，恐怕谁也难以理解。罗振玉见其著文而为之震惊，并受刺激而写成《殷商贞卜文字考》"。此"田中介绍说"既别于邮示更非自呈，虽未提出自何据，但人物和地点言之凿凿。

最后看到北大教授严绍璗所著《日本中国学史稿》一书及其更早的论文《甲骨文字与敦煌文献东传纪事》，这一串谜团才得以完全解开。……

然童（童岭）文没有说到的是，这位令人起敬的汉学家研究甲骨文既早且精。根据前述成家彻郎《日本入研究甲骨的先驱——林泰辅》一文，

"1900 年前后……林泰辅自然也研究了金文、《说文解字》。恰好在这一时期，以往全然不可知的甲骨文字被发现了。当时，对这一新资料持怀疑态度的学者，在中国和日本都存在。然而，林氏一见其实物，立即给予了公正的评价……1909 年，《史学杂志》登载了《关于清国河南省汤阴县发现的龟甲兽骨》。此乃日本人有关甲骨方面的最早著述，甚为有名"。更重要的是，成家氏在此文中接着说道："但该文其中一节里有如下的表述：'余于二三年前看到此书（《铁云藏龟》），知有关支那古代文字考究方面，获有极为贵重的材料，想试作一些考证，然而尚未见到其实物，因之今权且不敢发表……'几年前，我有机会发现了林氏于 1907 年写的《关于①支那古代史上文字的源流》。此稿是用毛笔所书，外表绢装，计全 5 册的巨作……该著作尚几乎无人所知……才知道他所说'试作一些考证'指的就是这一篇……第 4 册中有《第六　古文的变迁》一节，在该节中，他对《铁云藏龟》所见有关甲骨文试作了考证。"

据此可知，林泰辅居然很早看到了《铁云藏龟》，并与孙诒让不约而同做了类似的研究，时间上仅比孙氏晚了两三年，却比罗振玉早了两三年。所以，罗振玉在 1909 年 6 月赴日考察农学与林泰辅会面时，他给罗氏看的很可能就是自己的早期著作《关于支那古代史上文字的源流》的一部分。由于此手稿没有发表后来便"无人所知"。

…………

根据成家彻郎此文的文献资料注释，林氏论文的发表信息为"《史学杂志》20～8、9、10，1909"，含义应该是"总第 20 编，1909 年第 8、9、10 月号连载"。此文还转引了神田喜一郎的话，指出由于早期日本学界对中国发现甲骨文普遍质疑，林泰辅该文其实是发表在该杂志的"杂录栏"而非正式论说栏目，这样被截断三连载也就顺理成章。

如此就可断定，当林泰辅的论文刚开始连载之时，根据罗振玉年谱他已经在日本考察完毕，于当年六月二十六日（公历 1909 年 8 月 11 日）回到了上海，故罗振玉在日本会见林泰辅之时，看到的只能是"5 册巨作"《关于支那古代史上文字的源流》的部分手稿，或论文《论清国河南省汤阴县发现之龟甲牛骨》的草稿，而不可能是连载后的该论文全文。而且，由于罗振玉在初次会见时对林泰辅有所轻视，或者是林泰辅有所戒备、保

---

① 前影印手稿中无"关于"二字。

留，没有尽述其正在发表的论文精华，这样才能合理解释这个曲折过程：前有罗振玉会面时"率尔操枣，见嗤都雅"地低看林泰辅，后有林泰辅以"转交发表的论文"回敬，再有罗氏看到正式论文后"深佩赡核""援据赅博"的震惊，最后才有他的全力以赴（研究甲骨文），"一剑封喉"。

编著者在编著本书时又给《新探》论文加了一条相关新注："在本论文发表数年后，编著者近期又看到一篇报道，详细地介绍了厦门大学李无未教授 2021 年 5 月 21 日在西南大学所作'林泰辅《中国古文字源流》稿本（1907）发现的意义'的学术报告（载 2021 年 5 月 24 日西南大学汉语言文献研究所网站'新闻动态'栏目）。李无未教授在报告中指出：'成家彻郎对于林泰辅《中国古文字源流》（稿本）的发现和研究具有重大意义，即第一次揭示了林泰辅研究甲骨文的真相，并将日本甲骨学的研究起始时间由 1909 年提前到了 1907 年；此外，成家彻郎力图告诉世人，《中国古文字源流》稿本是世界范围内第一部研究中国古文字源流的博士学位论文，由此，揭开了一段沉寂了一百多年的历史谜题，就世界范围内中国古文字研究来说，这是个奇迹。'报道内容尚有：'最后，李无未教授从 18 个方面总结了林泰辅《中国古文字源流》（稿本）的学术地位及发现的意义。对于如何定位林泰辅《中国古文字源流》（稿本），李教授通过与高田忠周《汉字原理》（1904）、唐兰《古文字学导论》（1935）的比较，认为《中国古文字源流》（稿本）具有自己的独创性，而且得之在先，这在中日两国古文字学通论史上是极为突出的；更为重要的是，以其独创性，超越了他所处的时代，代表了当时中国古文字学理论研究的最高水平。'"

（四）再论甲骨文发现始末[①]

李勇慧

李勇慧

　　甲骨文和明清档案、敦煌藏经洞遗书、居延汉简并称中国近代古文献四大发现。但与其他三大发现不同的是，甲骨文发现者是谁、何时发现、通过什么途径发现等基本同题，并没有定于一尊的说法，成为近代学术史的一大公案。关于甲骨文的发现，目前学术界主要有两种说法，形成对峙之势，即由王懿荣在京城吃中药发现说和王襄、孟定生在天津首先发现

　　① 　全文及脚注录自《饶学与华学——第二届饶宗颐与华学暨香港大学饶宗颐学术馆成立十周年庆典国际学术研究会议论文集（上）》，上海辞书出版社 2016 年版，第 325－328 页。李勇慧（1963—　），山东省图书馆副馆长，山东省古籍保护中心主任。兼任山东大学兼职博导教授，中国古籍保护协会常务理事，青岛王献唐研究会副会长等职。2011 年山东大学历史学博士毕业，并获"山东省优秀博士学位论文"及"山东省社会科学优秀成果一等奖"。

说①。两种说法互不相能，常有激烈争论之举发生。这两种说法中，以王懿荣在京城吃中药发现说最为通行。但关于王懿荣发现甲骨文始末问题，竟也众说纷纭，问题主要在于如何发现、在哪个药店发现等。原王懿荣纪念馆长吕伟达②《王懿荣发现甲骨文始末》一文（以下简称"吕文"）对这些不同说法进行了全面研究，统计了世上各类记载王懿荣发现甲骨文始末的十余种说法。然笔者在 2009 年撰写的博士学位论文《王献唐研究》中，发现在近现代山东著名学者王献唐尘封近 80 年的尚未公开的《王献唐日记》中，有《记甲骨发现始末》短文（以下简称"王文"），其中记载的甲骨文发现始末与吕文统计的 10 余种说法皆不相同。王献唐后将所知告诉好友蒋逸雪，蒋逸雪③在 1944 年《东方杂志》第 40 卷发表《老残游记考证》记录此事（以下简称"蒋文"），但蒋文与王文又有多点不同，而吕文亦未记载蒋文说法。笔者对甲骨文向无研究，现仅将王文、蒋文作校点整理，并就二文作简单考证，贡献于学界。

1. 王献唐及《王献唐日记》

王献唐（1896—1960），山东日照人，原名凤琯，改名琯，字献唐，号凤笙，以字行。室名双行精舍、顾黄书寮、那罗延室、三家村人等，青岛礼贤书院文科、青岛德华特别高等专门学堂土木工程专业毕业。1929年前，历任《山东日报》与《山东商务日报》编辑、山东公立法政专门学校国文教员、胶澳商埠督办公署帮办秘书、京汉铁路局文书科办事员、国民党中央党部训练部总务科总干事。1929 年 33 岁时出任山东省立图书馆长、山东金石保存所负责人，至 1960 年 65 岁去世长达三十余年的时间里，先后任山东省立图书馆馆长、山东金石保存所负责人、山东古迹研究会委员兼秘书、国史馆筹备处副总干事兼纂修、山东省古代文物管理委员

① 朱彦民《近代学术史上的一大公案》，载《邯郸学院学报》2008 年第 18 卷第 2 期。
② 吕伟达，字绿洲，号布衣。1946 年 12 月生，烟台市福山区人，研究员、作家。退休前曾任王懿荣纪念馆馆长、福山区文物管理委员会副主任、文物管理所所长、烟台市民间文艺家协会主席。自 1973 年进入文化馆从事管理、研究、创作以来，创作的剧本多次获奖。先后发表各类作品计 200 余篇，800 多万字。现已编著、出版了《福山移民史略》《甲骨之父·王懿荣》（合作）、《王懿荣集》《福山明清七十五进士傅》《福山文化名人》等。
③ 蒋逸雪（1902—1985），江苏建湖人。淮阴省立第六师范学校毕业，民国时期曾任南京中央图书馆馆长、国史馆编辑主任，1956 年调任扬州师范学院中文系。著《陆秀夫年谱》《刘鹗年谱》《南谷类稿》等。

会副主任、山东省博物馆筹备处副主任等职①。任山东省立图书馆馆长、山东金石保存所负责人期间，竭尽心力担救明清山左乡贤遗著，兼收钟鼎彝器、泉币、玺印、封泥、砖瓦、石刻、书画等文物，辟"罗泉楼"以展览古泉币，建"奎虚书藏"以储书籍文物，复传拓所藏石经、封泥、砖瓦等以广流传。而于图书之分类、刊物之出版、阅览之服务、文物之陈列，尤夜以继日，苦心擘画，并与中研院史语所联袂，对城子崖龙山文化遗址、藤县曹王墓遗址、日照雨城镇遗址进行田野考古发掘或调查。不数年，山东省立图书馆、山东金石保存所成为"北方图书文物之重镇"②，学者誉其为山左文脉"一代传人"③。抗战爆发，择馆藏精华，载之播迁，辗转万里，历尽艰辛，分藏于曲阜奉祀官府（孔府）、四川乐山大佛寺，山左文脉赖以保存，被誉曰"虽百世而下，必将典日月同光，山河并寿"④。抗战胜利后，参与国史馆之筹备、山东古代文物之管理、山东博物馆之筹建，为中国近现代文博事业的创始人和开拓者之一。1959 年，王献唐被中国科学院历史研究所邀为《甲骨文合集》编辑委员会委员⑤。其"一生学术，远绍乾嘉诸儒，近承清末名宿，益之以科学观念，辅之以实地勘查，集目录、版本、校雠、训诂名家于一身，熔文字、声韵、器物、古史之学为一炉，故其论述，每能条贯源流，阐微发隐，而于乡邦文献及历史之考订，贡献尤多"⑥，著《公孙龙子悬解》《春秋邾分三国考》《五灯精舍印话》《炎黄氏族文化考》《中国古代货币通考》《国史金石志稿》《山东古国考》《双行精舍书跋辑存》《宵幽古韵考》《汉书食货志订议》《王献唐日记》等，总计逾千万字⑦，被著名学者张政烺、夏鼐誉为

①　参见李勇慧《一代传人王献唐》，山东教育出版社 2012 年版。

②　王绍曾《日照王献唐先生事略》，载《山东图书馆季刊》1994 年第 1 期。

③　张丹斧 1936 年 8 月 30 日致王献唐函，原札现藏山东省图书馆；《王献唐师友书札》，青岛出版社 2009 年版，第 677 页。

④　王绍曾《日照王献唐先生事略》，载《山东图书馆季刊》1994 年第 1 期。

⑤　朱彦民《巫史重光：殷墟甲骨发现记》："1959 年，编辑《甲骨文合集》这一国家重点科研项目，正式交由中国科学院历史研究所承担。历史所邀集全国各有固单位负责人和久负声望的甲骨文专家学者于省吾、尹达、王襄、王献唐、李亚农、胡厚宣、容庚、唐兰、夏鼐、徐中舒、商承祚、张政烺、曾昭燏、曾毅公等组成了编辑委员会，由郭沫若任主任。"朱彦民《巫史重光：殷墟甲骨发现记》，百花文艺出版社 2001 年版，第 297 页。

⑥　孔德成《王献唐先生墓表》，1994 年稿。

⑦　李勇慧《王献唐著述考》，山东教育出版社 2013 年版。

"山东近三百年来罕见的学者"①。王献唐收藏甚富，生前身后，藏品多捐赠国家。② 1959 年，将其个人收藏多年的 22 片甲骨捐赠给中国科学院历史研究所，向中国历史博物馆捐赠李自成大顺政权官印"夔州防御使符"铜印③。总括其一生，堪称学术事功俱隆、文章道德并富的国学大师，为中国近现代图书馆典文博事业做出了杰出贡献，是中国近现代图书馆与文博事业的开拓者和奠基人，中华民族文化遗产的传承人与守望人，是 20 世纪上半叶中国图书馆界、博物馆界突出的代表人物之一。在这期间与之齐名的有：北平图书馆王重民、袁同礼、赵万里、谢国桢，江苏省立国学图书馆柳诒征，江苏南京中央图书馆顾实，上海图书馆顾廷龙，南京金陵大学图书馆刘国钧、李小缘，广东中山大学图书馆杜定友，浙江省立图书馆陈训慈，故宫博物院图书馆易培基等。

《王献唐日记》现存八种四十九册：《登假室日记》（1920 年 7 月 24日—9 月 28 日）、《三禅室日记》（1920 年 9 月 29 日—1927 年 3 月 24日）、《守书日记》（1930 年 7 月 7 日—9 月 10 日）、《顾黄书寮日记》（1930 年 9 月 11 日—1932 年 9 月 11 日）、《太平十全之室日记》（1932 年9 月 12 日—1934 年 12 月 22 日）、《五灯精舍日记》（1934 年 12 月 23 日—1937 年 8 月 15 日）、《双行精舍日记》（1938 年 9 月 4 日—11 月 28 日）、《平乐印庐日记》（1940 年 5 月 16 日—1941 年 4 月 22 日、1943 年 7 月 18日—1948 年 4 月 23 日），记录时间跨度近 30 年（1920 年 7 月 24 日—1948 年 4 月 23 日）之久，年龄跨度自 24 岁至 53 岁，计百余万字。《王献唐日记》的内容体例、写作笔法，与"晚清四大日记"之一李慈铭《越缦堂日记》颇为类似，所记内容包括治学札记、朝野见闻、朋踪聚散、人物评述、古物考据、书画鉴赏、山川游历及各地风俗，是王献唐一生最重要时期的生命历程、心路历程、寻知求识、友朋往来等的真实记录。如《平乐印卢日记》，记录 1943—1946 年王献唐寄身中央研究院史语所住地

---

① 1984 年著名学者张政烺、夏鼐先生致函文化部时语。

② 吴浩坤等《中国甲骨学史》，上海人民出版社 2006 年版，第 209 页。另《山东文物事业大事记》"1954 年条"载："本年，王献唐将个人收藏的 22 片甲骨捐献给中国科学院。此前王氏还向文化部捐献'闯王'印、勾践剑等。"（参见焦德森、张广存主编《山东省志·山东文物事业大事记（1840—1999）》，山东人民出版社 2000 年版，第 103 页）兹依吴说。

③ 中国历史博物馆保管部编《中国历史博物馆藏捐赠文物集萃》："'夔州防御使符'铜印，大顺永昌元年（1644），通高 10.6 整米、长 10.3 整米、宽 6 整米。1959 年王献唐先生捐。"长城出版社 1999 年版。

四川南溪李庄三年多，与傅斯年、李济、董作宾、梁思永诸多学者交往论学之经过；又如《五灯精舍日记》，记载了甲骨文发现的经过；再如《三禅室日记》，可纠正以往学界记载的杜威来山东济南讲座时间等。《王献唐日记》的文献价值不可限量，主要有以下几点：第一，是研究王献唐生平的第一手文献资料，尤其是撰写年谱、传记的最重要资料，可补以往研究其生平史料之阙如，纠正以往研究之讹误，为我们了解历史、还原历史真相，提供了珍贵的资料和线索；第二，大量记录了山东近代图书馆、博物馆建设、近代学术与田野考古等重大文化事件发生与进展经过，以及名宿硕儒行踪与交往，是一部社会全景实录，对中国近代学术史、社会史研究人有裨益，据之可证经补史；第三，有大量从未面世的古物考据、书画鉴赏、读书札记、游历见闻，学术含量高。且《王献唐日记》文笔清丽，让我们充分地领略了民国时期一代国学大师的风采。可以说，《王献唐日记》记录时间长、记录事件翔实、记录资料重要、学术价值高，属中国学界学人日记之翘楚。

2.《王献唐日记》所载甲骨文发现经过

在现存《王献唐日记》第六种《五灯精舍日记》中，有《记甲骨发现始末》一篇，文曰：

> 安阳殷墟之甲骨，初时土人得之，多售于药商，为药中龙骨，发现之人皆知为王廉生。日昨，周汉光来访，谈及此事，彼时适在王氏寓中居住，廉生其外祖也。廉生染病卧床，刘铁云深知医药，延之诊视，从鹤年堂药店购归药后，铁云正在王氏室中坐谈，见即取而检视，内有龙骨一味，纸启翻检，忽见残片上刻有文字，历视数片皆然，惊告廉生，廉生从病床扶起，相对研求，以为古文字，灯下执玩，不知病尚在身也。时知为鹤年堂物，即夜派人往问，云从河南购来，尚有一大袋未研碎，廉生乃倾袋得之。后复派范贾至安阳大事搜罗，数千年湮没之殷墟文字从而发现矣。[①]

该稿作于 1935 年 12 月 28 日，现为手稿本，从未刊行。文中所记史

---

① 王献唐《记甲骨发现始末》，收入《五灯精舍日记》（1935 年 12 月 28 日），未刊稿。

料来源，乃甲骨文发现者王懿荣甥孙、烟台周汉光（字允溥）口述。王献唐《五灯精舍日记》（1935 年 12 月 27 日）记曰："允溥来访，五时半偕至东鲁饭庄晚饭，饭后同访坚叔，九时回家。"[1] 次日，王献唐于该日记中作《记甲骨发现始末》，记载了周汉光亲自向王献唐谈及其寓外祖王懿荣家时，亲见刘鹗为王懿荣医病并首先发现从鹤年堂药店购买之甲骨上刻有文字之经过。

王文有以下四个关键点：第一，刘鹗为王懿荣医病时首先发现王懿荣用作药材的"龙骨"上刻有文字并告知王懿荣；第二，经王懿荣与刘鹗"相对研求"，发现这些文字是古文字；第三，王懿荣用作药材的"龙骨"来自北平鹤年堂中药店；第四，王懿荣在京城吃中药时发现甲骨文后，又派文物商贩至安阳购买"龙骨"，该商人姓范，名字不详。

该文所记，来源于此事的亲历者之一，或有可资参考之处，此乃甲骨文发现的通行说法"王懿荣在京城吃中药发现说"的又一史料佐证。但其与通行说法不同的是，谈到刘鹗在发现甲骨文中的重要作用。周汉光作为王懿荣的亲属之一，不避谈刘鹗在甲骨文发现中的作用，为"刘鹗发现甲骨文说"提供证据，值得甲骨文研究者注意。而王懿荣哲嗣王汉章在其1931 年发表的《殷墟甲骨纪略》一文中，未提刘鹗。王汉章文略云："庚子有范某者，挟百余片走京师，自炫以求售。先文敏公见之狂喜，以厚值留之。"[2] 据王汉章文中所提范某"自炫"一词推测，王汉章倒是不支持王懿荣首先发现甲骨文的，否则范某"自炫"何解呢？据学界研究，王汉章此时 8 岁左右，其所记当为听闻他人所述。

虽然周汉光是亲历者，但所述值得深入探究者亦有以下四点：第一，清光绪二十四年（1899）时，周汉光多大年纪？是否亲见该事，还是听长辈或王懿荣后人转述？第二，其 1935 年向王献唐叙述此事时事情已过去了 36 年的时间，当时的记忆是否还在？第三，王懿荣是周汉光的外祖父，从法律角度上说周汉光不具有为王懿荣作证的资质，但周汉光所述又肯定了刘鹗在发现甲骨文中的作用；第四，从王文中所记事件经过来看，周汉光所述与汐翁《龟甲文》最为接近。汐文云："光绪戊戌年（二十四年），丹徒刘铁云鹗，客游京师，寓福山王文敏懿荣私第。文敏病疟，服药用龟

---

① 王献唐《五灯精舍日记》（1935 年 12 月 27 日），未刊稿。

② 王汉章《殷墟甲骨纪略》，载天津美术馆《美术丛刊》创刊号，1931 年 10 月。

板，购自菜市口达仁堂。铁云见龟板有契刻篆文，以示文敏，相与惊讶。文敏故治金文，知为古物，至药肆寻其来历，言河南汤阴南阳，居民掘地得之，辇载鬻，取值甚廉，以其无用，鲜有同者，唯药肆买之云云。文敏遍历诸肆，择其文字较明者，购以归，计五千余枚。"① 但近年来，有学者认为，汐翁所记王懿荣吃中药发现甲骨文的故事是不可信的。理由之一是当时菜市口附近并没有达仁堂药店，只有鹤年堂中药店。

3. 蒋逸雪《老残游记考证》所载甲骨文发现经过

蒋逸雪 1944 年在《东方杂志》第 40 卷发表《老残游记考证》，文中记载了甲骨文发现经过，略云：

> 鹗印行之书，有《铁云藏龟》《铁云藏印》《铁云藏陶》及《铁云封泥》（封泥附藏陶中），数者皆福山王懿荣廉生旧物。庚子，懿荣殉难，身后萧条，其家举而售诸鹗，鹗乃搨以问世。藏龟之拓，影响于近世学术尤巨。初，懿荣居京师，妻黄氏病，方有龙骨，其甥周汉光检视，乃有刻纹之甲片，不与常质同，命仆持问铺。回言无误，此药新由河南安阳运到，货极地道。闻于懿荣，懿荣亦疑不能释，亲往同仁堂（药铺名）查询。其所谓龙骨者，其形大小不一，上皆有刻纹，间合数小片成一大片，而形似龟板，其文字更若意义之可寻者，虽不能悉识，而断为古代书契无疑。乃罄同仁堂所有以归，并嘱代向安阳搜购，后亦续有所得。此汉光亲为献唐先生言者。②

蒋逸雪民国时期曾任南京中央图书馆馆长、国史馆编辑主任，与王献唐深交。1956 年调任扬州师范学院中文系任教。退休后为王献唐整理《炎黄氏族文化考》遗稿，书成而心力已竭。其《老残游记考证》前有序言，述其与王献唐抗战胜利前同寓重庆歌乐山问学情形，略云：

> 比与琅琊王献唐先生同寓蜀中歌乐山，先生渊雅博洽，胸罗故记，间有请益，如梃撞钟，小叩小鸣，大叩大鸣。一夕论及《老残游

---

① 汐翁《龟甲文》，载《华北日报·华北周刊》第 89 期，1931 年 7 月 5 日。
② 蒋逸雪《老残游记考证》，载《东方杂志》第 40 卷第 1 期，1944 年 1 月 15 日。

记》，清言亹亹，悬泻不竭，空谷细雨，漏尽未休，亦播迁以来一乐事也。长夏无俚，聊次所闻，更旁征他书以广之，成《老残游记考证》一卷。①

据蒋文所知，王献唐将周汉光所述甲骨文发现经过一事转告蒋逸雪，但蒋文与王文又有三点不同：第一，生病的人，蒋文是王妻黄氏，王文是王懿荣；第二，首先发现甲骨上有文字的人，蒋文是周汉光，王文是刘鹗；第三，购买龙骨的药店，蒋文是同仁堂，王文是鹤年堂。

史学工作者的职责与使命，首先是阐明历史的真相。而甲骨文发现距今已经104年了，其发现始末的真实经过似乎越来越扑朔迷离。希望本文提供的这一点史料，能为研究中国近代文化四大发现之一的甲骨文提供一点帮助，希望学界早日解开百年学术谜案，还原历史真实面目。

【编著者按】笔者论文《王献唐日记等文献佐证甲骨文发现新说——再论"王刘联合发现说"及"刘鹗发现说"》，主要起因即为："笔者去年在网上看到、随后查到了李勇慧的论文《再论甲骨文发现始末》（2016 年 6 月），以及……其他多种来源提供的史料文献和相关评述，为百年来流传极广的"吃药发现甲骨文说"从传说进入学术史提供了可靠依据，也为"王刘联合发现甲骨文说""刘鹗开启甲骨文考释说""刘鹗发现说"等新说议题提供了有力的新文献证据支持，很有必要以本文作出进一步的多方面辨析论证。"（论文全文请参见本书第一编）该论文为李勇慧提交于"第二届饶宗颐与华学暨香港大学饶宗颐学术馆成立十周年庆典国际学术研究会议"的会议论文，但两年半之后才得以在该会议的论文集上发表。据中国社会科学网等媒体报道，该会议于 2013 年 12 月 9 – 10 日在香港大学群芳讲堂召开，由香港大学饶宗颐学术馆、华侨大学文学院、西泠印社、天一阁博物馆、故宫博物院故宫学研究所联合主办。此论文在《知网》等论文数据库不能查到，但网络版至迟约在 2021 年夏始见于多家网络公众号和网站（例如"个人图书馆"平台的私人存文：http://www.360doc.com/showweb/0/0/987757769.aspx），其内容文字与原论文对比有少许修改，似经作者修改、自行或授权发布。

---

① 蒋逸雪《老残游记考证》，载《东方杂志》第40卷第1期，1944 年 1 月 15 日。

编著者论文《再论》对李文作了大段引用，也有较多相关评论，诸如：

经笔者多方查阅，获知此一重要史料最早是由李勇慧在准备博士论文、整理王献唐后人提供的资料时发现，并先后公布于《王献唐研究》（博士论文，2011 年 5 月）、《王献唐著述考》（2014 年 4 月）、《王献唐年谱长编》（2017 年 7 月）。这条相当可靠的文献史料，无疑应该成为影响并修正'甲骨文发现学术史'的一个重要发现，引发相关专家学者的高度重视和进一步研讨。遗憾的是，相关日记披露至今已经 11 年，李文发表至今也有 5 年半至 8 年之久，但笔者尚未查看到学术界对此有任何正式的公开回应和讨论。……李博士这段评论难能可贵。不但王懿荣亲属周汉光在甲骨学已成显学的 1935 年如实道出当年实情十分难得，而且李勇慧博士身为山大学子、鲁籍学者，能在今日秉笔直书、反复多次发表有关新史料和评述，也体现了学术首重求真的高度专业素质和非凡的勇气。……在笔者看来，李勇慧女士发现的这一新文献史料，即《唐记》所载的这篇"记甲骨发现始末"，应是自甲骨文发现至少 120 年以来、在刘鹗《铁云藏龟·自序》之后，关于'中国甲骨文学术发现'这一重大历史性事件的最珍贵、最可信、最合理的史料文献。

第三编

《铁云藏龟》刊行

120 周年纪念版

刘鹗四十六岁（1902）像（摄于上海）

李济："如果王懿荣是中国古文字学新学派的查理·达尔文，刘铁云就像托马斯·赫胥黎一样与他并列，这已是被一致公认的事实。"（《安阳》，1977）

胡适："刘先生是最早赏识甲骨文字的一位学者。他的一部《铁云藏龟》要算是近年研究甲骨文字的许多著作的开路先锋。"（《老残游记·序》，1925）

周汝昌："我常谓，清季异才我所崇拜者唯有二家，前者曹公子雪芹，后为刘大师铁云先生，此二人者皆属前无古人，后无来者之圣贤。"（《刘鹗年谱长编·序》，2010）

一、1903 年 《铁云藏龟》 三序本①
序文影印及释文②

　　本部分包括1903 年刘鹗"抱残守缺斋"石印本《铁云藏龟》三序本扉页、山本由定题署页、拓片选页；罗振玉、吴昌绶、刘鹗三序手迹（依原版顺序）逐页影印（刘瑀摄影）及释文。

刘德隆藏《铁云藏龟》早期三序本书影
（南京博物院复制本）

---

　　① 关于《铁云藏龟》早期版本至今尚无全面深入研究。据陈梦家初本"有罗振玉、吴昌龄、刘鹗三篇序文"，据邵子风"一本但载吴序刘序"，更有无序本流行。详情请参阅本书导论。本编的影印采用刘德隆藏"三序本"。
　　② 据刘德隆《刘鹗年谱长编》，任光宇校订。

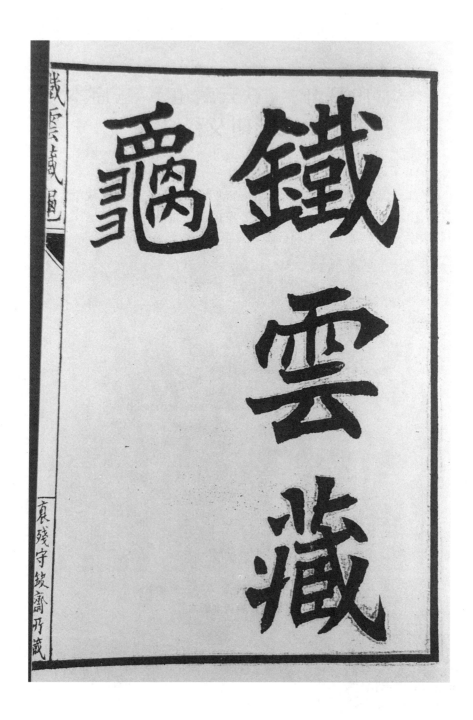

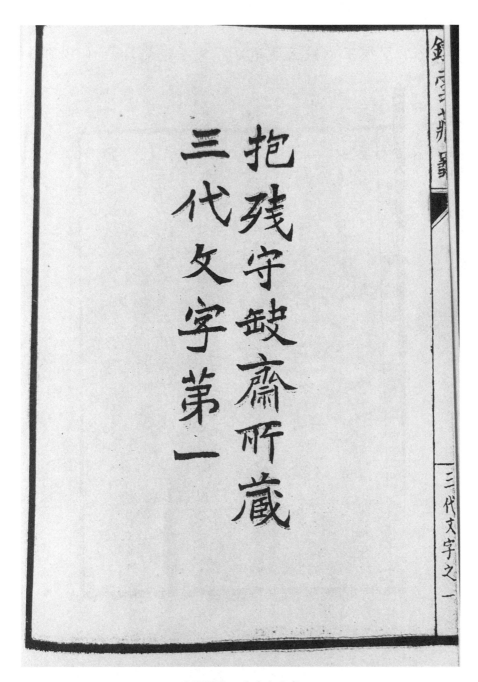

扉页题字，山本由定书

（一）罗振玉《铁云藏龟》序文手迹影印①（13 页）

金石之學自 本朝而極盛咸同以降山川所出壞寶日益眾如古匋器古金釵古泥封之類為從來攷古家所未見至光緒己亥而古龜迸出古骨遄出焉此物唐宋以來載籍之所未道不僅其文字有裨六書且可攷證經史今就盦見所

鐵雲藏龜

敘

一 袁殘守缺齋所藏

---

① 本书《铁云藏龟》三序本（刘德隆藏南京博物院复制本）的影印按原书顺序排列：罗振玉、吴昌绶的序文和刘鹗自序。

及述之如左

古卜筮之制故書散失、其儀式多系可放

見漢書藝文志載蓍龜十五家、今都

放佚、惟周官及太史公書尚得見厓畧、

今依㩍兩書、參以目驗、有所是正於經

史者凡四事、

一曰灼龜与鑽龜、古人灼龜用荆、謂之燋、

史記龜策傳灼以荆儀禮士喪禮楚焞置於

燋注楚荆也周官菙氏注燋謂灼龜之木也、又謂之

焞、又謂之焌、士喪禮楚焞置于燋菙氏遂、取明

火以灼龜、歙其焌集均焞灼龜火或作焌、

昏日朝火陽燧取火于日、其灼也必

焦黑、大師揚火以作龜致其

墨、注致其墨者熟灼之、此灼龜之可荐者鑽

龜一曰作龜、大卜作龜注、作龜謂鑿龜、鑿金龜用契、契注契謂契

二襄殘守鑕齋所藏

鐡雲藏龜

鑿也、此鑽龜之可攷者、盖古人之卜先鑽後

灼、鑽与灼自是兩事、卒自不明、故龜策傳

曰卜先以造灼鑽、鑽中己灭灼龜首各三

又復灼所鑽中、此鑽先灼後之明證、今

驗之新出之龜、其鑽迹作○狀、大如海

松子仁、以利刃鑿之之痕可辨認、或一

或二灼痕或卽在鑽旁、或去鑽痕稍

遠、灼痕員形畧小於鑽迹、此又鑽與

灼為二事之實驗、乃經注家多誤併鑽

与灼為一如藥氏掌其燋契注士喪禮

焚燋置於燋契卽契所用以灼龜正義

禮注焚荆也荆燋所以鑽龜灼龜正義

鐵雲藏龜圖 叙

三曰民幾乎淺傷矜行義

古法鑽龜用荊謂之荊焞、殊不知灼龜用
焞鑽龜用契混契与焚焞為一者誤也、且
不僅箋註家如此、周官卜師揚火以作龜、
其語亦未明了、此箋注家致誤之所由来、
非實見鑽与灼之迹殆不能發見其譌
誤、此是正之一端也、

二曰鑽灼之處、古人灼龜其部分不甚明了、

周官大卜眠高作鼅注眠高以龜骨高

者可灼處示宗伯也龜之骨近足者其部

高云云、兹驗之今日所出故鼅其鑽灼處

省在腹內之澀面、而不在腹下光滑之處、

骨亦始以光滑之處難灼也、其部分則或

然

鐵雲藏龜圖

敍

四頁殘守鏺齋所藏

偏或正其式不一、此又可據目驗補經史之

缺者二也、

三曰卜之曰龜策傳載卜禁曰云子亥戌不

可以卜、今證之故龜文字、則以此數目卜者

甚多、或此禁忌乃有周以後之説、而今日

出土之龜尚在夏殷時故邪、此又可以之

鐵雲藏龜

三代文字之一

鐵雲藏龜　敘

補正史記者三也、

四曰骨卜之原始、古經史不言骨卜、惟楊方

五經鈞淵 初學記行 言東夷之卜用牛骨、茲驗

之今日所得故骨、皆為牛胜骨、其文字既

與龜同、且与龜同出一處、其為同時物無疑、

可知三代時中國久用骨卜、特書闕有間

五　良殘守鼓齋所藏

耳、此又可補經史之脫佚者四也、

至其文字之締造與篆書大異、其為史籀

以前之古文無疑、為此龜與骨乃夏商而非

周之確證、且證之經史亦有定其為夏商而

非周者、周官古人凡卜筮既事則韨幣以此

其命歲終則計其占之中否、注、杜之屯云

鐵雲藏龜

三代文字之一

觳幣者以帛書其占觳之龜也、玄謂大
筮史必書其命龜之事及北于策觳其禮
神之幣而合藏焉、按無論如杜説為書占
于帛觳之于龜押如鄭説為書辭於策觳
之于帛均足證周人非迻刷辭于龜可知、
今迻刷文于龜其非周制而為夏殷之制

鐵雲藏龜

三代文字之一

顯然可見、且更有足證者、史記龜策傳

夏殷欲卜者乃取蓍龜已則弃去以為

龜藏則不靈蓍久則不神至周室之卜

官常寶藏龜蓍、由是觀之、周人之卜

龜不僅用一次、今逐刻辭于龜、其為一用

卽不再用可知、此均足為夏殷之龜而非

鐵雲藏圖　敘

周匜之雄讖鏡案如山、不可移易焉矣、

癸卯夏拓墨付景印既託工功、為援擾經史

綴辭於後、以質海內方聞之士、秋八月上雲

羅振玉赤賴父書于海上寓居之懷新小築、

七襄殘守錢齋所藏

（二）吴昌绶《铁云藏龟》序文手迹图影（3 页）

鐵雲先生從古龜甲刻文逾五千片、精擇千品、箸為一編、以印本見餉、
昔之嗜古文字者彝鼎之外泉幣鉢印而已、至如濰縣陳編修之匋器、
海豐吳閣學之泥封、皆出自近五十年、其數茲絫至千百、所謂令人
眼福突過前賢也、迺茲龜甲古文又別闢一蹊徑、薶縕既久、地不愛寶、
一旦披豁呈露以供好古著奇者之探索、文敏導其前馬、先生葡其
大觀、中閒多象形字、復有祖乙祖辛諸偁、審為殷人之遺、證論顯然、
致足矜異、昌綬謹案周官太卜龜人諸職詳古占簭之灋、大卒灼龜占
形辭其經兆、其日既事則繫幣以比其命、杜子春云、繫幣者以帛書

鐵雲藏龜　一　抱殘守缺齋所藏

其占驗之於龜也、後鄭謂書其命龜之事及兆於繁緐其禮神之

辭而合藏焉、證與挂異皆不言刾龜為文、史記龜策獨出禇少孫肌

補恨與古事可徵、水經酈注高陸縣民穿井得龜大二尺六寸背文負

八卦古字、此咸龜甲自述故文、猶爾疋之文龜與緯書燕文緑字之類耳、

今刾文明白、非可傅說、所能辨者曰辰為多、頣亭林謂古人惟用臣紀日

是也、其哉問厥問則命龜之事、辭甚簡古有一龜而二三刾者、又多

見縱橫交貫坼裂之形、弨所謂占兆矣、書闗有閒其詳羨闗循是

民求及辭古後春其書體細鈳先生定是刀筆而為、在泰書曰前是

三代文字之一

商家時玉輝臣泉近代諸家所椎哭鼎彝彝器大率類是昌綬又觀

埃及碑刻及西書所傳古時文字亦多象形徵與此絕相侣方今文

軌大同固宜有此壤異之遠推示進方斷曰逢中外之殊涂闊古今之

與鑣斯通博而尚匯資目觇已大古人文十不盡用東有雜骨有牛骨

有羊脛骨概見僂記茲所出土惟甲之中牒有牛脛骨刻文正同則三

代時固先有之矣昌綬今夏嘗從友人借說私竊論次迺令獲睹全

拓旅籌滬壖書卷未闋師識篇尾贊諸先生誇見恩聞誠知無

當闊怕此光緒癸卯十月仁和吳昌綬

藏雲藏龜圖

袁殑字鐵齋所藏

（三）刘鹗《铁云藏龟》自序手迹图影（9 页）

龜版已在歲出土、在河南湯陰縣屬之古牖里
城、傅間土人見地墳起、掘之得骨片與泥相
黏結成團、浸水中或數日或月徐始漸離晰
然後置諸盆盎以水盪滌之、約兩三月、文字方
得平現、同時而出者有牛膞骨頗鉅緻龜
板一種色黃者稍堅色白者略圓為踦砟不
易拓边、
既出土後為山左賈人所得咸寶藏之、冀獲

鐵雲藏龜圖

袁殘守毓齋所藏

善價、康子歲有范姓客挾百餘片之京師、

福山王文敏公懿榮見之狂喜以厚值留之、後

有濰縣趙君執齋得數百片、亦售歸文敏、

未幾義和拳亂起、文敏遂殉難、至實年其

器嗣翰甫觀察售所藏清公風責龜板凡

後出計千餘片、亦岌得之、定海方君藥雨又

得范姓所藏三百餘片、以以歸亨、趙執齋又

為亨齋魯趙觀之郎凡一年、前後

收得三千餘片、總計予之所藏約過五千片、

己亥一坑兩出、雖不敢云盡在於此、其遺六

懂矣、

毛錐之前為漆書、漆書之前為刀業、小篆

隸字漆書業也、以手持卜、象注漆飛藍漢

人猶得見岜漆書、若刀業無有見者矣、是以

許未重於古籀久必資山川所出之彝鼎、不

意二千餘年後轉得目睹殷人刀業文字、非

大率與、

以六書之恉推求鐘鼎多不合、再以鐘鼎體

勢推求龜板之文又多不合、蓋去上古愈遠、

文字愈難推求耳、

龜板可識者干支而已如甲申　此識刻言四十三
葉第四片也下倣

乙酉　丙寅　丁卯　戊午　己亥

庚戌　辛丑　壬辰　癸未　惟

丁巳字不見其百十三葉第四片髣髴辛巳是否

鐵雲藏龜

二　三代文字之一

未敢定也

龜板雖皆殘破、幸其卜之縣辭文奉甚簡、
往可得其概、如丁酉卜大問角丁亥彤日二川庚
戌卜哉問兩帝不我□二川三川之類、若百廿七葉左
行曰庚申卜獻問歸好之子、右行曰辛丑卜獻問
先於母庚、凡兩段皆完好也、兄疑即况字、
凡獻問者有四種曰哉問曰獻問曰復問曰中問
中字作出哉獻兩問嶽多疑哉為□問哉□

戴云藏龜圖

二、襄殘守缺齋所藏

再商故詩曰我龜既厭

而龜不我告也其稱甲許有與後人不同者如

乙子卜三一今巳子月不雨三川癸子卜厭尚妣父

卜三川三類其稱乙子巳子癸子皆後世所無也

鐘鼎凡有象形者世皆定為商器此於車馬龍

庸犬豕豚等皆象形此其他象形之字甚多鐘

鼎有立戈形此戊戌二字皆本之象則立戈者有

戌邊云意戊戌二字盖由戊字來也

鉄雲藏龜　三　三代文字之一

雨字象形、[符]角字点象形、石鼓文君子云

獵、字下或云从角、與此正同、凡間角皆為雨暘

軍、春秋傳龍見而雩、雨祭也、龍東方蒼龍

土宿、角賓為之首也、

象形之字玩多、可知其為史籀以前文字、何

以別其非周初、觀其曰問之於祖乙川三間之

於祖辛川三─乙亥卜祖丁十五牢 川三─辛丑卜散

問先於母庚川二─祖乙祖辛母庚以天干為名賓

鐵雲藏龜

袁殘字鼓齋所藏

為殷人之禱據也、

屮字見杞伯每父敢、屮掌幾其象屮形、此與

鼎彝屯文相近也、屯父當是掌卜者之名、故稱

屯父卜者甚多、其卜占二字往、加 以為識別、

未詳其誼、

龜板牛骨兩種、牛骨居十之一二、初本分別拓

之、後因塵治清甄、遂不及薈正、従本舉其粲

恐閱者病焉、其五十一至六十、此十葉中五十六七八

鐵雲藏龜

皆牛骨、餘皆龜板、以此類推可知矣、

龜板文字趣淺細又脆薄易碎、拓墨極難、庶

人閒幸獲此異品多向索拓本、苦無以應、輒斯

賓三代真古文、亟當廣謀其傳、故竭半載之

力精拓手片、付諸石印以公同好、任是後者直

隸王瑞卿也、

光緒癸卯九月既望丹徒劉鐵雲識

三　裒殘守鈌齋所藏

附：《铁云藏龟》拓片部分（节选）

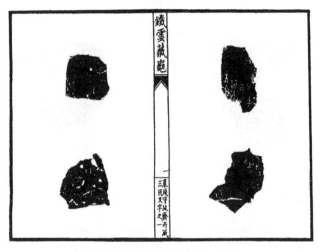

《铁云藏龟》拓片部分第一页①

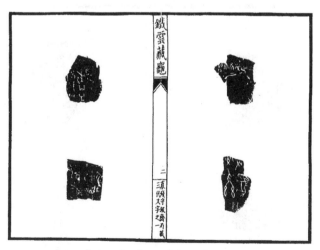

《铁云藏龟》拓片部分第二页

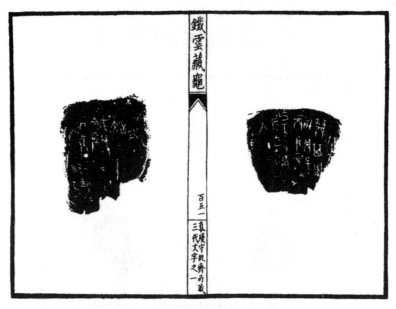

《铁云藏龟》拓片部分第一五一页（其右一拓片也用于本书封面）

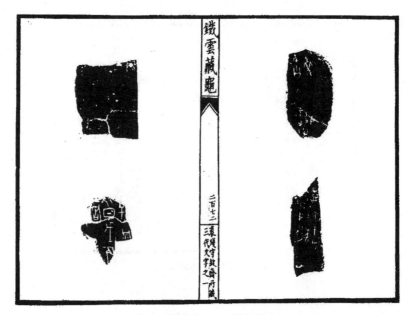

《铁云藏龟》拓片部分尾页

罗振玉《铁云藏龟·叙》

金石之学，自本朝而极盛。咸同以降，山川所出瑰宝日益众，如古陶器、古金钣、古泥封之类，为从来考古家所未见。至光绪己亥而古龟古骨乃出焉。此物唐宋以来载籍之所未道，不仅其文字有裨六书，且可考证经史。今就畾见所及，述之如左。

古卜筮之制故书散失，其仪式多不可考见。《汉书·艺文志》载蓍龟十五家，今都放佚。惟《周官》及《太史公书》尚得见厓略。今依据两书，参以目验，有所是正于经史者凡四事：

一曰灼龟与钻龟。古人灼龟用荆，谓之燋。（《史记·龟策传》："灼以荆。"《仪礼·士丧礼》："楚焞置于燋。"注："楚，荆也。"《周官·菙氏①》注："燋，谓灼龟之木也。"）又谓之焞，又谓之焌。（《士丧礼》："楚焞置于燋。"《菙氏》："遂吹其焌。"《集均》："'焞灼龟火'或作焌。"）取明火以灼龟（《菙氏》："凡卜以明火热燋。"注："杜子春曰明火阳燧，取火于日。"），其灼也必焦黑。（卜师扬火以作龟，墨注致其墨者熟灼之。）此灼龟之可考者。钻龟，一曰作龟（《大卜》："作龟。"注："作龟谓凿龟。"），凿龟用契。（《菙氏》："掌其燋契。"注："契谓契龟之凿也。"）此钻龟之可考者。盖古人之卜，先钻后灼。钻与灼自是两事，本自分明。故《龟策传》曰："卜先以造灼钻，钻中已，又灼龟首，各三，又复灼所钻中。"此钻先灼后之明证。今验之新出之龟，其钻迹作 0 状，大如海松子仁，以利刃凿之，之痕可辨认，或一或二。灼痕或即在钻旁，或去钻痕稍远。灼痕员形略小于钻迹。此又钻与灼为二事之实验。乃经注家多误并钻与灼为一。如《菙氏》"掌其燋契"注。《士丧礼》："楚焞置于燋。"焞即契所用以灼龟。《士丧礼》注："楚，荆也。荆焞所以钻龟、灼龟。"正义："古法钻龟用荆，谓之荆焞。"殊不知灼龟用焞，钻龟用契。混契与楚焞为一者，误也。且不仅笺注家如此，《周官·卜师》"扬火以作龟"，其语亦未明了。此笺注家致误之所由来。非实见钻与灼之迹，殆不能发见其讹误。此是正之一端也。

二曰钻灼之处。古人灼龟，其部分不甚明了。《周官·大卜》"眂高

---

① 菙氏：古官名，掌灼龟之木。菙，木名，荆属，古人占卜时用以烧炙龟壳。

作龟"注，"眠高以龟骨高者可灼处示宗伯也""龟之骨近足者其部高"云云。兹验之今日所出之故龟，其钻灼处皆在腹内之涩面，而不在腹下光滑之处（骨亦然），殆以光滑之处难灼也。其部分则或偏或正，其式不一。此又可据目验，补经史之缺者二也。

三曰卜之日。《龟策传》载卜禁日，云："子亥戊不可以卜。"今证之故龟文字，则以此数日卜者甚多。或此禁忌乃有周以后之说，而今日出土之龟尚在夏殷时故邪。此又可以之补正史记者三也。

四曰骨卜之原始。古经史不言骨卜，惟杨方《五经钩渊》（初学记行）言东夷之卜用牛骨。兹验之今日所得故骨，皆为牛胫骨。其文字既与龟同，且与龟同出一处，其为同时物无疑。可知三代时中国久用骨卜，特书阙有间耳。此又可补经史之脱佚者四也。

至其文字之缔造与篆书大异，其为史籀以前之古文无疑。为此龟与骨乃夏商而非周之确证。且证之经史亦有定其为夏商而非周者。《周官·占人》："凡卜筮，既事，则系币以比其命。岁终，则计其占之中否。"注：杜之春云："系币者，以帛书其占系之龟也"。玄谓："既卜筮，史必书其命龟之事及兆于策，系其礼神之币而合藏焉。"按无论如杜说为"书占于帛，系之于龟"，抑如郑说为"书辞于策，系之于帛"，均足证周人非迳刻辞于龟可知。今刻文于龟，其非周制而为夏殷之制显然可见。且更有足证者，《史记·龟策传》："夏殷欲卜者，乃取蓍龟，已则弃去之，以为龟藏则不灵，蓍久则不神。至周室之卜官，常宝藏龟蓍。"由是观之，周人之卜，一龟不仅用一次。今迳刻辞于龟，其为一用即不再用可知，此均足为夏殷之龟而非周龟之确证。铁案如山，不可移易焉矣！

癸卯夏，拓墨付景印既讫功，为援据经史，缀辞于后，以质海内方闻之士。秋八月上虞罗振玉叔耘父书于海上寓居之怀新小筑。

【校　记】

在比对手迹校对录自《刘鹗年谱长编》的本序释文过程中订正了如下错漏（前后为序）："瑰宝"校为"环宝"；"古书"校为"故书"；"其灼也必焦黑。（卜师扬火以作龟，墨注致其墨者熟灼之。）"原释文全缺；"此笺注家致误之所由来"中的"之"字原释文缺；"卜禁曰云"应为"卜禁日，云"；"夏殷时故也邪"应为"夏殷时故邪"；"杜之春曰"应为"注：杜之春云"。"（ ）"中为原罗振玉小字注。

因原文手迹中已用了唯一相同标点"、"以断句，故本释文仅将原标有"、"处根据语义和当代标点法，改为相应适当的"。"":""？"等；除为使语义更加明了添加了若干括号、引号和顿、逗、句号外，尽量不再添加标点。"（）"号中所注，如无"编著者注"字样即为刘鹗原注。原手迹也已将全文分为 12 自然段（包括落款），释文亦尊照之。

吴昌绶《铁云藏龟·序》

铁云先生获古龟甲刻文逾五千片，精择千品纂一编，以印本见饷。昔之称古文字者彝鼎之外，泉币钵印而已。至如潍县陈编修之匋器、海丰吴阁学之泥封，皆出自近五十年，其数并至千百。所谓今人眼福突过前贤也。兹龟甲古文又别辟一蹊径，氤缊既久，地不忠宝，一旦披豁呈露以供好古耆奇者之探索。文敏导其前马，先生备其大观。中间多象形字，复有祖乙、祖辛诸称，审为殷人之遗，证谥显然，致足矜异。

昌绶谨案：《周官》"太卜""龟人"诸职详古占筮之法，大率灼龟占形，辨其经兆。其曰："既事，则系币以比其命。"杜子春云："系币者，以帛书其占，系之于龟也。"后郑谓："书其命龟之事及兆于策，系其礼神之币而合藏焉。"谊与杜异，皆不言刻龟为文。《史记·龟策传》出褚少孙肊补，恨无古事可征。《水经》郦注："高陆县民穿井得龟，大二尺六寸，背文负八卦古字。"此或龟甲自然成文，犹《尔》之"文龟"与纬书赤文绿字之类耳。今刻文明白，非可傅托。所能辨者日辰为多，顾亭林谓古人惟用以纪日是也。其"哉问""厌问"则命龟之事，辞甚简古。有一龟而二三刻者，又多见纵横交贯坼裂之形，殆所谓占兆矣。书阙有间，其详蔑闻。循是以求，足裨古谊。若其书体细劲，先生定是刀笔所为，在柒书以前。自宋时王、薛以暨近代诸家所模夏殷彝器，大率类是。

昌绶又观埃及碑刻及西书所传古时文字，亦多象形，往往与此绝相似。方今文轨大同，固宜有此瑰异之迹，旌示遐方，薪以达中外之殊涂，辟古今之奥键，斯通博所尚，匪资目玩已。又古人之卜不尽用龟，有鸡骨，有牛骨，有羊髀骨，散见传记。兹所出土龟甲之中，杂有牛胫骨，刻文正同，则三代时固先有之矣。

昌绶今夏尝从友朋称说，私窃论次，乃今获睹全拓。旅寄沪壖，书卷束阁，聊识册尾，质诸先生。谬①见咫闻，诚知无当闳怡也。光绪癸卯十月，仁和吴昌绶。

【校 记】

比对校订时有一处更正："暨近代诸家所模夏彝器"应为"暨近代诸家所模夏殷彝器"。

刘鹗 《铁云藏龟·自序》

龟板己亥岁出土在河南汤阴县属之古牖里城。传闻土人见地坎起，掘之得骨片与泥相黏结成团，浸水中或数日、或月余始渐离晰，然后置诸盆盎以水荡涤之。约两三月，文字方得毕现。同时所出并有牛胫骨，颇坚致。龟板一种色黄者稍坚，色白者略用力即碎，不易拓也。

既出土后，为山左贾人所得，咸宝藏之，冀获善价。庚子岁，有范姓客挟百余片走京师，福山王文敏公懿荣见之狂喜，以厚值留之。后有潍县赵君执斋得数百片，亦售归文敏。未几义和拳乱起，文敏遂殉难。壬寅年，其哲嗣翰甫观察售所藏清公夙责，龟板最后出，计千余片，予悉得之。定海方君药雨又得范姓所藏三百余片，亦以归予。赵执斋又为予奔走齐鲁、赵魏之郊凡一年，前后收得三千余片。总计予之所藏约过五千片，己亥一坑所出，虽不敢云尽在于此，其遗亦憧矣。

毛锥之前为漆书，漆书之前为刀笔。小篆"聿"字漆书"笔"也：从手持♦，象注漆形。盖汉人犹得见古漆书，若刀笔无有见者矣。是以许叔重于古籀文必资山川所出之彝鼎，不意二千余年后转得目睹殷人刀笔文字，非大幸欤？

以六书之恉推求钟鼎多不合，再以钟鼎体势推求龟板之文又多不合。盖去上古愈远，文字愈难推求耳。

龟板可识者干支而已。如甲申（四三·四）此识别言四十三叶第四片也，下仿此，乙酉（二二·三）、丙寅（五九·一）、丁卯（三六·一）、戊午（四二·一）、己亥（四六·一）、庚戌（三五·三）、辛丑（四六·三）、壬辰（六〇·二）、癸未（四〇·四）。惟"巳"字不见，其百十三

---

① 谬，意为胡说，此处为自谦辞。

叶第四片仿佛"辛巳",是否未敢定也。

　　龟板虽皆残破,幸其卜之繇辞文本甚简,往往可得其概。如"丁酉卜大问角丁亥肜日"(二二·三),"庚戌卜哉问雨帝不我□(三五·三)"之类。若百廿七叶左行曰"庚申卜厌问归好之子"①,右行曰"辛丑卜厌问兄于母庚"。凡两段皆完好也,"兄"疑即"况"字。

　　凡称问者有四种:曰哉问、曰厌问、曰复问、曰中问,中字作㞢。哉、厌两问最多,疑"哉"为初问,"厌"为再问。故《诗》曰"我龟既厌不我告",犹言"我已再问而龟不我告也"。其称甲子有与后人不同者,如"乙子卜"(四·一),"今巳子月不雨"(二三·二),"癸子卜厌问㸚父卜"(六七·三)之类。其称乙子、己子、癸子皆后世所无也。

　　钟鼎凡有象形者,世皆定为商器。此于车、马、龙、虎、犬、豕、豚等皆象形也。其他象形之字甚多,钟鼎有立戈形,此"戉""戍"二字皆本之。然则立戈者,有戍边之意,"戉""戍"二字并由"戍"字来也。

　　🄜,雨字象形;🄬,角字亦象形。石鼓文"君子云猎","猎"字下或从云从角,与此正同。凡问"角"皆为雨旸事,《春秋传》"龙见而雩,雩雨祭也",龙,东方苍龙七宿,"角"实为之首也。

　　象形之字既多,可知其为史籀以前文字。何以别其非周初?观其曰"问之于祖乙"(三·三)、"问之于祖辛"(五四·一)、"乙亥卜祖丁十五牢"(三三·一)、"辛丑卜厌问兄于母庚"(一二七·一):祖乙、祖辛、母庚以天干为名,实为殷人之确据也。

　　ꓱ字,见"杞伯每父敦👃"字,疑其象㸚形,以与鼎彝㸚文相近也。"㸚父"当是掌卜者之名,故称"㸚父"卜者甚多,其卜占二字往往加目以为识别,未详其谊。

　　龟板、牛骨两种,牛骨居十之一二。初本分别拓之,后因装治淆乱,遂不及厘正,然不举其概恐阅者病焉。其五十一至六十,此十叶中,五十六、七、八皆牛骨,余悉龟板,以此类推可知矣。

　　龟板文字极浅细,又脆薄易碎,拓墨极难。友人闻予获此异品,多向索拓本,苦无以应。然斯实三代真古文,亟当广谋其传。故竭半载之力精拓千片,付诸石印以公同好。任是役者,直隶王瑞卿也。

　　光绪癸卯九月既望,丹徒刘铁云识。

---

　　① 此处和序文中多处,刘鹗将后来定为"贞"的关键常用字错释为"厌"。——编著者注。

【校　记】

在比对手迹校对《刘鹗年谱长编》中的本序释文过程中，订正了如下错漏（前后为序）："或多或少数日"应为"或数日"；"不意二千余年后"漏掉了"余"字；重要的十五个小字刘鹗原注"此识别言四十三叶第四片也，下仿此"释文漏写；"己亥（四六·二）"应为"己亥（四六·一）"；"庚戌（二四·三）"应为"庚戌（三五·三）"；"龟板岁皆残破"应为"龟板虽皆残破"；"（散五·三）之类"应为"（三五·三）之类"；"龙、虎、豕"应为"龙、虎、犬、豕"；"并由'戊'字来也"应为"并由'戌'字来也"；"角字象形"应为"角字亦象形"；"此十叶中，正五十六"应为"此十叶中，五十六"。

【编著者按】如本书《导论》在开头部分所说："由于种种历史和现实原因，实为主要发现、研究人之一的刘鹗，长久以来却被中国学术界边缘化，甲骨文第一部鉴定考释研究著作《铁云藏龟》至今仅被定义为'著录'。一向很少流通的有序版《铁云藏龟》全书，一百余年来仍是几近绝版状态，故一向只能被极少数专家看到。"故《铁》书至今只被称为"著录书"，这明显是一项严重的低估和误导。笔者在 2018 年的《新论》论文第四部分"对《铁云藏龟》仅被定位为'著录'的质疑"中即已指出："只要翻开刘鹗的《铁云藏龟·自序》，就明明可见大量的考释文字……纵观刘鹗自序全文，凡 1467 字（按：根据电脑计数，空格转行不计，下同），此类探讨具体辨识的考释文字至少有 777 字，占全文的 53%，即一半还多。……刘鹗率先考释文字，印在一年前出版的原始书页上，而且他还是 1903 年初见甲骨的三个学人（刘鹗、罗振玉、吴昌绶）中唯一一位在《铁云藏龟》序文中留下文字考释成果的人；其'卜之繇辞''殷人刀笔文字'的鉴定也是最早的创见，比罗振玉同时'夏殷之龟'的断代更加准确。故笔者认为，谈甲骨文考释研究，言罗不能弃孙，说孙不可忘刘。刘鹗的《铁云藏龟·自序》应被确立为迄今世界上最早考释并成功破译断识甲骨文的论文，并凭借此一开创性工作，刘鹗领衔罗振玉和吴昌绶，一同率先拉开了甲骨学史中'考释研究甲骨文'的序幕。"

本书导论尚有对刘鹗为《铁》书设置页码的论述："如此刘鹗在自序中对某片甲骨上的文字作考释时，就可标明针对的是那一页第几片甲骨，使其可与序中的考释文字内容前后对应、相互参照，可见这篇序文已初步具备了学术论文的严谨性。"（《新论》第四章中语）事实上，刘鹗在其《自序》中还专门作了加注，"四三·四，此识别言四十三叶第四片也，下仿此"，如此更为用《铁》书研究甲骨文的其他学者提供了便利条件。如孙诒让就在其《契文举例》中根据《铁》书提供的拓片考释出了约331个甲骨文字，每个字的考释基本都以"几之几"的形式指明了是来自《铁》书的第几页、第几片。

《新论》的余论部分还提及了吴昌绶序："当时还有一个亮点笔者尚未见学界提及，这就是吴昌绶的《铁云藏龟》序在考据了中国相关古籍之余，还述及了世界范围的古文字进化史，指出：'昌绶又观埃及碑刻及西书所传古时文字，亦多象形，往往与此绝相似。方今文轨大同，固宜有此瑰异之迹，旌示遐方，靳以达中外之殊涂，辟古今之奥键，斯通博所尚，匪资目玩已。'这就使得与《藏龟》同时的中国最初的甲骨文研究，在第一时间就具有了国际视野。作为一百多年前的本土学者、古书鉴藏家，吴昌绶能有如此眼界见识，也属难能可贵。"

关于刘鹗自序内容的更加详细完整的分析论述，还请参见本书导论第三节"《铁云藏龟》率先拉开了甲骨学序幕"，以及本书第一编所载《新论》《再论》中的相关内容。

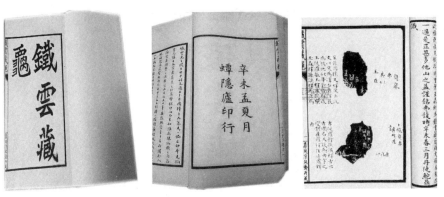

刘德隆藏《铁云藏龟》蟫隐庐 1931 年二序版书影（鲍鼎加释文）

《铁云藏龟》其他早期版本书影

二、《铁云藏陶》（附泥封）扉页、自序及释文①

《铁云藏陶》扉页书影

---

① 释文据刘德隆《刘鹗年谱长编》，任光宇校正。

易曰民萬物之所成終而成始也予此來研究歷

朝書體始恍然於成終之義萬物自成而指此

至成而終真楷成於唐唐以後無真楷成

於漢漢以後益分隸篆籀成於周周以後金篆

籀雖謂之曰真楷終於唐分隸終於漢篆籀終

於周不止可平敬探隸楷之原漢魏六朝碑版有

者不下千通乎沿流而溯之玉於篆籀之原舍鐘

鼎彝器款識而外裳無可求學者憾焉物不終

鐵雲藏匋

一

袁殿守雙齋所藏
三代文字之二

闞天柬裒文巳亥歲湯陰出土古甸電甲盈萬于況

精拓千思付諸石即以公同搨又以近年出土匋器

多三代之古文思駕舜鼎而上古者昆吾作匋寰

舜匋於河濱關父作周匋正武王賴其利器用

也以太姬妻其子而封之陳可見匋之為器雖微而

古人作之正之者皆聖賢之資空其文字之足重也

海內名家為末顯諸著錄於兹選擇攷藏屬真

隸張茂細心精拓得五百餘片更益以舊藏陳壽

鐵雲藏鉥

二

三代文字之二

貞殘守緹齋所藏

卿家拓本七十餘紙併付石印是為袤殘守鼓

齋三代文字之二世之闕博君子敩攷蒙籀之原

者庶有取焉計海內收藏家所得必數倍于此

豈其為之嚆矢也夫

光緒甲辰正月丹徒劉鐵雲識

鐵雲藏匋

三

袤殘守鼓齋所藏

三代文字之二

抱残守缺斋

所藏三代文

字之二

鐵雲藏鉨

九七

真殘守缺齋所藏
三代文字之二

泥封者古人封苞苴之泥而加印者也封背麻
絲黏著䖏可見在昔不見於著錄自吳荷屋
筠清館金石拈錄六枚掃為印坚误以為鑄印
之范也云道光二年蜀人掘山藥得一窖凡百餘
枚佑人賣至京師大半壞裂諸城劉燕亭仁
和龔定盦各得數枚山西闈帖軒藏數枚餘
不知落何處于攷長安獲古編所載凡二十品
濰則劉氏復有續得也其後蜀中山左尽有所

出為數當日稞予不能得其詳矣姑以數藏所
有拓付石印附諸銅器之後雖非三代文字孫
其中官名多為史籍所不載弭以攷古者之一
助云　劉鐵雲藏

铁云藏陶 · 序

《易》曰："艮，万物之所成终而成始也。"予比来研究历朝书体，始恍然于成终之义，万物自成而始亦至成而终。真楷成于唐，唐以后无真楷；分隶成于汉，汉以后无分隶；篆籀成于周，周以后无篆籀。虽谓之曰真楷终于唐，分隶终于汉，篆籀终于周，不亦可乎？欲探隶楷之原汉魏六朝碑版，存者不下千通，可沿流而溯也。至于篆籀之原，舍钟鼎彝器款识而外，几无可求，学者憾焉。物不终闷，天未丧文。己亥岁，汤阴出土古龟甲盈万。予既精拓千品，付诸石印，以公同好。又以近年出土匋器，多三代之古文，品驾彝鼎而上。古者，昆吾作匋，虞舜匋于河滨；阏父做周匋正，武王赖其利器用也，以太姬妻其子而封之陈。可见匋之为器虽微，而古人作之正之者，皆圣贤之资，宜其文字之足重也。海内名家尚未显诸著录。于是选择敝藏，嘱直隶张茂细心精拓，得五百余片。更益以旧藏陈寿卿家拓本七十余纸并付石印，是为"抱残守缺斋三代文字之二"。世之闳博君子，欲考篆籀之原者，庶有取焉。计海内收藏家所得必数倍于此，吾其为之嚆矢也夫。光绪甲辰正月丹徒刘铁云识［铁云所藏金石］印

铁云泥封 · 序

泥封者，古人封苞苴之泥而加印者也。封背麻丝粘着往往可见，昔不见于著录。自吴荷屋《筠清馆金石》始录六枚，称为印玺，误以为铸印之范也。云道光二年蜀人掘山药得一窖，凡百余枚。估人赍至京师，大半坏裂。诸城刘燕亭，仁和龚定庵各得数枚。山西阎帖轩藏数枚，余不知落何处。予考《长安获古编》所载凡二十品，然则刘氏复有续得也。其后，蜀中山左各有出，为数当日夥，予不能得其详矣。姑以敝藏所有，拓付石印，附诸匋器之后。虽非三代文字，然其中官名多为史籍所不载，殆亦考古者之一助云。刘铁云识［刘铁云］印

【编著者按】光绪二十九年（1903）刘鹗刊行《铁云藏龟》时，命其为"抱残守缺斋所藏三代文字之一"，紧随其后的光绪三十年（1904）刊

行《铁云藏陶》作为"抱残守缺斋所藏三代文字之二"。《铁云藏陶》是刘鹗拓印、研究三代文字著作中的第二种，是我国研究古陶文的第一本专门著作。刘鹗在《铁云藏陶·序》中说明拓印《铁云藏陶》的目的是探讨中国文字的演变过程。《铁云藏陶》全书四册，由日本人山本由定题签。其中第一到第三册拓印所藏陶器铭文，有刘鹗自序。第四册拓印刘鹗所藏泥封，有吴昌绶序和刘鹗自序。

《铁云藏陶》（含《铁云泥封》）虽远不及《铁云藏龟》广为人知，但学术价值也不容小觑。正如自序所指出："篆籀之原，舍钟鼎彝器款识而外几无可求，学者憾焉。物不终闷，天未丧文"，甲骨之外，还有"近年出土匋器，多三代之古文，品驾彝鼎而上"；再加泥封的"官名多为史籍所不载"，无疑都是当年和今天的"考古者之一助"。

关于《铁云藏龟》和《铁云藏陶》扉页的题签人，可参见本书导论的相关文字：

笔者经比对《铁》书和《铁云藏陶》扉页的书名题字、落款（《铁云藏陶》题字左边的落款为"日本山本由定题"，再左钤印两方：[邨定私印]［竟山]），目测"抱线守缺斋所藏三代文字第一"（及第二）与"铁云藏龟""铁云藏陶"题字字迹相同，都出自日本书法大家山本由定（1863－1934，号竟山）之手。……

附　吴昌绶：《铁云藏陶》序（手迹图影印略）

昌绶于癸卯冬始获识铁云先生。方汇辑"抱残守缺斋三代文字"，"藏龟"先竟属为"后序"。昌绶谓此真古文之讬以传者。论其美富，足与陈氏陶器、吴氏泥封相垺，辄引为喻。今年第二编成，则藏陶之外，坿以泥封，适与畐言不谋而合。且更有"藏泉""藏印"之辑。昔人所得一已难者，先生乃兼备之，斯诚宇宙玮观。后之言古文字者，蔑以加矣。案古陶器以簠斋为最多，攀古楼次之，王廉生侍郎太室真埙亦盛称于世。若泥封则惟子苾先生得三百余种，曾有考释已佚。鲍子年与潘文勤书尝述其事。是虽汉人文字与匋质同为抟土例以义起，坿录甚当。昌绶思举其中官秩名氏悉家考索，以拾海丰队绪羽琰山人之说印曰："私印欲其史，官印欲其不史。"夫史籍有限而兹则日出靡穷，补史亭中增此一例，抑后起者胜矣！甲辰二月朔吴昌绶写记（伯宛）印

三、1904 年《时报》所刊刘鹗《三代文字》 告白原版及释文

　　1904 年刘鹗所撰、所刊《时报》《三代文字》告白暨甲骨文发现公告，此前仅知一个确切刊登日期，仅存一个手录无题文本，且至今未被史学界、甲骨学界和传媒学界知晓或关注。现经笔者通过网络平台对《时报》原版扫描文件逐日查对，确切得知该告白自 1904 年 7 月中起，至 1905 年 1 月底终，在近七个月里共刊登 121 次。详细考订过程参见本书第一编《1904 年中国甲骨文发现公告之再发现》一文。

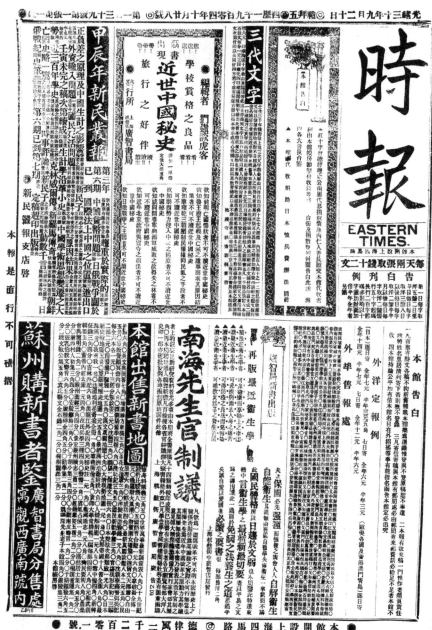

刊载刘鹗《三代文字》告白的 1904 年 10 月 28 日上海《时报》

刊载刘鹗《三代文字》告白的 1904 年 10 月 30 日上海《时报》

三代文字

各種書籍

修身科講義三角五○世界萬事最新調查表八角○十九世紀統計比較表八角○斯賓塞女權篇○○達爾文天擇篇○拿破崙全傳一元○最新萬國政鑑八本○文曲文答七角○民約論六角○自由原理六角○鄭成功四角○

萬源聚各省彩票批發

啓者小號自二月開張以來疊獲大彩二月份第二十七售出三月分廣東票四彩三千二百八十號批與廣悅來條售出今逐月批各票孕張分條格外克已諸君欲發財

上海老

三代文字

士生三千年後而欲上窺三代文字難矣雖山川徃徃出鼎彝十义每以保護古器物爲辭不肯輕易示人人之所得見者僅摹刻之世甚稀好古者憾焉近來新學日明舊學將墜願與二三同志抱一曰藏龜乃已亥年河南湯陰縣出土皆殷商紀卜之文以刀筆整

伵六元二曰藏陶侵十年前山東臨淄等處出土亦商周文字計五百餘品附以漢人泥封苴直之石鼓文每分一元三曰藏化四曰藏錋兩種明年齏出此皆本齋所藏之噐物也至海内各家收鏡鼎彝噐文次第付印以公同好四方君子或有秘藏古噐以拓本寄示或有心得釋文以說稿惠敫皆稿祀以求不勝抱

版
館及各書坊漢口廣州商務印書分館
日本下河邊半五郎謹啓

○五國語言合璧一元六角○俄羅斯大英
二元五角○官塲現形記正續各一元○風
北京琉璃廠有正書局

會湖北票二彩三萬四千一百十九號批與本街廣悦來
售出五月分廣東票四彩六百四十七號由小號門莊分
移玉步函購原班回件信力貴客自給此佈
北門外萬源聚票行謹啓

內府散在人間十之一二而已而收藏
之版耳至其摹刻之精者如積古齋兩罍軒之額又復
發守缺以待將來故出敝藏古文搨付石印茲先成二
另於龜骨即殷人之親筆書也凡一千餘品裝訂六本售
泥也官名多史冊所遺共裝四本售價四元又石印明搨
敝處搜輯搨本已得二千餘品擬參合諸家三說葬釋
感激守藏者也○寄售處北京上海有正書局及本館賬房
殘守藏者也○寄售處劉鶚雲啓
之七八歸諸種行家

《时报》1904年7月14日所刊刘鹗《三代文字》告白的分段放大截图

刘鹗《三代文字》告白暨甲骨文
发现公告及释文

经笔者考证校订后的释文根据任光宇论文《1904 年中国甲骨文发现公告之再发现》，并参考刘德隆《刘鹗集》收录的"《铁云藏龟》《铁云藏陶》出版广告"重新断句。该篇论文给出了考订过程和此告白的重要历史意义，其相关摘要为（考订全文请见本书第一编第二篇）：

经对其刊载间隔情况、每日版面、文字变化等信息详加分析，并对其文本和意义进一步校正、研究，从而详实确证了刘鹗在 115 年前即借助现代媒体《时报》，率先以这条在中国近代学术转型历史上应具里程碑意义的大型告白，一百多次向包括在华外国人（日、美、加等）的世人宣告了"中国甲骨文发现"这一重大历史事件。原本有欠完整和确凿的中国甲骨文发现学术史，将由此得到进一步重大改观。

三代文字

士生三千年后而欲上窥三代文字难矣！虽山川往往出鼎彝，十之八九归诸 内府，散在人间十之一二而已。而收藏家又每以保护古器物为辞，不肯轻易示人。人之所得见者，仅摹刻木版耳。至其摹刻之精者如"积古斋""两罍轩"之类，又复行世甚希，好古者憾焉。

近来新学日明，旧学将坠，愿与二三同志抱残守缺，以待将来。故出敝藏古文，拓付石印。兹先成二种：一曰《藏龟》，乃己亥年河南汤阴县出土，皆殷商纪卜之文，以刀笔劈于龟骨，即殷人亲笔书也。凡一千余品，装订六本，售价六元。二曰《藏陶》，系十年前山东临淄等处出土，亦商、周文字，计五百余品，附以汉人泥封。泥封者，封苞苴之泥也，官名多史册所遗。共装四本，售价四元。又石印明拓《石鼓文》，每份一元。三曰《藏货》，四曰《藏鉨》，两种明年续出。此皆本斋所藏之器物也。至海内各家收藏钟鼎彝器，敝处搜辑拓本已得二千余品，拟参合诸家之说，撰释彝文次第付印，以公同好。

四方君子，或有秘藏古器以拓本寄示，或有心得释文以说稿惠教，皆祷祀以求，不胜感激者也。

○寄售处：北京、上海有正书局及本馆账房

抱残守缺斋刘铁云启

四、刘鹗《抱残守缺斋日记》
甲骨文相关内容

2018 年 6 月中西书局影印出版的刘鹗《抱残守缺斋日记》

一五五

初五日　晴　午前，還琉璃廠帳目。趙平甫來，買汲古閣《八唐人詩集》一部，《篆學叢書》一部，《金石屑》一部。哲美森明日赴滬，往送之。晚間應子毅之約，於寶珠家晤子詠，知澤浦事大有機矣。寶廷到

初六日　晴　午後涂伯厚來，看宋搨帖。申刻，借寶廷往晤詹美生，商辦一切事。晚間刷趣文，釋得數字，甚喜。

初七日　晴　午後延醫日本人為大鹼診病。申刻，拜楊朗軒、曾慕陶，皆不遇。遇劉

《抱残守缺斋日记》第155页：1902年11月5日记影印①

①　日记影印截图自刘德隆编、刘鹗著《抱残守缺斋日记》，中西书局2018年版。

（1）《抱残守缺斋·壬寅日记》十月初六日（1902 年 11 月 5 日）晴

午后涂伯厚来，看宋拓帖。申刻，偕宝廷往晤詹美生商谈一切事。晚间刷龟文，释得数字，甚喜。

【编著者按】笔者《新论》论文第二部分有如下相关文字："关于'刘鹗发现说'的发现时间，最迟应是在 1902 年 11 月 5 日（农历十月初六日），确凭是刘鹗《壬寅日记》中当天的记载。该日日记全文为：'晴。午后涂伯厚来，看宋拓帖。申刻，偕宝廷往晤詹美生，商谈一切事。晚间刷龟文，释得数字，甚喜。'一天后（十月初七日）又记：'昨日翰甫之四百金取去。夜作说龟数则。'据刘德隆《试论刘鹗对甲骨学的贡献》一文……1902 年 11 月 5 日的这条日记就是迄今所见我国甲骨文史上明确记录甲骨文字（刘鹗时称"龟文"）的第一次文字记录。……现存原始记录所载的最早的发现日，比之前的'1899 年'晚了三年，跨了一个世纪，看上去颇为'吃亏'。……可见最好的两全其美之法，是把王懿荣的'收藏发现人'与刘铁云的'鉴定传播发现人'合二为一，将二人一起定为'甲骨文联合发现人（co-discoverer）'，将甲骨文发现事件确定为'王懿荣－刘鹗联合发现说'。……如此裁决，应是既有足够现代学术规范支撑、又符合中国特殊历史国情的万全之策。它至少有四大好处：一在国际科学规范上更加严谨完备，华夏文化源头甲骨文之百年公案可得到稳妥的至少是阶段性解决；二可使甲骨文发现时间不致推迟，仍然维持 1899 年不变……"（《新论》全文见第一编；刘德隆论文全文见本书第二编）

（2）初七日（11 月 6 日）晴

……晚，发太平信。昨日翰甫之四百金取去。夜作《说龟》数则。

（3）十三日（11 月 12 日）晴

……晚，圈《说文古籀》，悟龟文二字："𢆶"恐是"功"字。"𡃻"恐是"𡄹"字。《说文》："𡄹，告也。"

（4）二十日（11 月 19 日）晴

……巳刻，潍县赵执斋来，携龟板、汉印各一匣。印计七百余方，又太和大造象一区，秦权一枚。龟版颇有大者。……晚，点龟骨共千三百件，可谓富矣。

（5）廿八日（11 月 27 日）大风

……申刻至王孝禹处晤谈，并访龟板原委，与赵说相孚。今早王端士来，其说亦与赵孚。端士云，文敏计买两次，第一次二百金，第二次一百余金。孝禹云，文敏处极大者不过二寸径而已，并未有整龟也。德宝云有整龟十余片，共价十七两，皆无稽之谈矣。

【编著者按】关于龟甲的初期收购价格，参见笔者《新论》第一部分："王襄两跋都回忆当时范氏要价甚高：'巨大之骨，计字之价，字偿一金。一骨之值，动即十数金'，'骨之大者，字酬一金。孟氏与余皆因于力，未能博收''闻售诸福山王文敏公'。据笔者查证，当时口语'一金'即为一两白银，而当年的三两银子就足够一个平民一年生活所需，故这明显是经过识货者（王懿荣）判断认购后的提高要价。据罗振常的《洹洛访古游记》和明义士的《甲骨研究》，当地之前作为中药'龙骨'的价格为'每斤制钱六文'，按时价一两银可买龙骨约 500 斤。……不少当事人和后世学者不谙商道，过分相信了估人所说价格。欲准确了解一项交易须从买卖双方调查出实际成交价，'字偿一金''每片二两''闻每字银四两'等都应是卖方哄抬，在最早买家王懿荣辞世后这种哄抬和谣传还可能一度肆无忌惮。而刘鹗的经商背景和大买家地位，使他在价格上能够保持清醒，在《铁云藏龟·自序》中也没有相信和传播"字偿一金"之类的高价，仅说王氏'厚值留之'。笔者此判断也有原始记录支撑：刘鹗当年日记（1902.11.27）记下了甲骨价格查证，明确否定了估人和谣传的哄抬价……据此可知，王懿荣只可能在初见十来片时出高价（如一片 1—2 两），计算起来，他总共费银约 350 两买了约 1500 片甲骨，平均的成交价每两 4.3 片；如按每片平均有 6 字算，则每字约 0.039 两银子，仅是所谓'字偿一金'的 1/26。"

（6）十一月 初四日（1902 年 12 月 3 日）阴

……下午伯弓、仙洲、朗轩、筱斋先后来。晚盘龟板。

（7）初五日（12 月 4 日）大雪

查龟板、牛骨,统共一千八百九十片。夜梦作诗钟,子明先生为宗师……

(8)《抱残守缺斋·乙巳日记》十月十七日(1905 年 11 月 13 日)晴骤冷

……本日郑永昌君至自日本。又买范姓龟骨三百余片,公子招造戟一,商字币四十枚,共价洋一百五十元。